U0088574

古典文獻研究輯刊

三三編

潘美月・杜潔祥 主編

第 4 冊

道家文獻校補
（第二冊）

蕭　旭　著

國家圖書館出版品預行編目資料

道家文獻校補（第二冊）／蕭旭 著 -- 初版 -- 新北市：花木
蘭文化事業有限公司，2021〔民110〕
目 6+212 面；19×26 公分
（古典文獻研究輯刊 三三編；第 4 冊）
ISBN 978-986-518-620-3（精裝）
1. 道教文學 2. 校勘
011.08   110012073

ISBN-978-986-518-620-3

9 789865 186203

古典文獻研究輯刊
三三編 第四冊   ISBN：978-986-518-620-3

道家文獻校補（第二冊）

作 者 蕭 旭
主 編 潘美月、杜潔祥
總 編 輯 杜潔祥
副總編輯 楊嘉樂
編 輯 許郁翎、張雅淋、潘玟靜　美術編輯 陳逸婷
出 版 花木蘭文化事業有限公司
發 行 人 高小娟
聯絡地址 235 新北市中和區中安街七二號十三樓
         電話：02-2923-1455／傳真：02-2923-1452
網 址 http://www.huamulan.tw 信箱 service@huamulans.com
印 刷 普羅文化出版廣告事業
初 版 2021 年 9 月
全書字數 705335 字
定 價 三三編 36 冊（精裝）台幣 90,000 元

道家文獻校補
（第二冊）

蕭旭 著

目

次

《文子》校補

　　《文子》的版本大致有：《四部叢刊》景印常熟瞿氏鐵琴銅劍樓藏宋刊《通玄真經》十二卷本（唐徐靈府注），《續古逸叢書續編》本之 32 景印南宋刊本《通玄真經》十二卷本（默希子徐靈府注），中華再造善本《通玄真經》宋刻本，上述三者版式一致。《續修四庫全書》第 958 冊《文子》十二卷本（唐默希子徐靈府注、宋朱弁注、宋杜道堅注、明孫礦評）〔註1〕，日本內閣文庫藏《文子》孫礦評本，上述二者版式一致。《宛委別藏》第 97 冊《通玄真經注》（唐默希子注）〔註2〕，《正統道藏》第 16 冊《通玄真經》十二卷本（唐徐靈府注）、《通玄真經纘義》十二卷本（宋杜道堅注，後附《通玄真經纘義釋音》）、《通玄真經》七卷本（宋朱弁注前七卷，至《微明篇》而止）〔註3〕，文淵閣《四庫全書》本《文子》、《文子纘義》〔註4〕。定州八角廊漢簡《文子》殘本，內容涉及《道原》、《精誠》、《自然》、《九守》、《道德》、《微明》、《下德》各篇〔註5〕。敦煌寫卷《文子》存 S.2506、P.2456、P.2380、P.2810、P.3635P、P.3768、P.4073 共 7 個卷號，內容涉及《道原》、《精誠》、

〔註1〕　《文子》十二卷，唐徐靈府注、宋朱弁注、宋杜道堅注、明孫礦評，收入《續修四庫全書》第 958 冊，上海古籍出版社 2002 年版，第 639～740 頁。
〔註2〕　阮元輯《宛委別藏》第 97 冊，江蘇古籍出版社 1988 年版。
〔註3〕　《正統道藏》第 16 冊，文物出版社、上海書店、天津古籍出版社 1988 年影印，第 673～731、754～820、821～871 頁。《通玄真經纘義》附有《釋音》，見第 820 頁，本稿簡稱作「《釋音》」。
〔註4〕　《四庫全書》本《文子》、《文子纘義》，收入景印文淵閣《四庫全書》第 1058 冊，臺灣商務印書館 1986 年初版，第 305～485 頁。
〔註5〕　《定州西漢中山懷王墓竹簡〈文子〉釋文》、《定州西漢中山懷王墓竹簡〈文子〉校勘記》，《文物》1995 年第 12 期，第 27～37、40 頁。

《九守》、《道德》、《微明》、《下德》6篇。

據《文選》李善注引文,晉張湛有《文子注》〔註6〕,久佚。北魏李暹有《文子注》〔註7〕,亦久佚。清人以還《文子》的研究著作,吾所見者有:《四庫全書文子纘義考證》〔註8〕,江有誥《文子韻讀》〔註9〕,顧觀光《文子札記》〔註10〕,俞樾《讀〈文子〉》〔註11〕,孫詒讓《文子札迻》〔註12〕,張元濟《通玄真經校勘記》〔註13〕,王重民《P.3768〈文子·道德〉校記》〔註14〕,王叔岷《文子斠證》〔註15〕。

今人作全書整理者,有王利器《文子疏義》〔註16〕,李定生、徐慧君《文子要詮》、《文子校釋》〔註17〕,彭裕商《文子校注》〔註18〕。彭氏《校注》襲取前人之說甚多,無甚發明。如《校注》第30頁注⑩謂「反」是「友」誤,乃襲自俞樾說;第33頁注③謂「萬物」當作「萬化」,第41頁注②謂「別」

〔註6〕 《文選·東都賦》、《鵬鶴賦》、《遊仙詩》、《天監三年策秀才文》、《奏彈曹景宗》、《恩倖傳論》、《辯亡論上》李善注並引張湛《文子》注語。

〔註7〕 《新唐書·藝文志》:「李暹《訓注文子》十二卷。」《崇文總目》卷5:「《文子》十二卷,李暹注。」

〔註8〕 《四庫全書考證》卷73《文子纘義考證》,收入景印文淵閣《四庫全書》第1499冊,臺灣商務印書館1986年初版,第688~698頁。

〔註9〕 江有誥《先秦韻讀·文子韻讀》,收入《江氏音學十書》,《續修四庫全書》第248冊,第194~205頁。

〔註10〕 顧觀光《文子札記》,《守山閣叢書》本,即錢熙祚《文子校勘記》;又《四部備要》第53冊據此本排印,中華書局1989年版,第45~53頁。本稿引作顧觀光語。

〔註11〕 俞樾《讀〈文子〉》,收入《春在堂全書》,《俞樓雜纂》卷21,光緒九年刻本;又題作《文子平議》,收入《諸子平議補錄》卷4,中華書局1956年版,第9~25頁。

〔註12〕 孫詒讓《文子札迻》,收入《札迻》卷4,中華書局1989年版,第128~133頁。

〔註13〕 張元濟《通玄真經校勘記》,附於《四部叢刊》景宋刊《通玄真經》後。

〔註14〕 王重民《P.3768〈文子·道德〉校記》,收入《敦煌古籍敘錄·子部下》,中華書局1979年版,第254~257頁;又收入黃永武《敦煌古籍敘錄新編》第13冊,新文豐出版公司1986年印行,第269~271頁。

〔註15〕 王叔岷《文子斠證》,《中央研究院歷史語言研究所集刊》第27本,第1~47頁;又收入《諸子斠證》,中華書局2007年版,第493~539頁。

〔註16〕 王利器《文子疏義》,中華書局2000年版。

〔註17〕 李定生、徐慧君《文子要詮》,復旦大學出版社1988年版。李定生、徐慧君《文子校釋》,上海古籍出版社2004年版。《校釋》是《要詮》修訂版,本書所引李說皆據《校釋》。

〔註18〕 彭裕商《文子校注》,巴蜀書社2006年版。

當作「刑」，乃襲自王叔岷說；第 37 頁注③謂「愁，通『湫、遒、酋』等字」，乃襲自王念孫說；第 46 頁注⑩謂「害眾者」是「周鼎著」之誤，乃襲自顧觀光、王叔岷、王利器說，不備舉證。

于大成撰有《文子集釋自序》〔註19〕，然吾未尋得《文子集釋》此書，于大成另有單篇論文《〈文子·精誠篇〉斠補》、《文子斠補》、《〈文子·上德〉校釋》、《〈文子·下德〉校釋》、《〈文子·微明〉校釋》、《〈文子·自然〉校釋》、《〈文子·上禮〉校釋》〔註20〕，皆未見。吾所引于氏說，係轉引自王利器《文子疏義》。

日本人入江忠圍《校訂〈文子〉全書》，岡本保孝《校訂〈文子〉》，吾皆未見。

茲依道藏徐靈府注本為底本作校補。《文子纘義》有道藏本、四庫本二種，《治要》有日本古鈔本、天明刊本二種，相同則統稱《纘義》本、《治要》，有異則分別稱之。王利器《文子疏義》自稱依徐靈府注本為底本，而後幾卷底本有一部分實是景宋本，是當注意者也。

《道原篇》卷第一校補

（1）有物混成，先天地生，惟象無形，窈窈冥冥，寂寥淡漠，不聞其聲

徐靈府注：非聲可聞，非色可觀。

按：注「觀」，景宋本作「覩」。王利器曰：「《莊子·在宥》：『至道之精，窈窈冥冥；至道之極，昏昏默默。』郭注：『窈冥昏默，皆了無也。』《意林》卷 2 引《莊子》「窈窈」作「杳杳」。《老子》第 21 章：「窈兮冥兮，其中有精。」《淮南子·精神篇》：「古未有天地之時，惟像無形，窈窈冥冥，芒芠漠閔，澒

〔註19〕于大成《文子集釋自序》，收入《理選樓論學稿》，臺灣學生書局 1979 年版，第 341～358 頁。

〔註20〕于大成《〈文子·精誠篇〉斠補》，《中山學術文化集刊》第 1 卷，1968 年版。于大成《文子斠補》，《中山學術文化集刊》第 2 卷，1968 年版。于大成《〈文子·上德〉校釋》，《高雄師院學報》第 4 期，1976 年版。于大成《〈文子·下德〉校釋》，《中華學苑》第 18 期，1976 年版。于大成《〈文子·微明〉校釋》，《文史哲學報》第 25 期，1976 年版。于大成《〈文子·自然〉校釋》，《幼獅學誌》第 14 卷 1 期，1977 年版。于大成《〈文子·上禮〉校釋》，《淡江學報》第 15 期，1977 年版。

濛鴻洞，莫知其門。」《御覽》卷1引「窈窈」作「幽幽」。本篇下文「窈兮冥兮，應化無形兮」，《淮南子・原道篇》作「幽兮冥兮」。窈、杳、幽，並一聲之轉。本書《上德》：「視之不見其形，聽之不聞其聲，謂之幽冥。」「幽冥」即此文之「窈窈冥冥」也。

（2）夫道者，高不可極，深不可測

按：李定生等曰：「《淮南子・原道》：『夫道者，覆天載地，廓四方，析（柝）八極，高不可際，深不可測。』高誘注：『際，至也。度深曰測，一曰盡也。』」《淮南子・主術篇》「天道玄默，無容無則，大不可極，深不可測。」《六韜・文韜・上賢》：「夫王者之道……若天之高，不可極也；若淵之深，不可測也。」馬王堆帛書《道原》：「是故上道高而不可察也，深而不可則（測）也。」察當讀為際，至也、及也。彭裕商曰：「察，知曉之意。」非是。

（3）原流沺沺，沖而不盈；濁以靜之徐清

徐靈府注：沺沺，音骨，水出之貌。

《釋音》：沺，音汩，流通之義。

按：王利器曰：「《說文》：『沺，水皃。』段注：『《廣韻》曰：「水出皃。」《文子》云云。』《原道篇》作『混混滑滑』，高誘注：『滑讀曰骨。』《雲笈七籤》卷1引《淮南》作『汩汩』，《說文》：『汩，治水也。』景宋本《淮南子・原道篇》：「源流泉淳，沖而徐（不）盈，混混汩汩，濁而徐清。」《子華子・大道》：「源流沺沺，滿而不溢，沖而不盈，夫是之謂久生。」沺沺、汩汩、滑滑，水流之聲，因用作水出之貌。字亦作「渥渥」、「㶟㶟」，《玉篇》：「渥，《說文》曰：『濁也，一曰滑泥，一曰水出皃。』亦汩字。」〔註21〕

（4）表之不盈一握

徐靈府注：表之乃有物，握之乃無形。

按：顧觀光曰：「『表』字誤，當依《原道訓》作『卷』。」俞樾曰：「『表』字無義，乃『袤』字之誤，古音袤與卷同。《淮南子・原道篇》作『卷之不盈於一握』，是其證。」王利器曰：「『卷』原作『表』，《淮南子》作『卷』，與『舒』對文，義勝，今據改正。《原道篇》：『舒之幎於六合，卷之不盈於一握。』」

〔註21〕參見蕭旭《〈世說新語〉「窘窘」正詁》，收入《群書校補（續）》，花木蘭文化出版社2014年版，第2034頁。

高誘注：『舒，散也。幠，覆也。不盈一握，言微妙也。』」此文相儷為句，當據《淮南子》補「舒之幠於六合」六字。「表」與「裛」、「卷」形聲均不相近，諸家改字皆未允。表，讀為抒、裛，俗作抱，音轉亦作抔、掊，以手捧也。言以手捧之，則不盈於一握也。

（5）星歷以之行

按：此句上亦當據《淮南子·原道篇》補「日月以之明」五字。

（6）恬愉無矜而得乎和，有萬不同而便乎生

徐靈府注：萬類雖差，各隨其性。

朱弁注：萬物異，宜各便其性。

按：李定生等曰：「有萬，萬有，指万物。生，性。《淮南子·原道》『生』作『性』。」徐、朱舊注正作「性」。「有萬不同」指不同之多，李說非是。《莊子·天地》：「有萬不同之謂富。」《子華子·大道》：「有萬不同，而管于一術。」

（7）大丈夫恬然無思，惔然無慮

按：王利器曰：「《書鈔》卷 134、《道德真經四子古道集解》卷 5 引『惔』作『淡』〔註22〕。《淮南子·原道篇》：『是故大丈夫恬然無思，澹然無慮。』《文選·石壁精舍還湖中詩》李善注引許慎曰：『澹，猶足也。』《慧琳音義》卷 10、76 引許慎注：『憺，心志滿足也。』《呂氏春秋·適音篇》高誘注：『詹，足也，讀如澹然無為之澹。』詹、憺、澹俱『贍』之假字。」李定生等曰：「惔，通『澹』，清靜。」朱弁注本、四庫本作「淡」，道藏《纘義》本作「澹」（四庫本亦作「淡」）。《御覽》卷 702、《喻林》卷 113 引亦作「淡」，陳景元《道德真經藏室纂微篇》卷 6 引作「憺」。王解非是，李說近之。當以「憺」為本字，惔亦恬也，字亦作倓、倒〔註23〕。《淮南子·原道篇》：「恬然無慮。」

（8）以天為蓋，以地為車

按：王叔岷曰：「《御覽》卷 702 引『車』作『輿』，《淮南子·原道篇》同。」王利器曰：「本書《符言篇》又云『以地為軫』，其義一也。」軫代指車輿。《符言篇》：「天為蓋，地為軫，善用道者終無盡；地為軫，天為蓋，

〔註22〕引者按：金·寇才質《道德真經四子古道集解》卷 4、5 俱引作「淡」。
〔註23〕參見蕭旭《淮南子校補》，花木蘭文化出版社 2014 年版，第 10 頁。

善用道者終無害。」二語又見《逸周書·周祝解》。《書鈔》卷 140 引宋玉《大言賦》：「方地為輿，圓天為蓋。」《類聚》卷 19、《渚宮舊事》卷 3 引「輿」作「車」。

（9）行乎無路，遊乎無怠，出乎無門

徐靈府注：遊無窮之道。

朱弁注：遊乎無怠，神不可極也。

按：俞樾曰：「怠，以聲求之，或當為『垓』之叚字。」李定生等從俞說。孫詒讓曰：「『無怠』與上下文不協。《符言篇》亦云『行於無怠』，彼文出《淮南子·詮言訓》，本作『行無迹』。此二篇『怠』字，疑並當為『迹』，二字艸書相近而誤。」王利器曰：「《四子古道集解》引『出乎無門』下有『入乎無房』四字，疑出寇才質妄補。」方向東曰：「注以『無窮之道』釋『無怠』，《符言篇》注云：『唱而無方，則無怠，無怠故無未來之禍也。』《莊子·天運》：『吾又奏之以無怠之聲，調之以自然之命。』『無怠』與『自然』相對，不當為誤字。」〔註24〕彭裕商曰：「《莊子·在宥》：『處乎無響，行乎無方，挈汝適復之撓撓，以遊無端，出入無旁，與日無始。』無端，《文子》作『無怠』。端，始也。此『怠』字亦當讀為『始』。《淮南子·詮言訓》：『行無跡，遊無朕。』無旁，無限制，此作『無門』，同意。」蔡偉曰：「怠，當讀為朕。」〔註25〕唐·杜光庭《道德真經廣聖義》卷 30、宋·陳景元《道德真經藏室纂微篇》卷 6、元·薛致玄《道德真經藏室纂微手鈔》卷下引亦有「入乎無房」四字，則非寇才質妄補也。考《莊子·知北遊》：「其來無迹，其往無崖，無門無房，四達之皇皇也。」然則今本當據補「入乎無房」，與「出乎無門」正對舉也。明·危大有《道德真經集義》卷 6 引呂氏曰：「行乎無路，遊乎無迹，遠其薄也。出乎無門，入乎大方，居其實也。」當本此文，雖誤作「入乎大方」，然亦可證當有「入乎無房」四字也。方氏引《莊子》「無怠之聲」，與此無涉。《淮南子·原道篇》：「其行無迹。」孫說得其誼矣，而未得其字。元·劉惟永《道德真經集義》卷 8 引此文作「行乎無路，遊乎無迹，出乎無門」，正作「迹」字，然疑非其舊文也。彭裕商讀怠為始，是也，《符言篇》亦用借字。遊乎無始，故無轍跡也，

〔註24〕方向東《孫詒讓訓詁研究》，中華書局 2007 年版，第 121 頁。

〔註25〕蔡偉《誤字、衍文與用字習慣——出土簡帛古書與傳世古書校勘的幾個專題研究》，復旦大學 2015 年博士學位論文，第 118 頁。

無朕兆也。《莊子‧達生》：「遊乎萬物之所終始。」《列子‧黃帝》同。《莊子‧在宥》「出入無旁」，旁當讀為房，彭說則失之。

（10）是故疾而不搖，遠而不勞

朱弁注：神馳者無所搖動，任適者不至勞怠。

按：《淮南子‧原道篇》同。《方言》卷2：「搖，疾也。」魏‧嵇康《琴賦》：「疾而不速，留而不滯。」彭裕商曰：「搖，搖動顛簸。」說同朱氏，未是。

（11）厲其精神，偃其知見

按：李定生等曰：「厲，通『礪』，磨礪。偃，息。」彭裕商曰：「厲，即『激勵』之勵。」二氏說皆非是。《淮南子‧原道篇》作「保其精神，偃其才智」，又《俶真篇》：「偃其聰明而抱其太素。」厲，《道德真經廣聖義》卷20、30、《道德真經藏室纂微篇》卷6、《道德真經四子古道集解》卷5、《道德真經藏室纂微手鈔》卷下引誤作「屬」。厲，讀為利。《廣雅》：「利，和也。」保，讀為寶，《淮南子‧要略篇》：「愛養其精神。」《韓子‧解老》：「嗇之者，愛其精神，嗇其智識也。」是其誼也。偃，讀為匽。《說文》：「匽，匿也。」《原道篇》：「掩其聰明，滅其文章。」〔註26〕又《主術篇》：「不如掩聰明而反修其道也。」掩亦讀為匽。

（12）捐其思慮

按：王利器曰：「《原道篇》：『捐（原誤『損』，今從王念孫說校改）其思慮。』高誘注：『常恬澹也。』」捐，道藏《纘義》本誤作「損」（四庫本不誤），《治要》卷35引誤同。

（13）與陰俱閉，與陽俱開

按：王利器曰：「《原道篇》：『與陰俱閉，與陽俱開。』」《莊子‧天道》：「靜而與陰同德，動而與陽同波。」又《刻意》同。《淮南子‧精神篇》：「靜則與陰俱閉，動則與陽俱開。」本書《九守》：「靜即與陰合德，動即與陽同波。」

（14）好憎成形，而智出於外

按：于大成曰：「『出』字誤，朱弁本、《續古逸》本、景宋本作『怵』，

〔註26〕《文子》本篇「掩」作「棄」。

《困學紀聞》引同。《禮記》、《史記》、《淮南》並作『誘』。恌，誘也。作『恌』者，亦是借字。《說文》：『訹，誘也。』」《宛委別藏》本、道藏《纘義》本、日本內閣文庫藏本、四庫本作「出」。「出」是音借字。

（15）水之性欲清，沙石穢之；人之性欲平，嗜欲害之

按：王叔岷曰：「《御覽》卷 360 引『害』作『亂』。」于大成曰：「《治要》、《類聚》卷 8、《天中記》卷 9 引此並作『害』，與今本同，《淮南子》亦作『害』。本書《上德篇》、《下德篇》並云：『人性欲平，嗜欲害之。』字亦作『害』。」王利器曰：「《淮南子·齊俗篇》：『河水欲清，沙石濊之；人性欲平，嗜欲害之。』又《俶真篇》：『水之性真清，而土汩之；人性安靜，而嗜欲亂之。』《呂氏春秋·本生篇》：『夫水之性清，土者抇之〔註27〕，故不得清；人之性壽，物者抇之，故不得壽。』義相比也。」《雲笈七籤》卷 90：「水性欲清，泥沙污之；人性欲平，嗜慾害之。」此子思語，而諸書乾沒之，獨《孔叢子·抗志》引子思曰：「夫水之性清，而土壤汩之；人之性安，而嗜慾亂之。」《白氏六帖事類集》卷 2 引本書亦作「害」〔註28〕。穢、濊，正、借字。

（16）其為樂不忻忻，其於憂不惋惋

朱弁注：濟治之憂，亦何嗟惋？

《釋音》：惋，音腕，驚歎也。

按：王利器曰：「《原道篇》：『是故其為懽不忻忻，其為悲不惙惙。』高誘注：『忻忻，為過制也。惙惙，為傷性也。』」「惋」訓驚歎、嗟惋，非此文之誼，王利器從《釋音》說，非也。李定生等曰：「惋惋，內爍也。」亦不知所云。惋，讀為薀，俗字作蘊，指心所鬱積，專字作慍、愠。「惋」即「愠」異體字。為，《纘義》本、四庫本作「於」。朱弁本二句皆作「其為」。

（17）所以然者，掔於物而繫於俗

按：于大成曰：「朱弁本、寶曆本『掔』作『牽』。《集韻》：『掔，牽也。』」《玄應音義》卷 13：「掔我：《三蒼》亦牽字，引前也。」道藏《纘義》本亦作「牽」（四庫本仍作「掔」）。《史記·鄭世家》：「鄭襄公肉袒掔羊以迎。」《左傳·宣公十二年》作「牽羊」。字或作攣，《廣韻》：「攣，束縛。」

〔註27〕王氏引「抇」誤作「汩」，茲據原書徑正。
〔註28〕《白帖》在卷 6。

（18）故一之理，施於四海；一之煆，察於天地

《釋音》：煆，音假，大也。

按：顧觀光曰：「《原道訓》『煆』作『解』。」王叔岷曰：「《管子·內業篇》『煆』亦作『解』。《淮南子》『察』作『際』，古通。」于大成曰：「朱弁本、寶曆本『煆』亦作『解』。」王利器曰：「《原道篇》：『一之理，施四海；一之解，際天地。』高誘注：『解，達也。際，機也。解讀解故之解也。』《管子·內業篇》：『一言之解，上察於天，下極於地。』即此文所本。《釋音》云云。注『際，機也』，『機』疑當作『畿』。」李定生等曰：「解與煆，音相近，當作煆。煆，大也，予福曰煆。」彭裕商曰：「察，知曉。《原道訓》作『際』，即帛書的『察』字。」李、彭說非是。馬王堆帛書《十六經·成法》：「一之解，察於天地；一之理，施於四海。」《管子·心術下》：「是故聖人一言解之，上察於天，下察於地。」許維遹謂「察」、「際」聲同義通，與「極」同訓「至」〔註29〕，是也。「煆」當讀為「解」，《釋音》說非是。《神仙傳》卷7「後託形尸假」，《御覽》卷664引《登真隱訣》、《雲笈七籤》卷85作「尸解」。

（19）其全也，敦兮其若樸；其散也，渾兮其若濁。

按：王利器曰：「《原道篇》：『其全也，純兮若樸；其散也，混兮若濁。』高誘注：『樸，若玉樸也，在石而未剖。』」考《老子》第15章：「敦若樸，混若濁。」馬王堆帛書乙本「敦」作「沌」，郭店楚簡作「屯」，北大漢簡本作「杶」，《想爾》本、P.2255、P.2584、S.798、S.6453、BD14633、Дх.11964、遂州碑本作「混」。王叔岷曰：「敦煌景龍鈔本作『肫』。肫借為惇，《說文》：『惇，厚也。』敦亦借為惇。」〔註30〕王叔岷得其本字，字亦作忳、淳、醇。《淮南子·俶真篇》：「澆淳散樸。」

（20）不變其故，不易其常

按：故，本書《下德》、《精誠》、《淮南子·道應篇》同，《淮南子·原道篇》作「宜」。「宜」當作「亘（亙）」，是「恒」省文，恒亦常也。校《淮南子》諸家皆未及。《韓詩外傳》卷5：「故無常安之國，宜治之民。」《說苑·尊賢

〔註29〕許說轉引自郭沫若《管子集校》，科學出版社1956年版，第658、787頁。
〔註30〕王叔岷《老子勝義》，收入《慕廬論學集（一）》，中華書局2007年版，第247頁。

篇》「宜」作「恒」，是其比也。

（21）人大怒破陰，大喜墜陽

按：王利器曰：「《原道篇》：『人大怒破陰，大喜墜陽。』《御覽》卷 720、740 引《淮南子》『人』皆作『夫』。《莊子·在宥篇》：『人大喜邪毗於陽，大怒邪毗於陰。』《御覽》卷 740 引作「夫人大怒破陰，大喜墜陽」，非「人」作「夫」。二語亦見《淮南子·精神篇》。喜屬陽，怒屬陰，故云然。《董子·王道通三》：「人主……喜則為暑氣而有養長也，怒則為寒氣而有閉塞也。」《論衡·寒溫》：「人君喜則溫，怒則寒。」

（22）薄氣發喑，驚怖為狂，憂悲焦心，疾乃成積

朱弁注：聲所發者，氣之和也。陰陽相薄則喑矣。

按：朱弁本「焦」作「燋」，「疾」作「病」。江有誥謂「成積」當作「積成」，「成」與下文「明」、「寧」、「平」、「強」耕陽通韻〔註31〕。《淮南子·原道篇》：「薄氣發瘖，驚怖為狂，憂悲多恚，病乃成積。」《御覽》卷 720 引《淮南子》同今本，卷 740 引「薄」誤作「滿」。《子華子·執中》：「薄氣發喑，惝怖作狂，積憂損心，心氣乃焦。」考《巢氏諸病源候總論》卷 1 引《養生方》：「醉臥當風，使人發瘖。」《靈樞經·憂恚無言》：「人卒然無音者，寒氣客於厭，則厭不能發，發不能下，至其開闔不致，故無音。」「厭」指會厭。薄氣即當風受涼之誼，謂侵薄於風氣也。發喑（瘖），指受寒氣失音不能言語之疾。馬宗霍曰：「薄，迫也。薄氣猶言陰陽偪迫之氣。」張雙棣從其說〔註32〕，非是。《淮南子·精神篇》：「大憂內崩，大怖生狂。」《莊子·逍遙遊》：「吾驚怖其言……吾是以狂而不信也。」此皆「驚怖為狂」之證。

（23）長極無窮，遠淪無涯

徐靈府注：涯，音宜。

按：《淮南子·原道篇》「涯」作「崖」，「淪」作「渝」。作「渝」誤也。「涯」音宜者，古音「涯」與「倪」、「況」同音故也〔註33〕。

〔註31〕江有誥《先秦韻讀·文子韻讀》，收入《江氏音學十書》，《續修四庫全書》第 248 冊，第 195 頁。

〔註32〕張雙棣《淮南子校釋》（增定本），北京大學出版社 2013 年版，第 107 頁。

〔註33〕參見蕭旭「嬰兒」語源考》，收入《群書校補（續）》，花木蘭文化出版社 2014

（24）息耗減益，過於不訾

按：俞樾曰：「《淮南子》『過』作『通』。」王叔岷曰：「《御覽》卷58引此下有注云：『涌出曰息煎乾曰耗〔註34〕，出川枝流曰減，九野注之曰益。過于不訾者，此過尾閭，入大壑，入無底谷。』」王利器曰：「《原道篇》：『通於不訾。』高誘注：『訾，量也。』」俞氏未判是非，「過」當據《淮南子》作「通」。

（25）上天為雨露，下地為潤澤

按：王叔岷曰：「《初學記》卷6引『潤澤』作『江河』。」于大成曰：「《初學記》卷6兩引此文，其一作『江河』，其一仍作『潤澤』，《御覽》卷58引亦作『潤澤』，《淮南子》同。朱弁注云：『以潤澤而成遂也。』正用正文『潤澤』字。或者古有二本乎？」《白氏六帖事類集》卷2引本書亦作「江河」〔註35〕。《文選·運命論》：「升之於雲則雨施，沈之於地則土潤。」李善注引《淮南子》。

（26）志弱者，柔毳安靜，藏於不取，行於不能

按：顧觀光曰：「不取，《原道訓》作『不敢』。」俞樾謂當作「不取」，王利器從其說，非是。劉文典、楊樹達、王叔岷、蔣禮鴻已駁俞說，何寧指出語本《管子·勢》「行於不敢，而立於不能」，是也。《管子》「行」、「立」當互易，當作「立於不敢，而行於不能」。馬王堆帛書《十六經·順道》：「立於不敢，行於不能。」本書《道德》：「立於不敢，設於不能。」亦其證也〔註36〕。

（27）託小以包大，在中以制外

按：《淮南子·原道篇》同。王利器曰：「陳季皋以為『在』當為『任』。案：在，察也。不必改字。」王說不改字是也，而所釋則誤。馬宗霍曰：「在，尻也。『尻』為『尻處』本字，經傳皆通作『居』。」張雙棣從其說〔註37〕，是也。《周易參同契·大易總叙章》：「處中以制外。」《淮南子·要略篇》：「託小以苞大，守約以治廣。」「苞」同「包」。

　　　年版，第2068～2075頁。
〔註34〕引者按：當作「涌出曰息，煎乾曰耗」，王利器不誤。
〔註35〕《白帖》在卷6。
〔註36〕參見蕭旭《淮南子校補》，花木蘭文化出版社2014年版，第26頁。
〔註37〕張雙棣《淮南子校釋》（增定本），北京大學出版社2013年版，第82頁。

（28）所謂後者，調其數而合其時

按：王利器曰：「《原道篇》：『貴其周於數而合於時也。』高誘注：『周，調也。』」本書《上義》：「事周於世即功成，務合於時即名立。」〔註38〕調，讀為周，亦合也。《淮南子‧人間篇》：「然而心調於君，有義行也。」本書《微明》「調」作「周」。

（29）時之變，則間不容息

按：俞樾曰：「『變』與『反』通，『則』乃『側』之叚字。變則，猶反側也，《淮南子‧原道篇》正作『時之反側，間不容息』。」李定生等從俞說。王利器曰：「《原道篇》：『時之反側，間不容息。』《說苑‧談叢篇》：『至時之極，間不容息。』」俞說未必是，本書《上義》：「時之至也，即間不容息。」「即」即「則」，則本書「則」字自屬下句。

（30）日迴月周，時不與人遊

徐靈府注：謂去速也。

按：《淮南子‧原道篇》：「夫日回而月周，時不與人游。」

（31）故聖人不貴尺之璧，而貴寸之陰，時難得而易失

按：王利器曰：「《白氏六帖事類集》卷22引『寸』上有『分』字。《原道篇》：『聖人不貴尺之璧，而重寸之陰，時難得而易失也。』」《白氏六帖事類集》卷26引《淮南子》「聖人重分寸之陰」，非引此文，且王氏亦誤記卷號。下「貴」字，朱弁本作「重」，與《淮南子》同。

（32）故聖人隨時而舉事，因資而立功

按：王利器曰：「本書《精誠篇》：『隨時而舉事，因資而立功。』《淮南子‧說林篇》：『聖人者，隨時而舉事，因資而立功。』」本書《微明》：「隨時〔而〕動靜，因資而立功。」〔註39〕又《自然》：「循理而舉事，因資而立功。」〔註40〕《韓子‧喻老》：「隨時以舉事，因資而立功。」《淮南子‧齊俗篇》：「故聖人論世而立法，隨時而舉事。」又《兵略篇》：「掩節而斷割，

〔註38〕《淮南子‧齊俗篇》二「即」作「則」。
〔註39〕「而」字據《淮南子‧氾論篇》補。
〔註40〕《淮南子‧修務篇》「功」作「權」。

因資而成功。」

（33）守清道，拘雌節

按：俞樾曰：「『拘』當從《淮南》作『抱』。」于大成曰：「《天中記》卷24引此『拘』正作『抱』。」彭裕商曰：「《淮南子》、《路史·疏仡紀》均作『抱雌節』，則此『拘』當為『抱』之誤。『抱』即『保』，與『守』義近。」《路史》卷16：「遇其上者，守故常，抱雌節。」《抱朴子外篇·廣譬》：「是以執雌節者，無爭雄之禍。」考《老子》第28章：「知其雄，守其雌，為天下谿。」執、抱亦守也。李定生等曰：「拘，執持。俞說作『抱』，不必也。」非是。馬王堆帛書《雌雄節》：「憲敖（傲）驕居（倨），是胃（謂）雄節；□□共（恭）驗（儉），是胃（謂）雌節。」也稱作「女節」、「柔節」，馬王堆帛書《十六經·順道》：「安徐正靜，柔節先定。」又「刑於女節，所生乃柔。」又《稱》：「柔節先定，善予不爭。」《管子·勢》：「故賢者安徐正靜，柔節先定。」又《九守》：「安徐而靜，柔節先定。」《御覽》卷401引此文已誤作「拘」。朱弁本「清」作「靜」，《道德真經四子古道集解》卷8、9引同。

（34）聽失於非譽，目淫於彩色

按：王利器曰：「《齊俗篇》：『聽失於誹譽，而目淫於采色。』」本書《下德》：「聽失於非譽，目淫於采色。」顧起元《說略》卷15：「誹，讀為毀。誹、毀古通用。」本書《上仁》：「非譽萌生。」《淮南子·主術篇》作「毀譽」。《上仁》：「非譽無由生矣。」《淮南子·齊俗篇》作「誹譽」。

（35）有餘者有名，有名者高賢也；不足者無名，無名者任下也

按：任，讀為恁，字或作㑷、鉭、鈓。《廣雅》：「恁、㑷，弱也。」《集韻》：「鉭、鈓，《字林》：『濡也。』或省。」濡亦軟弱義，與「㑷」同。王念孫曰：「『恁』與下『㑷』字同，《說文》：『恁，下齎也。』『齎』與『資』同，謂下劣之資也。又云：『㑷，弱皃。』《小雅·巧言篇》『荏染柔木。』毛傳云：『荏染，柔意也。』《論語·陽貨篇》：『色厲而內荏。』『恁』、『㑷』、『荏』並通。」〔註41〕字亦作袵，《淮南子·詮言篇》：「筐牀袵席。」許慎注：「袵，

〔註41〕王念孫《廣雅疏證》，收入徐復主編《廣雅詁林》，江蘇古籍出版社 1992 年版，第 111 頁。

柔弱也。」人柔弱下劣為壬、任，木柔弱為枀，草柔弱為荏，禾柔弱為秏，內心柔弱為㥻，被子柔軟為袵，食物軟熟為飪，金屬柔軟為銋，各換義符以製專字，其義一也〔註42〕。

（36）矜偽以惑世，軻行以迷眾

按：王利器曰：「《齊俗篇》：『矜偽以惑世，伉行以違眾。』《釋音》：『軻，音苛，志不平貌。』苛行謂煩苛之行也。」李定生等曰：「軻行，轗軻之行，即坎坷之行，指行為不平正。」彭裕商曰：「矜，應為『飭』字之誤，飾也。矜偽，粉飾詐偽。」《釋音》作「軻，音可」，王氏引誤作「苛」，又據以解作「煩苛之行」，非是。《淮南子》亦作「矜偽」，其字不誤，彭氏逞臆妄改耳。《韓子·難一》：「矜偽不長，蓋虛不久。」《風俗通義·愆禮》：「飾虛矜偽，誑世耀名。」《後漢書·王良傳》：「張湛不屑矜偽之誚，斯不偽矣。」皆其例。《淮南子·齊俗篇》又云：「為行者相揭以高，為禮者相矜以偽。」「矜偽」即「相矜以偽」也。矜，矜尚，文飾、美化。四庫本《纘義》作「畸行」。軻，讀為奇。伉，高也。朱起鳳謂「伉行」是「抗衡」脫誤〔註43〕，亦非。

《精誠篇》卷第二校補

（1）悅穆胸中

按：王利器曰：「《泰族篇》：『訟繆胸中。』許慎注：『訟，容也。繆，靜也。』《原本玉篇》引許注同。王引之曰：『高所見本作訟，故訓為容，訟、容古同聲也。其實訟乃說字之誤。說，古悅字。繆與穆同。穆，亦和悅也。說繆胸中者，所謂不改其樂也。《文子》正作「悅穆膋中」。』」王引之說是，《文選·三月三日曲水詩序》：「表裏悅穆。」郭店簡《老子》甲本簡21：「敓繆，蜀（獨）立不亥（改）。」「敓繆」即「悅穆」〔註44〕。

〔註42〕參見蕭旭《淮南子校補》，花木蘭文化出版社2014年版，第665頁。
〔註43〕朱起鳳《辭通》卷10，上海古籍出版社1982年版，第925頁。
〔註44〕此魏啟鵬說，白于藍申證之。參見白于藍《郭店楚簡補釋》，《江漢考古》2001年第2期，第56頁；又參見白于藍《戰國秦漢簡帛古書通假字彙纂》，福建人民出版社2012年版，第500頁。

（2）景星見，黃龍下，鳳皇至

按：王叔岷曰：「《意林》引『景星』作『景雲』，『鳳皇』作『祥風』。『風』蓋『鳳』之誤，《淮南子》正作『祥鳳』。」王利器曰：「《泰族篇》：『景星見，黃龍下，祥鳳至。』」王叔岷說非是。「鳳皇」誤，當據《淮南》作「祥鳳」，讀為「祥風」。《意林》卷 1 引正作「祥風」。《淮南子·要略篇》：「故景星見，祥風至，黃龍下。」

（3）河不滿溢，海不波涌

按：王利器曰：「《泰族篇》：『河不滿溢，海不溶波。』『溶』當為『涌』，聲近之誤也。」楊樹達讀溶為涌〔註45〕，是也。《意林》卷 1 引作「海不涌波」，今本「波涌」當據乙正。《道德真經廣聖義》卷 21：「河不滿溢，海不揚波。」文例同。滿，讀為漫。

（4）又況官天地，府萬物

按：王利器曰：「《覽冥篇》：『又況夫宮天地，懷萬物。』高誘注：『以天地為宮室。懷，猶囊也。』惠棟曰：『宮讀如大山宮小山之宮，圍也，謂道也。』案：《莊子·德充符篇》：『而況官天地，府萬物。』此與《莊子》合。然《淮南子》作『宮』，高誘且從而為之解，則漢時自有作『宮』之本也。」李定生等曰：「官天地，任天地。府，聚。」李說非是。《文子》作「官天地」，則下句自當作「府萬物」，以官、府對舉。景宋本、朱弁本作「官天地，懷萬物」，作「懷」者，據《淮南》改也。

（5）返造化，含至和

按：俞樾曰：「『返』字無義，當作『友』。『友』誤作『反』，又誤作『返』耳，《淮南子·覽冥篇》正作『友造化』。」王利器、彭裕商說同俞氏，是也，朱弁本正作「反」，日本內閣文庫藏本又誤作「柄」。《漢書·敘傳》：「獨師友造化而不為世俗所役。」

（6）唯同乎大和，而持自然應者，為能有之

按：王利器曰：「《覽冥篇》：『唯通于太和，而持自然之應者，為能有之。』」

〔註45〕楊樹達《淮南子證聞》，上海古籍出版社 2006 年版，第 194 頁。

同，讀為通。本篇下文「故通於大和者，闇若酖醉……是謂大通」，亦作「通」。

（7）是故聖人若鏡，不將不迎，應而不藏，萬物而不傷

按：《四庫全書〈文子纘義〉》校勘記云：「明刊本『萬物』下多一『而』字，疑衍。」〔註46〕其說誤，道藏《纘義》本、朱弁本、日本內閣文庫藏本「萬物」下脫「而」字。王叔岷曰：「『萬物』當從《淮南子·覽冥篇》作『萬化』。一本無『而』字，蓋不知『物』為『化』之誤而妄刪之耳。」彭裕商襲取王說。王利器曰：「《覽冥篇》：『故聖〔人〕若鏡，不將不迎，應而不藏，故萬化而無傷。』二文相校，疑《文子》『物』下脫『化』字，《淮南子》『化』上脫『物』字。《莊子·知北遊篇》：『聖人處物不傷物。』」考《莊子·應帝王》：「至人之用心若鏡，不將不逆，應而不藏，故能勝物而不傷。」疑當作「勝萬物而不傷」，脫一「勝」字。景宋本「萬物」誤作「不物」。

（8）故通於大和者，闇若酖醉而甘臥，以游其中

按：王利器曰：「《覽冥篇》：『故通於太和者，惛若純醉而甘臥，以游其中。』」酖，景宋本同，道藏《纘義》本、朱弁本、日本內閣文庫藏本作「醇」。「酖」是「純」後出分別字，同「醇」。

（9）昔黃帝之治天下，調日月之行，治陰陽之氣，節四時之度，正律曆之數

按：王利器曰：「《覽冥篇》：『昔者黃帝治天下，而力牧太山稽輔之，以治日月之行，律治陰陽之氣，節四時之度，正律曆之數。』陳觀樓曰：『律下本無治字。』王念孫說同。案：《書鈔》卷4引作『理日月之行，治陰陽之氣』，《御覽》卷79引作『以理日月星辰之行，治陰陽之氣』，足為陳、王二說之證。」《玉海》卷9引《淮南子》「律」下正無「治」字。景宋本《文子》亦作「理日月之行，治陰陽之氣」，《道德真經四子古道集解》卷10引同。《雲笈七籤》卷100作「黃帝能理日月之行，調陰陽之氣」。「日月之行」非可調也，疑此文本作「理日月之行，調陰陽之氣」，「理」、「調」二字互倒。《廣雅》：「理，順也。」後人不達「理」字之誼，又改「理」作「治」。本

〔註46〕《文子纘義》，收入景印文淵閣《四庫全書》第1058冊，臺灣商務印書館1986年初版，第381頁。

書《上禮》：「調陰陽之氣，和四時之節。」《淮南子·泰族篇》：「以調陰陽之氣，以和四時之節。」「調陰陽」、「和調陰陽」是古人成語。

（10）民保命而不夭，歲時熟而不凶，百官正而無私，上下調而無尤

按：王利器曰：「《覽冥篇》：『人民保命而不夭，歲時孰而不凶，百官正而無私，上下調而無尤。』」《賈子·耳痺》：「民保命而不失，歲時熟而不凶，五官公而不私，上下調而無尤。」

（11）故於此時，日月星辰不失其行，風雨時節

按：王利器曰：「《覽冥篇》：『於是日月精明，星辰不失其行，風雨時節。』」此文「日月」下脫「精明」二字，當據《淮南子》補。《論衡·是應》：「道至大者，日月精明，星辰不失其行，祥風起，甘露降。」

（12）枕石寢繩

按：王叔岷曰：「景宋本『石』作『方』，是也。《淮南子》正作『方』。」王利器曰：「《覽冥篇》：『枕方寢繩。』高誘注：『方，榘，四寸也。寢繩，直身而臥也。』《氾論篇》高誘注：『榘，方也。』『四寸』之說未詳，或『寸』為『方』字之誤耶？未能明也。」徐靈府注本、《纘義》本、日本內閣文庫藏本、四庫本作「枕石」，《廣博物志》卷9、《天中記》卷11引同；朱弁本作「枕方」。王氏《疏義》本既以道藏徐靈府注本作底本，而誤作「枕方」。「枕方」未詳。本書《下德》：「戴圓履方，抱表寢繩。」

（13）殺秋約冬

按：顧觀光曰：「此上《覽冥訓》有『和春陽夏』句，不可刪去。」顧說是也，王利器本未據補，疏矣。

（14）陰陽所擁沉滯不通者竅理之，逆氣戾物傷民厚者絕止之

按：王利器曰：「《覽冥篇》：『陰陽之所壅沈不通者竅理之，逆氣戾物傷民厚積者絕止之。』」各本「厚」下有「積」字，王利器本誤脫。「滯」字衍文，道藏《纘義》本、日本內閣文庫藏本亦衍，當據《淮南子》刪，景宋本、朱弁本正無「滯」字。

（15）侗然自得，莫知其所由

按：《淮南子‧覽冥篇》作「侗然皆得其和，莫知所由生」。此文當據《淮南子》補「生」字，朱弁本正有「生」字。

（16）浮游汎然不知所本，自養不知所如往

按：俞樾曰：「『本』乃『求』字之誤。『汎然』二字當為衍文。『自養』當為『罔養』。《莊子‧天地篇》之『罔象』，《楚辭‧哀時命》之『罔兩』，並字異而義同。『如』字衍文。《淮南》作『浮游不知所求，魍魎不知所往』。『罔兩』二字皆從鬼，此寫者誤增。『浮游』、『罔兩』皆形容當時之民之不識不知。」王叔岷曰：「俞說是也。《莊子‧在宥篇》：『浮游不知所求，倡狂不知所往。』景宋本此文『自養』作『罔養』。《書鈔》卷15引《淮南子》『魍魎』作『罔兩』，咸可為俞說之證。『倡狂』與『罔養』義亦相近。」王利器曰：「《覽冥篇》：『浮游不知所求，魍魎不知所往。』《書鈔》卷15引作『浮游不知所來，罔兩不知所往』。『來』當為『求』字之誤。」諸說皆是也，然「如」字不必據對文刪。道藏朱弁本亦作「罔養」，無「如」字，注：「浮游罔養者，皆泛然無係之貌。」字亦作「潤瀁」、「潤瀰」，音轉作「莽洋」、「漭瀁」、「漭蕩」、「莽瀁」、「浲瀁」等形〔註47〕。《莊子‧庚桑楚》：「百姓倡狂不知所如往。」《路史》卷10：「天下之人浮游罔養而莫知所如往。」

（17）至黃帝要繆乎太祖之下

徐靈府注：要繆，未詳。

朱弁注：要繆，卑小之貌。

按：王叔岷曰：「『要繆』當作『宓繆』，《淮南子》作『宓穆』，『繆』與『穆』同。高誘注：『宓，寧也。穆，和也。』是其義也。《纘義》本作『要妙』，蓋不知『要』是誤字，而臆改『繆』為『妙』耳。」王利器曰：「《覽冥篇》：『宓穆休于太祖之下。』高誘注：『宓，寧也。穆，和也。休，息也。太祖，道之太宗也。』〔註48〕」道藏《纘義》本仍作「要繆」，王氏所據作「要妙」，乃《四庫全書》據《永樂大典》輯本。此文「乎」上當據《淮南子》補

〔註47〕 參見蕭旭《「狼抗」轉語記》，收入《群書校補（續）》，花木蘭文化出版社2014年版，第2344～2347頁。
〔註48〕 王利器引脫作「道之宗也」，據原書補「太」字。

「休」字。王叔岷說稍失之,「要」是「安」形誤,《鬼谷子·權篇》:「與辨者言,依於要。」《鄧子·轉辭》「要」作「安」,此其相譌之例。「安繆」即「安穆」〔註49〕。《三國志·張嶷傳》:「邦域安穆。」《太上洞玄靈寶真文要解上經》:「四鎮安穆,兵革不揚。」《老子化胡經》卷10:「遷神涅槃歸紫微,四鎮安穆和我神。」又尋《路史》卷14:「中宿而要繆乎太祖之下。」已有脫誤。

（18）然而不章其功,不揚其名,隱真人之道,以從天地之固然

徐靈府注:其人樸,其性野,有功而不德,有名而不揚,故曰隱真人之道,絕浮囂之智,因自然通於天地也。

按:王利器曰:「《覽冥篇》高誘注:『隱,藏也。真人,真德之人。固自然也。』隱,馮也,義長。高誘注訓為藏,未是。」高誘及徐靈府注是,不彰功不揚名,此即是「隱」。

（19）舉大功,顯令名,體君臣,正上下,明親疏,存危國,繼絕世,立無後者,義也

按:王利器曰:「《俶真篇》:『舉大功,立顯名,體君臣,正上下,明親疏,等貴賤,存危國,繼絕世,決嬛治煩,興毀宗,立無後者,義也。』」李定生等曰:「《纘義》和七卷本作『禮君臣』。『體』與『禮』通。《子匯》本『繼』作『序』。」考《莊子·刻意》:「語大功,立大名,禮君臣,正上下,為治而已矣。」則當以「禮」為正字。明刊本「存」作「序」,非「繼」作「序」,李氏誤校。「序」是「存」形譌,顧觀光已據《淮南》訂正。

（20）芒然仿佯乎塵垢之外,逍遙乎無事之際

按:俞樾曰:「《廣雅》:『業,始也。』《精誠篇》作『無事之際』,乃淺人不得其義而臆改。《九守篇》亦作『無事之業』。」王利器曰:「《俶真篇》:『芒然仿佯於塵垢之外,而消搖於無事之業。』《莊子·大宗師篇》:『芒然彷徨乎塵垢之外,逍遙乎無為之業。』亦謂『業』為事業耳。俞說求之深而失之鑿也。」李定生等曰:「際,道藏七卷本和《淮南子》作『業』。」《宛委別藏》

〔註49〕此條我（2017）曾以單文發表,後見蔡偉（2018）有相同說法,蓋暗合者也。蕭旭《〈文子〉解詁三十四則》,《文津學誌》第10輯,北京圖書館出版社2017年8月出版,第104頁。蔡偉《利用俗字校勘古書舉例》,《中國文字學報》第9輯,商務印書館2018年12月出版,第119頁。

本、道藏《纘義》本、日本內閣文庫藏本作「際」，景宋本作「業」。當以作「業」為正，《莊子・達生》：「芒然彷徨乎塵垢之外，逍遙乎無事之業。」《說苑・建本》：「逍遙乎無方之內，彷徉乎塵埃之外。」

（21）神越者言華

　　按：王利器曰：「《俶真篇》：『是故神越者其言華。』高誘注：『越，散也。』」越，泄也。下文云「必形繫而神泄」。

（22）至精芒乎中

　　按：顧觀光曰：「『芒』字誤，《俶真訓》作『亡』。」俞樾曰：「《淮南子・俶真篇》作『至精亡乎中』。」朱弁本「芒」亦作「亡」。

（23）精有愁盡而行無窮極

　　朱弁注：愁，猶耗也。役於物，故有耗盡之時矣。且舉楷皆行，何可窮極？

　　按：王利器曰：「《俶真篇》：『精有湫盡而行無窮極。』『愁』當為『湫』之誤。《廣雅》：『湫，盡也。』王念孫《疏證》：『湫讀為遒，酋、遒、湫，並字異而義同。』」彭裕商襲取二王說。愁讀為湫，非誤字。《呂氏春秋・重言》：「湫然清淨者。」《意林》卷2引作「愀然」，《說苑・權謀》亦作「愀然」，《論衡・知實》作「愁然」。《賈子・容經》：「淼然湫然憂以湫。」《意林》卷2引「湫」作「愁」。皆其例。

（24）故不免於累

　　按：王利器曰：「《俶真篇》：『故不免於虛。』」累，景宋本誤作「別」。

（25）威厲不誠，法省不煩

　　按：顧觀光曰：「不誠，《主術訓》作『不殺』。此『誠』字必『試』之誤。」王利器曰：「『以誠』原誤作『不誠』，今據景宋本、景刻宋本校改。」彭裕商從王說。李定生等曰：「誠，警也。」王、李說非是。底本原作「不誠」，道藏《纘義》本、《宛委別藏》本、日本內閣文庫藏本、《宛委別藏》本、四庫本同，朱弁本作「不誠」，景宋本作「以誠」。顧說至確，此當作「不試」，讀為「不殺」，殺古音試。《淮南子・主術篇》作「威厲而不殺，刑錯而不用，法省而不煩」，《御覽》卷78引作「不試」。《家語・始誅》：「是以威厲而不試，刑

錯而不用。」《荀子・宥坐》、《議兵》同。《治要》卷 10 引《家語》作「不誠」，誤與此同。

（26）夫上好取而無量，即下貪功而無讓

按：貪功，《道德真經四子古道集解》卷 10 引作「貪財」，《淮南子・主術篇》作「貪狼」。

（27）無以異於鑿渠而止水，抱薪而救火

按：王利器曰：「《主術篇》：『譬猶揚堁而弭塵，抱薪以救火也。』」《淮南子・說林篇》：「若披蓑而救火，毀瀆而止水。」

（28）如響之應聲，影之像形

按：像，《淮南子・主術篇》同，敦煌寫卷 P.3635P 作「象」，《治要》卷 35 引亦作「象」。象、像，猶隨也、從也。

（29）懷自然，保至真，抱道推誠

按：王利器曰：「《主術篇》：『塊然保真，抱德推誠。』」下文云：「含德抱道，推誠樂施。」又《道德》：「抱道推誠。」敦煌寫卷 P.3635P 無「至」字，作「懷自然保真」。此文疑是「塊然保真」之誤，當據《淮南》訂正。

（30）冬日之陽，夏日之陰，萬物歸之，而莫之使，極自然

按：王利器曰：「《主術篇》：『冬日之陽，夏日之陰，萬物歸之，而莫使之然。』《周書・大聚》：『譬之若冬日之陽，夏日之陰，不召而民自來。』〔註50〕《六韜・虎韜》：『夫民之所利，譬之如冬日之陽，夏日之陰，冬日之從陽，夏日之從陰，不召自來。』《鄧子・無厚》：「為君當若冬日之陽，夏日之陰，萬物自歸，莫之使也。」蔡偉謂「極」是「恒」形誤，《淮南》「而莫使之然」當作「而莫之使，恒自然」〔註51〕。

（31）待目而照見，待言而使命，其於治難矣

按：王利器曰：「《主術篇》：『待目而照見，待言而使令，其於為治難矣。』」

〔註50〕王利器引脫「民」字，據原書逕補。
〔註51〕蔡偉《誤字、衍文與用字習慣——出土簡帛古書與傳世古書校勘的幾個專題研究》，復旦大學 2015 年博士學位論文，第 112～113 頁。

照，讀為昭，明也。《長短經・適變》正作「昭」。

（32）皋陶喑而為大理，天下無虐刑，何貴乎言者也

按：王叔岷曰：「《御覽》卷 231 引『何貴』作『有貴』，《淮南子》亦作『有貴』。」王利器曰：「《主術篇》：『故皋陶瘖而為大理，天下無虐刑，有貴於言者也。』高誘注：『雖瘖，平獄理訟能得人之情，故貴於多言者也。』《治要》引杜恕《體論》：『皋繇瘖而為大理，有不貴乎言也。』」何貴，《意林》卷 1 引同；景宋本、朱弁本、日本內閣文庫藏本作「有貴」，《類聚》卷 49 引亦作「有貴」。有，猶何也〔註52〕。謂不貴於言也，上文云「待言而使命，其於治難矣」，下文云「不言之令，不視之見，聖人所以為師也」，又云「天下莫知貴其不言者」，是不貴於言之證，高注誤。《體論》衍「不」字。喑，《長短經・適變》同，《御覽》卷 740 引作「瘖」。《廣韻》：「瘖，瘖瘂，《文子》曰：『皋陶瘖。』」瘖、喑，正、借字，指失音之疾。

（33）精之所動，若春氣之生，秋氣之殺

按：殺，刊本《治要》卷 35 引同，《淮南子・主術篇》亦同，鈔本《治要》引作「斂」。

（34）故君子者，其猶射者也，於此毫末，於彼尋丈矣，故理人者慎所以感之

按：王利器曰：「《主術篇》：『故君人者，其猶射者乎，於此豪末，於彼尋常矣，故慎所以感之也。』改『尋丈』為『尋常』，未當。」理人，朱弁本、日本內閣文庫藏本作「治人」，《治要》卷 35《道德真經四子古道集解》卷 1 未引上句，引「理人」亦作「治人」。此文「君子」當據《淮南》作「君人」，即「治人」之誼。《意林》卷 1 引此文作「君子猶射，差此毫末，於彼尋丈」。《淮南》作「尋常」亦非誤文，八尺曰尋，倍尋曰常也。

（35）懸法設賞，而不能移風易俗者，誠心不抱

按：顧觀光曰：「《主術訓》『抱』作『施』。」王利器曰：「《主術篇》：『懸法設賞，而不能移風易俗者，其誠心弗施也。』『抱』疑當作『施』，形近之誤

〔註52〕訓見裴學海《古書虛字集釋》，中華書局 1954 年版，第 153 頁。蕭旭《古書虛詞旁釋》有補證，廣陵書社 2007 年版，第 60 頁。

也。」李定生等曰：「抱，懷也，守也。」彭裕商曰：「抱，保有。」王說是也，《淮南子‧泰族篇》：「故攄道以被民，而民弗從者，誠心弗施也。」《道德指歸論‧上德不德》：「懸爵設賞，賢人不下；攘臂執圭，君子不來，夫何故哉？辭豐貌美，而誠心不施故也。」亦其證。本篇上文云：「故摠道以被民，弗從者，精誠弗至也。」施亦及也，至也，加也。

（36）夫抱真效誠者，感動天地，神踰方外，令行禁止

按：《淮南子‧主術篇》：「抱質效誠，感動天地，神諭方外，令行禁止。」踰，讀為諭、喻。彭裕商曰：「其感化所及，逾越四方之外。」非是。

（37）以明大巧之不可為也

按：明，景宋本形誤作「期」。

（38）故秦楚燕魏之歌，異聲而皆樂

按：王叔岷曰：「景宋本『聲』作『傳』，《御覽》卷468引同。《治要》引『聲』作『轉』，《淮南子》同。傳猶轉也。『聲』字涉下文『異聲而皆哀』而誤。」王利器曰：「刊本《治要》『音』作『轉』。《修務篇》：『故秦楚燕魏之謌也，異轉而皆樂。』高誘注：『轉，音聲也。』『轉』謂『囀』也。」聲，道藏《纘義》本同，朱弁本、日本內閣文庫藏本作「傳」，鈔本《治要》、《長短經‧正論》引作「轉」，《樂書》卷2引《傳》作「傳」，王利器本誤作「音」。「囀」是俗別字。

（39）夫歌者樂之徵，哭者哀之效也，憎於中，發於外，故在所以感之矣

按：王叔岷曰：「『憎』當作『憤』，《淮南子》正作『憤』，注：『憤，發也。』《治要》引『發於外』作『而應於外』，《淮南子》作『則應於外』。」王利器曰：「日本兩《治要》本作『憎憎於中，而應於外』。案：《風俗通義‧十反篇》：『然無聲響，徒暗暗而已。』《修務篇》：『憤於中，則應於外，故在所以感。』高誘注：『憤，發也。感，發也。』一作『喑』，一作『債（憤）』，蓋許、高二注本之異同也。」李定生等曰：「憎，默也。」彭裕商曰：「憎，默，此為鬱積之意。」徵，《修務篇》同，景宋本及《長短經‧正論》引誤作「微」。《長短經》引亦作「憎憎於中，而應於外」。朱弁本、日本內閣文庫藏本「憎」作「精」。《風俗通》

「喑喑」是無聲響之義，與此無涉，王引未切。「惽惽」是困倦貌，非此文之誼。王叔岷說是也，「精」亦「憤」之形誤。《淮南子・齊俗篇》：「故哭之發於口，涕之出於目，此皆憤於中而形於外者也。」「憤」字與此文正同義。《董子・楚莊王》：「樂者盈於內而動發於外者也。」《書鈔》卷 105 引《春秋元命苞》：「樂者和盈於內動發於外。」〔註53〕「憤於中」即「盈於內」也。

（40）智略天地

按：王利器曰：「《修務篇》：『達略天地。』高誘注：『達，猶通也。略，猶數也。』《俶真篇》：『知終天地。』《御覽》卷 464 引作『智絡天地』。達略天地，蓋即『智絡天地』也。」王說是也，略，讀為絡，《纘義》本「略」正作「絡」。字亦作「落」，《莊子・天道篇》：「故古之王天下者，知雖落天地，不自慮也。」成玄英疏：「知照明達，籠落二儀。」林希逸注：「落天地，言籠絡也。『絡』與『落』同。」《御覽》卷 464 引作「智雖絡天地」。劉文典指出《俶真篇》「終」是「絡」形誤〔註54〕。

（41）故田者不強，囷倉不滿；官御不勵，誠心不精；將相不強，功烈不成；王侯懈怠，後世無名

按：江有誥謂「強」當作「盈」，避漢諱而改，「盈」與下文「精」、「成」、「名」、「強」耕部為韻〔註55〕。王利器曰：「《修務篇》：『是故田者不強，囷倉不盈；官御不屬，心意不精；將相不強，功烈不成；侯王懈惰，後世無名。』高誘注：『強，力也。精，專也。烈，業也。世，猶身也。』」李定生等曰：「道藏七卷本（引者按：即朱弁本）『後世』作『沒世』。」《史記・龜策列傳》：「故曰：『田者不強，囷倉不盈；商賈不強，不得其贏；婦女不強，布帛不精；官御不強，其勢不成；大將不強，卒不使令；侯王不強，沒世無名。』」「沒世」當作「後世」，本篇上文云「名立後世」。

（42）政失於秋，太白不當，出入無常

按：王利器曰：「《御覽》卷 24 引無『不當』二字。」《御覽》卷 24 又引

〔註53〕《御覽》卷 566 引同。

〔註54〕劉文典《淮南鴻烈集解》，中華書局 1989 年版，第 72 頁。

〔註55〕江有誥《先秦韻讀・文子韻讀》，收入《江氏音學十書》，《續修四庫全書》第 248 冊，第 196 頁。

《尚書考靈曜》：「政失於秋，太白出入不常。」《白氏六帖事類集》卷1、《記纂淵海》卷2引此文亦無「不當」二字。「不當」疑即「不常」之誤衍。

（43）政失於冬，辰星不效其鄉

按：《靈臺秘苑》卷9同，《開元占經》卷53引《考靈曜》亦同，又引《尚書緯》「鄉」作「節」。「節」是「鄉」形譌。

（44）春政不失禾黍滋，夏政不失雨降時，秋政不失民殷昌，冬政不失國家寧康

按：王利器曰：「《御覽》卷22引作『夏政不失則降時雨』，非是。『時』與『滋』韻。」王說是也，《類聚》卷3引作「行夏政不失降雨時」。《御覽》卷35引《尚書考靈耀》：「春政不失五穀孳，初夏政不失甘雨時，季夏政不失地無菑，秋政不失人民昌，冬政不失少疾喪。」注：「菑，謂土不稼穡。」滋，讀為孳，生長。

《九守篇》卷第三校補

（1）精氣為人，粗氣為蟲

徐靈府注：所本則一，所稟則異，氣有清濁，物有精粗。

按：顧觀光曰：「《七籤》『麤』作『煩』，與《精神訓》合。」于大成曰：「朱弁本『粗』正作『煩』。《雲笈七籤》卷90《連珠》亦云：『煩氣謂之蟲。』」王利器曰：「敦煌唐寫本『粗』作『煩』。高注：『煩，亂也。』《雲笈七籤》卷93引《陰陽五行論》：『和氣為民人……煩氣為蟲魚。』《道樞》卷3：『精明之氣結而為人……煩氣為蟲。』皆作「煩」字。《太上洞玄靈寶業報因緣經》卷9：「和氣為人……繁氣為蟲。」繁亦煩也。唐·杜光庭《道德真經廣聖義》卷8引作「和氣為人」，謂沖和之氣化為人，與「煩氣」相對。

（2）故聖人法天順地，不拘於俗，不誘於人

按：王利器曰：「法天順地，敦煌唐寫本作『法地順天』，《精神篇》作『法天順情，不拘於俗，不誘於人』。高誘注：『誘，猶惑也。』」《莊子·漁父》：「故聖人法天貴真，不拘於俗，愚者反此。」

（3）精神何能馳騁而不乏

按：王叔岷曰：「《御覽》卷 363 引作『精神何能久馳而不止』。」《淮南子・精神篇》作「精神何能久馳騁而不既乎」，高誘注：「既，盡。」彭裕商曰：「『止』當為『乏』之誤。既，盡，與『乏』同義。」此文「馳騁」上脫「久」字，《御覽》脫「騁」字。

（4）故所求多者所得少，所見大者所知小

按：二句《淮南子・精神篇》同。

（5）聖人誠使耳目精明玄達

按：精明，《初學記》卷 17 引同，《淮南子・精神篇》亦同，《雲笈七籤》卷 91 引作「清明」。《雲笈七籤》卷 45：「如此常行，耳目清明。」精、清，正、借字。

（6）夫至人倚不撓之柱，行無關之途

按：王利器曰：「《精神篇》：『夫至人倚不拔之柱，行不關之塗。』高誘注：『倚於不可拔搖之柱，行於不可關閉之途，言無不通。』」李定生等曰：「道藏七卷本（引者按：即朱弁本）『倚』作『以』。」何志華曰：「拔之訓搖，於古無徵。高注此文所增『搖』字蓋本《文子》。撓、搖古音同隸宵部，音近可通。」〔註56〕撓，景宋本作「橈」，《雲笈七籤》卷 91 引作「立」。作「以」作「立」並誤。何志華說非是。不撓（橈），不曲也。拔謂引而出之，引申之則為轉動、搖動、移動義。《易・乾》：「確乎不可拔。」鄭玄注：「拔，移也。」郭店楚簡《性自命出》簡 23：「凡聖（聲），其出於情也信，然句（後）其內（入）拔人之心也敏（厚）。」裘錫圭讀敏為厚，讀拔為撥〔註57〕，前說是，後說非也。「拔」亦動搖義。音轉亦作勃（挬），朱駿聲曰：「今蘇俗以力旋轉物曰勃。」〔註58〕今吳語尚存此義〔註59〕。

〔註56〕何志華《高誘據〈文子〉注解〈淮南子〉證》，香港中文大學《中國文化研究所學報》新 1 期，1993 年出版；收入《〈文子〉著作年代新證》，香港中文大學 2004 年版，第 12 頁。

〔註57〕參見《郭店楚墓竹簡》「裘按」，文物出版社 1998 年版，第 182 頁。

〔註58〕朱駿聲《說文通訓定聲》，武漢市古籍書店 1983 年版，第 682 頁。

〔註59〕參見許寶華等《漢語方言大詞典》，中華書局 1999 年版，第 3869 頁。

（7）稟不竭之府

按：《淮南子・精神篇》同。《雲笈七籤》卷91引「竭」誤作「端」。

（8）無往而不遂，無之而不適

按：適，各本皆作「通」，王利器本誤。王氏曰：「《精神篇》：『無至而不通。』」《雲笈七籤》卷91引「之」作「至」。

（9）夫為義者可迫以仁，而不可劫以兵；可正以義，不可懸以利

朱弁注：可以義正之，而不可以利誘之。義在素利也。

按：顧觀光曰：「《七籤》『正』作『止』，與《精神訓》合，此『正』字誤。」王叔岷從顧說。俞樾曰：「『正』乃『止』字之誤。《淮南子・精神篇》作『殖華可止以義，而不可縣以利』，即上文所謂『殖華將戰而死，莒君厚賂而止之，不改其行』也。」李定生等曰：「正，止也，不必誤。」顧、俞說是，考《左傳・襄公二十三年》：「杞殖、華還載甲，夜入且于之隧，宿於莒郊。明日，先遇莒子于蒲侯氏。莒子重賂之，使無死，曰：『請有盟。』華周對曰：『貪貨棄命，亦君所惡也。昏而受命，日未中而棄之，何以事君？』莒子親鼓之。從而伐之。」此殖華不可縣以利之典。可止以義，謂可以義止其將戰而死。朱弁據誤字注之，未得。

（10）上觀至人之倫，深原道德之意，下考世俗之行，乃足以羞也

按：王利器曰：「《七籤》『倫』作『論』，『原』作『源』，『下』作『以』，『以羞』作一『薄』字。《精神篇》：『上觀至人之論，深原道德之意，以下考世俗之行，乃足差也。』」李定生等曰：「道藏七卷本（引者按：即朱弁本）『足以羞』作『足著』。倫，輦，類也。」倫，讀為論。「著」是「羞」形誤。此文「下考」前脫「以」字，《七籤》「以」下脫「下」字，非「下」作「以」也。原，推原，謂尋其本也，「源」乃俗別字。《道德指歸論・名身孰親》：「聖人上原道德之意，下揆天地之心。」

（11）故神清意平，乃能形物之情

徐靈府注：唯清與平，可察物情。

按：王利器曰：「《七籤》『刑（引者按：當作『形』）』作『制』。兩《治要》本作『乃能形物，物之（誤重『之』字）情也』，義勝。」刊本《治要》

卷 35 引作「乃能形物之情也」，鈔本《治要》引作「乃能形物之物之情也」，王氏失檢。「形」字不誤，《雲笈七籤》誤作「制」。《太白陰經・主有道德》：「神清智平，乃能形物之情。」即本此文，亦作「形」字。《淮南子・俶真篇》：「夫唯易且靜，形物之性也。」《御覽》卷 720 引「性」上有「情」字。高誘注：「形，見。」與此文可以互證。徐靈府注「可察物情」，是矣。

（12）故心有所至，則神慨然在之

按：王利器曰：「《七籤》『慨然』誤作『既然』，《俶真篇》作『喟然』。」李定生等曰：「道藏七卷本和《纘義》本『慨然』作『溉然』。」日本內閣文庫藏本亦誤作「溉然」。

（13）反之於虛，則消躁藏息矣

按：顧觀光曰：「『躁』字誤，《七籤》作『爍』，與《俶真訓》合。」王叔岷曰：「『藏』字亦誤，《七籤》引作『滅』，亦與《淮南子》合。」于大成亦校「躁藏」作「爍滅」〔註60〕，皆是也。消躁藏息，景宋本、《纘義》本、《宛委別藏》本同，朱弁本作「消燥滅息」，日本內閣文庫藏本作「消燥藏息」，《雲笈七籤》卷 91 引作「消爍滅息」，《淮南子・俶真篇》作「消鑠滅息」。「爍」形誤作「燥」，因又易作「躁」。朱弁本「滅息」尚未誤。李定生等曰：「躁，動也。息，蕃殖、滋長。」彭裕商曰：「躁，躁動。藏，閉藏。息，滋長，此指滋長的人欲。」二氏說皆誤。

（14）故能有天下者，必無以天下為也；能有名譽者，必不以越行求之

按：顧觀光曰：「《七籤》『越』作『趨』，與《俶真訓》合。」于大成曰：「《淮南・齊俗篇》亦云：『由此觀之，則趣行各異。』『趣』與『趨』同。」王利器曰：「《俶真篇》：『故能有天下者，必無以天下為也；能有名譽者，必無以趨行求者也。』」李定生等曰：「道藏七卷本『為』下有『者』字。越，超出，躐等。」彭裕商曰：「越行，超越常行。」「越」是「趨」形譌，李說非是。此文「為」下有「者」字是，《淮南》亦脫。二句是子思語，《孔叢子・抗志》引子思曰：「故能有天下者，必無以天下為者也；能有名譽者，必無

〔註60〕于說轉引自王利器《文子疏義》下文校語，中華書局 2000 年版，第 146 頁。
王氏此處未引。

－274－

以名譽為者也。」

（15）雖知統天地，明照日月

按：王利器曰：「《俶真篇》作『智終天地』。『統』當為『終』之誤。終、周一聲之轉。」李定生等曰：「統，總領。」彭裕商曰：「統，統攝，貫通。」三氏說非是，「統」、「終」並是「絡」形誤〔註61〕。《纘義》本、朱弁本「知」作「智」。

（16）禍福不能矯滑，非譽不能塵垢

按：顧觀光曰：「《七籤》『矯』作『撓』，與《俶真訓》合。」王利器說同。矯，讀為撓。撓、滑皆亂義。李定生等曰：「矯，通『撟』，舉也。矯滑，舉亂。」其說非是。

（17）今盆水若清之經日，乃能見眉睫，濁之不過一撓，即不能見方圓也

按：王叔岷曰：「《意林》、《七籤》引『經日』並作『終日』，義同。《淮南子》亦作『終日』。」「經日」雖通，然疑是「終日」之誤。眉睫，《意林》引同，《淮南》亦同，《七籤》引作「塵曖」〔註62〕，蓋臆改。「曖」當是「堨」同音借字，字亦作「壒」、「塧」，亦塵也。《淮南子·兵略篇》：「曳梢肆柴，揚塵起堨。」許慎注：「堨，埃。」

（18）故三皇五帝有戒之器，命曰侑卮

按：「戒」上，《荀子·宥坐》楊倞註、《樂書》卷43引有「勸」字，當據補。《玉海》卷90引有「觀」字，亦「勸」之誤。

（19）夫物盛則衰，日中則移，月滿則虧，樂終而悲

按：王利器曰：「《道應篇》：『夫物盛而衰，樂極則悲，日中而移，月盈而虧。』」李定生等曰：「移，偏斜。《莊子·天下》：『日方中方睨。』《易·豐》：『日中則昃，月盈則食。』《戰國策·秦策三》：『語曰：『日中則移，月滿則虧，物盛則衰。』』」移、睨，日西斜，與「昃」同義，其專字作「㫲」，《說文》：

〔註61〕 參見蕭旭《淮南子校補》，花木蘭文化出版社2014年版，第88～89頁。
〔註62〕 《雲笈七籤》據正統道藏本，四部叢刊本據道藏本影印則作「塵曖」，四庫本同。

「曉，日行曉曉也。」

（20）是以時有肓忘自失之患

按：王利器曰：「《七籤》作『是以時有肓妄之患』，《原道篇》：『是以天下時有肓妄自失之患。』」李定生等曰：「肓忘，《纘義》、道藏七卷本及《淮南子》作『盲忘』，《輯要》本作『役忘』。肓，中醫指心臟與隔膜之間的部位。忘，失也。肓忘自失，謂精神不能內守。」《淮南子》各本皆作「盲妄」，《御覽》卷 870 引同，李氏失檢，且所解「肓忘」尤是臆說。景宋本、四庫本亦作「盲忘」。徐靈府本作「肓」，明是「盲」形譌，當據各本訂正。「妄」、「忘」古通。盲忘者，謂精神日耗，則有眼目不明、記憶衰退之疾。

（21）治其內不治其外

按：王叔岷曰：「《七籤》引下『治』作『知』，是也。作『治』，涉上『治』字而誤。《淮南子·精神篇》作『不識其外』，識猶知也。」王利器曰：「《七籤》『不治』作『不知』，《精神篇》：『處其一不知其二，治其內不識其外。』《莊子·天地篇》：『識其一不知其二，治其內而不治其外。』」王叔岷說非是，此文及《淮南》俱本於《莊子》，作「不治」是也，謂不修飾。「識」是「飾」音誤，治《淮南》者皆未及之。《說苑·談叢》：「不修其身求之於人，是謂失倫；不治其內而修其外，是謂太廢。」此反面言之，「治其外」即「修其外」。

（22）審於無假，不與物遷

朱弁注：審猶委也。不載於心，復何瑕哉？則物之自遷，奚與同往耳？

按：于大成曰：「《淮》作『而不與物糅』，《莊子·德充符》、《天道》並作『遷』，此用《莊》文也。」王利器曰：「《精神篇》：『審乎無瑕，而不與物糅。』高誘注：『瑕，猶釁也。忓見利欲之貌也，能審順（慎）之，故不與物相雜粗。』〔註63〕《莊子·德充符篇》：『審乎無假，而不與物遷。』郭慶藩〔曰〕：『假是瑕之誤。』朱弁本作「瑕」，正字，「假」則借字。《宋書·顧覬之傳》顧愿《定命論》：「審乎無假，自求多福。」所見亦是借字。李定生等曰：「假，因也。」彭裕商曰：「假，憑藉。」二氏說望文生義，然實亦竊自前人。陳鼓應曰：「無假，無所假借。」〔註64〕是其所本。

〔註63〕王氏引脫「粗」字，茲據原書逕補。
〔註64〕陳鼓應《莊子今注今譯》，臺灣商務印書館 1978 年版，第 161 頁。

《符言篇》卷第四校補

（1）上乎無上，下乎無下，故能高能深，能上能下也

按：此十八字是徐靈府注文，王利器《疏義》本誤作大字正文。

（2）治不順理則多責，事不順時則無功

徐靈府注：順理則用心寡而成事大，乘時則用力多而見功尠。

按：于大成曰：「朱弁本『乘』作『逆』，『尠』作『鮮』。『逆』字是也。」「乘」是「乖」形譌。

（3）故無為而寧者失其所寧即危，無為而治者失其所治即亂

按：王利器《疏義》本「無為」下誤奪「而」字。道藏《纘義》本二「無」誤作「夫」，脫下「而」字，下「即」作「則」。

（4）失其所寧者，謂捨內寧而外求寧則困矣。失所治者，謂遺身而求治人則惑矣

按：此三十字是徐靈府注文，王利器《疏義》本誤作大字正文。

（5）謂王有分而爭奪生

按：此八字是徐靈府注文，王利器《疏義》本誤作大字正文。

（6）其文好者皮必剝，其角美者身必殺

按：王利器曰：「《逸周書・周祝篇》：『文之美也以身剝，自謂智者故不足。角之美，殺其牛。』」《御覽》卷 459、《記纂淵海》卷 57 引作「其文好者身必剝，其角美者身見殺」；《類聚》卷 23 引《晏子》「殺」作「煞」，餘同《御覽》，蓋誤記出處。

（7）甘泉必竭，直木必伐

按：王利器《疏義》本「泉」誤作「井」。

（8）物有美而見害，人希名而召禍

按：此十二字是徐靈府注文，王利器《疏義》本誤作大字正文。景宋本、朱弁本「希」作「睎」。

（9）先騁華亂，後招身禍

　　按：此八字是徐靈府注文，王利器《疏義》本誤作大字正文。

（10）山若藏寶必見鑿，人不慎言必招禍

　　按：此十四字是徐靈府注文，王利器《疏義》本誤作大字正文。景宋本、朱弁本「若」誤作「不」。

（11）善游者溺，善騎者墮

　　按：王利器曰：「《原道篇》：『夫善游者溺，善騎者墮。』」《意林》卷1引作「善游者必溺，善騎者必墜」。

（12）欲不過節即養生知足

　　按：生，《淮南子・詮言篇》、《韓詩外傳》卷2作「性」，古通。

（13）故至德言同輅，事同福

　　按：顧觀光曰：「此二句不可解。『福』與『輻』通，豈以車為喻耶？《繆稱訓》作『言同略，事同指』。」王叔岷曰：「景宋本『輅』作『賂』。」王利器曰：「略，原作『輅』，義不可通，《繆稱篇》作『略』，今據改正。」《宛委別藏》本亦作「輅」，道藏《纘義》本、朱弁本作「路」。福，各本並同，當據《淮南》作「指」。

（14）退之於邪，開道之於善

　　按：退之於邪，《宛委別藏》本同，道藏《纘義》本作「遣退之於衺」，朱弁本作「進退章之於衺」。王利器改「退之於邪」作「遏障之於邪」，蓋據《淮南》，而未作說明。王叔岷曰：「景宋本『退之於邪』作『退章於邪』，此本作『退障之於邪』，與『開道之於善』對言。『章』乃『障』之壞字。《淮南・繆稱篇》作『遏障之於邪』，可證。」「退」為「遏」形譌。道，讀為導。

（15）有智而無為，與無智同功；有能而無事，與無能同德

　　按：「功」當據《淮南子・詮言篇》作「道」。「道」、「德」二字對舉，朱弁本二字並誤作「功」。李定生等曰：「功，功效，成就。德，得也。」非是。

（16）使廉士守財，不如閉戶而全封

按：俞樾曰：「『全』無義，乃『璽』字之誤。」于大成曰：「《御覽》卷838、《記纂淵海》卷56引並無『而全封』三字。」王利器曰：「俞說是也。惟《劉子·去情篇》用此，已作『全封』矣。《意林》卷1引亦作「全封」。「全」字不誤，俞說非也。《淮南子·詮言篇》：『天下非無廉士也，然而守重寶者，必關戶而全封。』何寧曰：『《文子》作『全封』，《劉子·去情篇》用此文亦作『全』。《玉篇》：『全，具也，完也。』」〔註65〕彭裕商襲用何說而無說明。

（17）人舉其疵則怨，鑑見其醜則自善

按：王利器曰：「《詮言篇》：『人舉其疵則怨人，鑑見其醜則善鑑。』」《白氏六帖事類集》卷4引此文二「則」作「即」，餘同，二句下有「以鏡無心故也」六字〔註66〕。作「即」是故書。景宋本、朱弁本「善」誤作「喜」。

（18）卑體免辭

按：俞樾曰：「免，猶俛也。此云『免辭』，與『卑辭』同。《淮南子·詮言篇》作『婉辭』，轉非其舊矣。」于大成曰：「墨海本、守山閣本亦作『婉辭』，與《淮南》同，當以俞說正之。」俞說非是。免讀為婉，或讀免為曼，《漢書·司馬遷傳》《報任少卿書》：「曼辭以自解。」如淳曰：「曼，美也。」

（19）修其境內之事，盡其地方之廣，勸民守死，堅其城郭

按：于大成曰：「《淮南》『地方』作『地力』。『地力』是。朱弁本作『屬其民死』，與《淮南子》合。」于說未盡得也。景宋本無「之廣」二字，作「盡其地方，勸民守死，堅其城郭」。《淮南子·詮言篇》：「慎脩其境內之事，盡其地力，以多其積，屬其民死，以牢其城。」《韓子·五蠹》：「而其境內之治，明其法禁，必其賞罰，盡其地力，以多其積，致其民死，以堅其城守。」此文「之」、「勸」二字衍文，「方」是「力」形譌（彭裕商襲用于說而無說明），「廣」是「屬」形譌，脫「以多其積」四字。「屬」屬下為句。

（20）推於滋味，淫於聲色

按：王利器曰：「《下德篇》：『口惟滋味。』兩《治要》本『惟』作『欲』。

〔註65〕何寧《淮南子集釋》，中華書局1998年版，第1008～1009頁。
〔註66〕《白帖》在卷13。

『推』、『惟』俱『嗺』字形近之誤。嗺，盡也。《淮南子》作『重』者，多也。宋本、道藏本、茅本及《御覽》卷720引《淮南子》作『推』，此蓋許、高二注本異同之故也。」李定生等謂「推」、「惟」為「嗺」之誤，訓嚼，舉《淮南子·泰族》「口嚼滋味」為證；彭裕商謂「推」讀為敦，厚也。《下德篇》王叔岷校曰：「『惟』當作『嗺』。《淮南子·泰族篇》作『嚼』，『嚼』即『嗺』之重文。」王利器從其說，此即李說所本。彭說非是。

（21）一起一廢

按：起，《淮南子·詮言篇》作「植」。

（22）故聖人損欲而從性

按：《淮南子·詮言篇》作「故聖人損欲而從事於性」，《御覽》卷720引同；《雲笈七籤》卷90作「故聖人損慾而從其性也」。損，抑損也。上文云「欲與性相害，不可兩立」，故抑其欲而從其性也。于大成曰：「『損』當作『捐』，謂棄其欲而從其性也。」〔註67〕其說非是。

（23）故羽翼美者傷其骸骨，枝葉茂者害其根荄，能兩美者，天下無之

按：孫詒讓曰：「『骸骨』當作『骨骸』，與『荄』、『之』協韻，《淮南子》正作『骨骸』，可證。」王叔岷曰：「孫說是也，《文選·鵩鳥賦》注引此正作『傷其骨骸』。」王利器曰：「《詮言篇》：『故羽翼美者傷骨骸，枝葉美者害根莖。』孫詒讓曰：『莖，《文子》作荄，與骸協韻，是也。荄、莖形近而誤。』」王利器所引孫說出《札迻》卷7《淮南子許慎高誘注》。孫星衍亦曰：「荄讀如核，與『骨』為韻。《淮南》作『根莖』，則韻不合。」〔註68〕《御覽》卷952、《記纂淵海》卷59引《淮南》已誤作「莖」。《御覽》卷836引此文作「羽翼美傷其骨，枝葉茂害其根」，省去末二字，失其韻矣。北大漢簡（三）《儒家說叢》：「辟（譬）若秋蓬之美其支（枝）葉而惡其根其也。」「根其」即「根荄」音轉。《古文苑》卷13班固《十八侯銘》：「遭兄食其。」宋九卷本「其」作

〔註67〕于大成《淮南子校釋》，收入《淮南鴻烈論文集》，里仁書局2005年版，第934頁。

〔註68〕孫星衍《文子序》，收入《孫淵如先生全集·問字堂集卷四》，《續修四庫全書》第1477冊，上海古籍出版社2002年版，第420頁。

「骸」，即「其」音誤。

（24）善怒者必多怨，善與者必善奪

按：王利器曰：「《詮言篇》：『喜德（引者按：景宋本『德』作『得』）者必多怨，喜予者必善奪。』」此文二句上「善」字是「喜」字形誤，猶好也。《韓詩外傳》卷1：「喜名者必多怨，好與者必多辱。」

（25）聖人無屈奇之服，詭異之行

按：《淮南子‧詮言篇》「詭異」作「無瑰異」。瑰、詭，並讀為恑，亦異也。此文上句「無」字統管下句。

（26）非譽不能生，寵辱不能驚

按：此十字是徐靈府注文，王利器《疏義》本誤作大字正文。

（27）以數筭之壽，憂天下之亂

按：王利器曰：「《詮言篇》：『以數雜之壽。』許慎注：『雜，匝也。人生子，從子至亥為一匝。』數，天然之數，猶今言自然規律。『筭』當作『雜』，形近之誤。」《白氏六帖事類集》卷2、《困學紀聞》卷6引此作「數集」〔註69〕。《白帖》引《文子》注：「集，年也。」《淮南》作「雜」，《類聚》卷97引作「離」，《御覽》卷469引作「匝」，《御覽》有注：「匝，猶至也。或作『卒』。卒，盡也。」雜、集，讀為匝。數匝，猶言幾匝。從子至亥為十二辰，從子至亥為一匝，故數為十二也，言數市之壽，就是幾個十二年，猶言幾十年耳。王氏釋「數」非是。「離」、「卒」亦並為「雜」之誤。

（28）故有闇聾之病者，莫知事通。豈獨形骸有闇聾哉？心亦有之，塞也。莫知所通，此闇聾之類也

按：王利器曰：「《淮南子‧泰族篇》：『故有瘖聾之病者，雖破家求醫，不顧其費，豈獨形骸有瘖聾哉？心志亦有之。夫指之拘也，莫不事申也；心之塞也，莫知務通也，不明於類也。』」據《淮南》，王叔岷指出「塞也」脫「心之」二字。闇，讀為瘖，不能言之病，啞病。事，猶務也。「心亦有之」之「亦」，景宋本誤作「並」。

〔註69〕《白帖》在卷6。

（29）老子曰：「德少而寵多者譏，才下而位高者危，無大功而有
　　　厚祿者微。」

按：王利器曰：「《淮南子・人間篇》：『天下有三危：少德而多寵，一危
也。才下而位高，二危也。身無大功而受厚祿，三危也。』」景宋本《淮南》
「受」作「有」，《治要》卷41引同，與《文子》合。考《國語・魯語上》子
叔聲伯曰：「苦成氏有三亡：少德而多寵，位下而欲上政，無大功而欲大祿，
皆怨府也。」此二書所本，《文子》託為老子語。

（30）眾人皆知利利，而不知病病；唯聖人知病之為利，利之為病

徐靈府注：眾人知利為利，不知以利為病。聖人知利是病，以不利為病也。

按：據徐注，「病病」當作「病利」。病利，即以利為病之誼。然據《淮
南子・人間篇》：「眾人皆知利利而病病也，唯聖人知病之為利，知利之為病
也。」顧觀光謂此文「不知」二字是衍文，是也。

（31）再實之木，其根必傷；多藏之家，其後必殃

按：于大成曰：「《後漢書・明德馬皇后紀》注引『多』作『掘』，是也。
朱弁本、續古逸本、景宋本正作『掘』，《淮南子・人間篇》同。《說文》：『葬，
臧也。』（『臧』即今『藏』字）此處即叚『藏』為『葬』。掘藏即發冢也（楊
樹達說）。」王利器曰：「《淮南子・人間篇》：『夫再實之木根必傷，掘藏之家
必有殃。』許慎注：『掘藏，謂發冢。得伏藏，無功受財。』」《後漢書・后紀》：
「猶再實之木其，根必傷。」李賢注引《文子》「多藏」作「掘臧」。余謂「掘
藏」讀為「窟藏」，藏之於窟，言其寶貨多也。亦備一通。作「多藏」者，據
《老子》第44章「多藏必厚亡」而改。

（32）小人從事曰苟得，君子曰苟義

按：李定生等曰：「《淮南子・繆稱》：『小人之從事也曰苟得，君子曰苟義。』
苟，苟且，隨便，誠如。苟得，不當得而得。苟義，近於義。」李氏解二「苟」
字異義，非是。苟，猶但也。言小人從事但欲得，君子從事但欲義也。

（33）為善者，非求名者也，而名從之；不與利期，而利歸之

按：李定生等曰：「《淮南子・繆稱》：『聖人為善，非以求名，而名從之。
名不與利期，而利歸之。』」《列子・說符》楊朱曰：「行善，不以為名，而名

從之；名不與利期，而利歸之；利不與爭期，而爭及之。」為名，猶言求名。此文「不與利期」上當補「名」字。

（34）所求者同，所極者異

按：《淮南子‧繆稱篇》「極」作「期」，借字。

（35）言無常是，行無常宜者，小人也

按：《淮南子‧繆稱篇》同。《荀子‧不苟篇》：「言無常信，行無常貞，唯利所在，無所不傾，若是則可謂小人矣。」《韓子‧顯學》：「故海內之士，言無定術，行無常儀。」《論衡‧問孔篇》：「言無定趨，則行無常務矣。」諸文並可互參。是、貞，皆猶正也、定也。

（36）兼覆而并有之，技能而才使之者，聖人也

按：王利器曰：「《淮南子‧繆稱篇》：『兼覆蓋而并有之，度伎能而裁使之者，聖人也。』許慎注：『裁，制也。度其伎能而裁制使之。』裁、才古通。」李定生等說同。才，讀為裁。王念孫謂《淮南》「蓋」、「度」為衍文，「伎」之言支，度也〔註70〕。

（37）天之道，其猶響之報聲也

按：報，讀為赴，猶應也，合也。

（38）所謂同污而異泥者

按：王利器引顧光圻曰：「『污』疑『朽』。」又引譚獻曰：「案亦通用。」譚獻說未檢得出處，「朽」疑「杇」形誤。然其說非也，「污」當讀如字。

（39）聖人同死生，愚人亦同死生。聖人同死生，明於分理；愚人同死生，不知利害之所在

按：王利器曰：「《淮南子‧說山篇》：『故聖人同死生，愚人亦同死生。聖人之同死生，通於分理；愚人之同死生，不知利害所在。』」明，《類聚》卷20、《御覽》卷401引同，《書鈔》卷92引《文中子》亦同（當是《文子》），

〔註70〕王念孫《淮南子雜志》，收入《讀書雜志》卷13，中國書店1985年版，本卷第91頁。

《御覽》卷 548 引作「知」，蓋臆改。景宋本脫「聖人同死生，明於分理；愚人同死生」十四字，又誤「不知」作「不和」。《纘義》本、朱弁本下「聖人」、「愚人」下並有「之」字，《類聚》卷 20、《御覽》卷 401 引同，與《淮南》合。

《道德篇》卷第五校補

（1）故上學以神聽，中學以心聽，下學以耳聽

按：于大成曰：「《莊子·人間世》云：『無聽之以耳，而聽之以心；無聽之以心，而聽之以氣。』為此文所本。」《白氏六帖事類集》卷 9、《御覽》卷 607 引同〔註71〕，《法苑珠林》卷 67、《意林》卷 1、《子略》卷 2 引三「聽」字下並有「之」字。《御覽》卷 659 引《老子》：「上士學道受之以神，中士受之以心，下士受之以耳。以神聽者通無形，以心聽者知內情，以耳聽者聞外聲。」今本《老子》無此語，蓋出解《老》之道書。

（2）故聽之不深……即行之不成

按：李定生等曰：「成，《纘義》作『誠』。」李氏失檢，《纘義》本仍作「成」，朱弁本作「誠」，《白氏六帖事類集》卷 9 引亦作「誠」。「成」是本字，上文云「將以成行也」。

（3）專精積稽

按：道藏《纘義》本、《宛委別藏》本同，景宋本作「尊精積稽」，朱弁本作「專精積蓄」。各有誤文，疑當作「專精積神」。《御覽》卷 668 引老子曰：「專精積神，不與物雜，謂之清。」《雲笈七籤》卷 91 引老君語同。《淮南子·覽冥篇》：「專精屬意，委務積神。」《論衡·感虛》：「專心一意，委務積神。」專，讀為摶，聚也。《呂氏春秋·論威》：「并氣專精，心無有慮。」《御覽》卷 271 引「專」作「摶」，是「摶」形誤，《記纂淵海》卷 181 引正作「摶」〔註72〕。《淮南子·天文篇》：「陰陽之專精為四時，四時之散精為萬物。」專、散對舉，亦讀為摶。

〔註71〕《白帖》在卷 30。下同。
〔註72〕四庫本《記纂淵海》在卷 80。

（4）十圍之木始於把，百仞之臺始於下

按：定州漢簡簡 1178 作「……之高始於足下，千方之群始於寓強」〔註73〕。《白氏六帖事類集》卷 29 引上句作「十圍之木起於一抱」〔註74〕，「抱」是「把」形譌。《陰符天機經》：「夫十圍之木起於拱把，百仞之臺起於足下。」今本疑脫「拱」、「足」二字。《老子》第 64 章：「合抱之木生於毫末，九層之臺起於累土，千里之行始於足下。」其「千里之行」四字，蓋後人臆改，帛書甲本作「百仁（仞）之高」，帛書乙本作「百千〈任（仁）—仞〉之高」，北大漢簡本、嚴遵本、遂州本、成玄英本、趙志堅本作「百仞之高」，敦煌寫卷 P.2375、P.2417、S.6453 作「百刃（仞）之高」。晁福林曰：「『千方』意猶多方。『群』有會合之意。『寓強』疑即作為四方極遠處的神靈『禺強』。『千方之群，始於寓強』意謂四面八方的會聚開始於極遠之處。」〔註75〕連劭名曰：「『千方』如言多方。群，讀為君，指天子。寓強，文獻中多作『禺強』，北方之神。」〔註76〕張豐乾曰：「『千方之群始於寓強』比較費解，可能竹簡釋文有誤。」〔註77〕王寧曰：「『寓強』當讀為『隅疆』。」〔註78〕連劭名說當即化自晁說，惟改讀群為君耳。晁氏謂「寓強」即「禺強」，是也，而所釋則誤。「禺強」亦見《莊子・大宗師》《釋文》引《歸藏》：「昔穆王筮卦於禺強。」又作「禺彊」、「隅強」，音轉亦作「禺京」〔註79〕，北海水神名〔註80〕。考《列子・湯問》：「渤海之東……其中

〔註73〕定州漢簡本《文子》據《定州西漢中山懷王墓竹簡〈文子〉釋文》，《文物》1995 年第 12 期，第 27～34 頁。下同。

〔註74〕《白帖》在卷 99。

〔註75〕晁福林《定州漢簡〈文子・道德〉篇臆測》，《中國國家博物館館刊》2000 年第 2 期，第 74 頁。

〔註76〕連劭名《定州八角廊漢簡〈文子〉新證》，《文物春秋》2014 年第 1 期，第 11 頁。

〔註77〕張豐乾《出土文獻與〈文子〉公案》，社會科學文獻出版社 2007 年版，第 32 頁。

〔註78〕王寧《定州西漢中山懷王墓竹簡本〈文子・道德篇〉校讀》，簡帛研究網 2008 年 1 月 11 日。

〔註79〕參見朱起鳳《辭通》卷 10，上海古籍出版社 1982 年版，第 902 頁。

〔註80〕考其名義，「禺彊」疑是「禦彊」一聲之轉。字亦作「衛彊」，《隸釋》卷 4 東漢《司隸校尉楊孟文石門頌》：「奉魁承杓，綏億衛彊。」洪适曰：「碑以衛為禦。」倒言則作「彊禦」、「彊圉」、「強圉」、「強衛」，禦亦彊也。「禺彊」取彊而多力為義。禦亦彊也，（參見王引之《經義述聞》卷 7 引王念孫說，江蘇古籍出版社 1985 年版，第 165 頁）。王氏未舉「強衛」，字見《隸釋》卷 6 東漢《北海相景君銘》：「強衛改**節**，微弱蒙恩。」洪适曰：「碑以衛為禦。」複

有五山焉……而五山之根無所連箸，常隨潮波上下往還，不得暫峙焉。仙聖毒之，訴之於帝。帝恐流於西極，失群仙聖之居，乃命禺強使巨鼇十五舉首而戴之，迭為三番，六萬歲一交焉，五山始峙而不動。」《釋文》本「禺強」作「隅強」，云：「禺與隅同。」《列子》所述，固上古神話。又作「吾彊」，S.170《失名道經》：「北方吾彊子玄冥君。」「彊」是「彊」俗字〔註81〕。屈子《天問》：「伯強何處？惠氣安在？」「伯強」即「禺強」。「群」指群仙聖，「千方之群」指各方仙聖。言各方仙聖之居始於禺強之固定五山也。

（5）公侯有道，則人民和睦，不失其國

按：定州漢簡簡2218「睦」作「陸」，「不失」作「長有」。整理者曰：「『陸』假借為『睦』。」〔註82〕

（6）士庶有道，則全其身，保其親

按：定州漢簡簡619「保」作「葆」，整理者指出可通。

（7）夫失道者，奢泰驕佚慢倨，矜傲見餘

按：句讀從江有誥，江氏謂「倨」、「餘」魚部為韻〔註83〕。今人皆失其讀，以「慢倨矜傲」為句。王利器曰：「唐寫本『倨』作『倨』，『傲』作『振』。」敦煌寫卷P.3768《文子》「矜傲」作「矜振」，王利器誤記。王重民云「今本『振』作『傲』」〔註84〕，不誤。「振」字蓋「傲」字之誤書。定州漢簡簡1194+1195作「徒暴口廣奢，驕洫謾裾，陵降見餘」。李縉雲曰：「『降』當作『隆』。」〔註85〕何志華曰：「『徒暴』疑當讀『徒步』，『口』疑當為『不』。

言曰「強禦」，單言則曰「彊」或「禦」。《家語·始誅》：「強禦足以反是獨立。」《荀子·宥坐》作「強足以反是獨立」，《說苑·指武》作「強足以獨立」。定州漢簡簡0198《文子》：「強足以蜀（獨）立。」《董子·必仁且知篇》：「其強足以覆過，其禦足以犯詐。」此例則分言對舉。

〔註81〕《史記·管蔡世家》「子宣公彊立」，敦煌寫卷P.2627作「彊」。
〔註82〕《定州西漢中山懷王墓竹簡〈文子〉校勘記》，《文物》1995年第12期，第35頁。下同。
〔註83〕江有誥《先秦韻讀·文子韻讀》，收入《江氏音學十書》，《續修四庫全書》第248冊，第199頁。
〔註84〕王重民《P.3768〈文子·道德〉校記》，收入《敦煌古籍敘錄》，中華書局1979年版，第255頁。
〔註85〕李縉雲《〈文子·道德篇〉傳世本與八角廊竹簡校勘記》，《道家文化研究》第18輯，上海古籍出版社2000年版，第138頁。

徒步猶言平民百姓。徒步不廣，意謂未得民心。」〔註86〕漢簡「徒」疑是副詞。洫，讀為溢，實為泆，字亦作佚。「謾裾」為「慢倨」借字。「陵降」讀為「陵隆」，不煩改字。《釋名》：「大阜曰陵。陵，隆也，體高隆也。」陵、隆一聲之轉，此用作雙聲複詞，高傲之義。何志華純是臆說。

（8）為兵主，為亂首

按：定州漢簡簡 2437「主」作「始」〔註87〕。馬王堆帛書《十六經·順道》：「不以兵邾，不為亂首。」整理者讀邾為主〔註88〕。

（9）大不矜，小不偷

按：王利器曰：「唐寫本、日本古寫本《治要》『大』上、『小』上並有『於』字。」徐靈府注本本有二「於」字，各本皆同，獨景宋本無之，又《治要》未引此文，王氏皆誤記。

（10）達不肆意，窮不易操

按：達不肆意，定州漢簡簡 582 作「循道寬緩」。本書《微明》：「窮不易操，達不肆意。」《淮南子·主術篇》：「窮不易操，通不肆志。」

（11）為天下雌

按：定州漢簡簡 615 作「服之以〔雌〕」。

（12）故物生者道也，長者德也

按：長，定州漢簡簡 2466 作「養」。《玉篇》：「養，育也，長也。」

（13）君子無德則下怨

按：此句之上，定州漢簡簡 591 有「蹂節謂之無禮」六字，王寧據簡 874「茲謂之無仁淫」，編連簡 874+591；張固也據簡 716「子曰君子之驕奢不施謂之無德」，編連簡 716+874+591。王寧補作：「〔□□謂之無德，不〕茲（慈）謂之無仁，淫〔佚謂之無義〕，蹂節謂之無禮。」張固也補作：「〔文〕子曰：

〔註86〕何志華《出土〈文子〉新證》，香港浸會大學《人文中國學報》第 5 期，1998
　　　　年出版；收入《〈文子〉著作年代新證》，香港中文大學 2004 年版，第 41 頁。
〔註87〕整理者誤點作「為兵，始為亂首」。
〔註88〕《馬王堆漢墓帛書〔壹〕》，文物出版社 1980 年版，第 80 頁。

『君子之驕奢不施，謂之無德；〔貪戾不〕茲（慈），謂之無仁；淫〔荒慢怠，謂之無義；僭侈〕踰節，謂之無禮。』」〔註89〕張氏編連是也，而所補文字則不能必。考《禮記・曲禮上》：「禮不踰節，不侵侮，不好狎。」然則亦可能是「侵侮踰節，謂之無禮」等文字。

（14）無義則下暴

按：暴，定州漢簡簡 895+960 同，敦煌寫卷 P.3768 亦同，《治要》卷 35 引形誤作「異」。

（15）是以風雨不毀折，草木不夭死

按：王利器曰：「《俶真篇》：『風雨不毀折，草木不夭。』」《俶真篇》脫「死」字，《御覽》卷 77 引《淮南子》正有「死」字。景宋本「死」誤作「无」。

（16）賦斂無度，殺戮無止

按：王利器曰：「唐寫本『止』誤『上』。」《淮南子・要略篇》「賦斂無度，戮殺無止。」《史記・龜策列傳》「賦斂無度，殺戮無方。」無方，無道。

（17）故世治則愚者不得獨亂

徐靈府注：正不容邪。

按：注「邪」，景宋本作「哀」。「哀」乃「衺」形譌。

（18）聖人常聞禍福所生而擇其道，智者常見禍福成形而擇其行

按：王利器《疏義》本脫「智者」二字。王利器曰：「唐寫本無二『其』字。」定州漢簡簡 803+1200+765 作「故聖者聞〔禍福所生〕而知擇道，知者見禍福〔成〕刑（形）而知擇行」，亦無二「其」字。二「常」字，敦煌寫卷 P.3768 作「當」，景宋本作「嘗」，當以作「當」為正字。

（19）聞未生，聖也。先見成形，智也

按：王利器《疏義》本脫「成」字，各本皆有，敦煌寫卷 P.3768 亦有。定州漢簡簡 711 作「〔聖者聞〕未生，知者見成〔刑（形）〕」。

〔註89〕王寧《定州西漢中山懷王墓竹簡本〈文子・道德篇〉校讀》，簡帛研究網 2008 年 1 月 11 日。張固也《定州漢簡〈文子〉復原》，簡帛網 2014 年 12 月 22 日。

（20）無聞見者愚迷

按：王利器《疏義》本「見」上衍「無」字，各本皆無。王叔岷曰：「唐寫本『愚迷』作『愚也』，與上文『聖也』、『智也』一律。『也』之作『迷』，涉注『真謂愚迷也已矣』而誤。」王利器曰：「唐寫本『迷』作『也』，朱弁本同。」愚迷，景宋本、《宛委別藏》本、四庫本同，道藏《纘義》本作「愚迷也」，敦煌寫卷 P.3768、朱弁本作「愚也」。當以作「愚迷也」為是，作「愚迷」者脫一「也」字，作「愚也」者脫一「迷」字，不是「迷」一作「也」。不必拘於單字對舉。

（21）君好義，則信時而任己

按：顧觀光曰：「『義』當作『智』，『信』當作『倍』，《詮言訓》並不誤。」王叔岷曰：「唐寫本作『君好知，則信時而任己』，『信』亦當作『倍』。『倍』與『背』同。」王利器曰：「《淮南子·詮言篇》：『君子好智〔註90〕，則倍時而任己。』『倍』字義勝。」李定生等曰：「義，《纘義》、《道藏》七卷本作『知』，『知』與『智』通，《淮南》作『智』。據下文，作『智』是。信時，信所遇之時。《淮南子》『信時』作『倍時』，誤也。」李氏謂「義」當作「知（智）」，是也，而餘說則誤。本篇下文：「獨任其智，失必多矣。故好智，窮術也。」即承此而言。又下文：「釋道而任智者危，棄數而用才者困。」《淮南子·詮言篇》：「釋道而任智者必危，棄數而用才者必困。」《韓子·飾邪》：「釋規而任巧，釋法而任智，惑亂之道也。」又《忠孝》：「是廢常上賢則亂，舍法任智則危。」「好知」即「任智」，言好用智力。各本皆誤作「信」。

（22）棄數而用惠

按：顧觀光曰：「『惠』字誤，《詮言訓》作『慮』。」王利器曰：「惠，唐寫本作『思』，朱弁注本同，《纘義》本作『才』。《淮南子·詮言篇》：『棄數而用慮。』」《纘義》本仍作「惠」，王氏誤記。景宋本作「秉智而用惠」。王重民曰：「『惠』字誤。」〔註91〕王叔岷曰：「思猶慮也。不必從《淮南子》作『慮』。」「惠」當是「思」形誤，與「慮」同義。《管子·任法》：「聖君任法而不任智，任數而不任說……失君則不然，舍法而任智，故民舍事而好譽；

〔註90〕引者按：《淮南子》原文無「子」字，王氏誤衍。
〔註91〕王重民《P.3768〈文子·道德〉校記》，收入《敦煌古籍敘錄》，中華書局1979年版，第256頁。

舍數而任說，故民舍實而好言。」《類聚》卷 54 引《申子》：「聖君任法而不任智，任數而不任說。」《商子‧農戰》：「善為國者，官法明，故不任智慮。」亦可參證。李定生等曰：「惠，恩賜。《道藏》七卷本誤作『思』，《淮南子》『惠』作『慮』，誤也。」傎矣。

（23）古之王者，以道莅天下

按：王利器曰：「莅，唐寫本作『立』，古通。」定州漢簡簡 2262 亦作借字「立」。

（24）古之王道具於此矣

按：王叔岷曰：「唐寫本『具』作『期』，景宋本作『其』。『具』乃『其』之誤，『其』、『期』古通。」于大成從王說，又曰：「朱弁本、道藏《纘義》本亦作『期』，與唐寫本同。」王利器曰：「『具』有備義，作『具』亦通。」李定生等曰：「具，備。期，合也。」作「具」是也，「具」形誤作「其」，又改作「期」。

（25）君數易法，國數易君，人以其位，達其好憎

按：王利器曰：「《詮言篇》：『又況君數易法，國數易君，人以其位，通其好憎。』」《淮南子‧氾論篇》：「何況乎君數易世，國數易君，人以其位，達其好憎？」達，通也。彭裕商曰：「達，滿足。」非是。

（26）文子問曰：「王道有幾？」老子曰：「一而已矣。」文子曰：「古有以道王者，有以兵王者，何其一也？」

按：王利器《疏義》本脫「文子問曰……一而已矣」十五字。定州漢簡簡 2419 作：「平王曰：『王者幾道乎？』文子曰：『王者一道。』」

（27）用兵有五

按：有，四庫本、四庫《纘義》本誤作「者」。

（28）恃其國家之大，矜其人民之眾，欲見賢於敵國者，謂之驕

按：于大成曰：「《漢書‧魏相傳》『賢』作『威』。『威』字勝。」定州漢簡簡 2271 作「欲見賢於適（敵）者」，仍作「賢」字。

（29）則幾於道矣

按：幾，《淮南子・詮言篇》同，《治要》卷41引《淮南》作「近」。

（30）使桀紂循道行德，湯武雖賢，無所建其功也

按：王叔岷曰：「唐寫本『循』作『修』，是也。」王利器說同。二王氏說是也，定州漢簡簡2252亦作「脩」，道藏《纘義》本、朱弁本作「修」。景宋本、《宛委別藏》本、四庫本亦誤作「循」。漢簡脫「行」字。《新語・本行》：「段干木徒步之士，修道行德。」《道德指歸論・知不知篇》、《用兵篇》並有「修道行德」之語。

（31）法煩刑峻即民生詐，上多事則下多態

按：王利器曰：「『則』字原無，今據《淮南子・主術篇》訂補。」各本皆有「則」字，獨景宋本無，王氏誤記。李定生等曰：「態，容貌。《淮南子・主術》：『是以上多故則下多詐，上多事則下多態。』」彭裕商曰：「態，姿態。」李、彭說非是，態讀為慝，亦詐也。朱弁注解作「端態」，亦非。

（32）以事生事，又以事止事，譬猶揚火而使無焚也；以智生患，又以智備之，譬猶撓水而欲求其清也

按：王利器曰：「唐寫本『求』作『其』。」敦煌寫卷P.3768作「欲其清」，無「求」字，王氏誤校。景宋本脫「以智備之」上「又」字。《劉子・貴農》：「是揚火而欲無炎，撓水而望其靜，不可得也。」即本《文子》此文，治《劉子》諸家皆未及。

（33）合而和之君也，別而誅之法也

按：王利器曰：「《淮南子・詮言篇》：『故合而舍之者君也，制而誅之者法也。』」彭裕商曰：「別，區分。」敦煌寫卷P.3768作「合而和之者君也，別而殊之者法也」，朱弁本同。當據補二「者」字，「殊」是「誅」借字；「舍」當作「和」，涉上「合」形譌；「別」當作「制」，亦形誤。

（34）夫趣合者即言中而益親，身疏而謀當即見疑

按：王利器曰：「《齊俗篇》：『故趣舍合即言忠而益親，身疏即謀當而見疑。』」王念孫謂『趣舍合』當作『趣合』。」劉文典謂王念孫說誤，「趣舍」即「取舍」，

引《韓子・姦劫弑臣》「夫取舍合而相與逆者，未嘗聞也」為證〔註92〕。劉說是也。「忠」是「中（去聲）」借字。李定生等曰：「趣，趨附。『趣』通『趨』。趣合，即迎合也。」其說非是。

（35）今吾欲正身而待物，何知世之所從規我者乎

按：顧觀光曰：「《齊俗訓》『規』作『窺』，其上文云：『闚面於盤水則員，於杯水則隋，面形不變，其故有所員有所隋者〔註93〕，所自闚之異也。』今刪此數句，則『窺』字不可解，故改為『規』。然『規』字亦不甚可解。」于大成曰：「朱弁本、寶曆本『欲』上有『雖』字，與《淮南子》合。」王利器曰：「《齊俗篇》云云，『規』當作『窺』。」敦煌寫卷 P.3768 亦有「雖」字，「待」誤作「侍」。規，讀為窺、闚。李定生等曰：「規，畫圓的工具，作動詞，意為規正。」非是。

（36）吾若與俗遽走，猶逃雨，無之而不濡

按：王利器曰：「《齊俗篇》：『若轉化而與世競走，譬猶逃雨也，無之而不濡。』」《呂氏春秋・論人》：「譬之若逃雨汙，無之而非是。」遽，讀為競。本書《上禮》：「邪人諂而陰謀遽載。」《淮南子・覽冥篇》「遽」作「競」。馬王堆帛書《五行》引《詩》：「不勮不救。」今本「勮」作「競」。皆其例。彭裕商解作「急速」，非是。

（37）夫亟戰而數勝者即國必亡

按：景宋本脫「必」字，王利器《疏義》本誤從景宋本。

（38）匡邪以為正，振亂以為治

按：王叔岷曰：「《御覽》卷 403 引作『治亂以為定』。」《御覽》卷 403 引「亂」誤作「辭」，王氏失記。邪，《御覽》引同，道藏《纘義》本作「衺」，景宋本作「衰」。「衰」乃「衺」形譌。定州漢簡簡 1172+820 作「匡邪民以為正，振亂世以為治」，《御覽》乃妄改。

〔註92〕劉文典《淮南子校補》，收入《三餘札記》，《劉文典全集（3）》，安徽大學出版社、雲南大學出版社 1999 年版，第 386 頁。

〔註93〕引者按：《淮南子》原文「隋」作「隨」。

（39）積道德者，天與之，地助之，鬼神輔之

按：王利器曰：「《御覽》卷 915 引『積道口』上有『主有』二字。唐寫本『天與之，地助之』作『天與之積，地與之厚』，《文選・雜詩》李善注引與今本同。」彭裕商曰：「與，助，與下文『助』、『輔』同義。」《御覽》卷 915 引「積道德」有「主有」二字，又卷 403 引作「積道口」，其上無「主有」二字，王氏稍失之。《開元占經》卷 120 引作「王（主）有道德者，天與之，地助之，鬼神輔之」，又卷 116 引作「主有積德者，天興（與）之，地助之，鬼神輔佑之」，《初學記》卷 17 引亦與今本同。當補「主有」二字，敦煌寫卷 P.3768 等無「主有」，省文耳。定州漢簡簡 569 作「有道之君，天舉之，地勉之，鬼神輔〔之〕」。舉，讀為與。助，當是「勗」脫文，即「勖」，亦勉也。「天與之，地勉之」者，言天與之時、地生之財也。

（40）鳳皇翔其庭，麒麟遊其郊

按：王利器曰：「唐寫本『鳳皇』作『鳳鳥』。」道藏徐靈府注本作「鳳凰翔其庭」，景宋本作「鳳皇藉其庭」，《纘義》本作「鳳鳥翔其庭」，敦煌寫卷 P.3768 作「鳳鳥**䓫**其庭」。「**䓫**」當是「藉」俗字，踐也，字亦作躤、**䠥**、踖、趞。《淮南子・覽冥篇》：「鳳凰翔於庭，麒麟游於郊。」

《上德篇》卷第六校補

（1）見舌而守柔

徐靈府注：見古道皆守雌柔。「古」字亦作「舌」字，亦柔也。

按：顧觀光曰：「《繆稱訓》『而』下有『知』字，此脫去。」王利器曰：「《繆稱篇》：『見舌而知守柔矣。』」顧說是也，下文「觀影而知持後」，文例同。徐注本「舌」作「古」，非是。

（2）仰視屋樹，退而因川，觀影而知持後

按：因，景宋本作「𡆧」，道藏《纘義》本、朱弁本作「目」。四庫《纘義》本校勘云：「案明刊本『目』作『因』，『因』乃『目』之誤。」〔註 94〕「𡆧」

〔註 94〕《文子纘義》，收入景印文淵閣《四庫全書》第 1058 冊，臺灣商務印書館 1986 年初版，第 411 頁。

是「因」俗字。

（3）故勇於一能，察於一辭，可與曲說，不可與廣應

按：景宋本「故」誤作「如」。李定生等曰：「《管子・宙合》：『是故辯於一言，察於一治，攻於一事者，可以曲說，而不可以廣舉。』《淮南子・繆稱》：『故通於一技，察於一辭，可與曲說，未可與廣應也。』」王利器曰：「《繆稱篇》云云，又曰：『察於一事，通於一技者，中人也。』」「勇」當作「通」，字之誤也。本書《符言》：「察於一事，通於一能者，中人也。」又《上仁》：「夫通於一伎，審於一事，察於一能，可以曲說，不可以廣應也。」《淮南子・泰族篇》：「夫徹於一事，察於一辭，審於一技，可以曲說，而未可廣應也。」徹、達一音之轉，亦通也。《管子》之「治」讀為辭〔註95〕。

（4）道以無有為體，視之不見其形，聽之不聞其聲，謂之幽冥。幽冥者，所以論道而非道也

按：顧觀光曰：「《說山訓》『論』作『喻』。」王叔岷曰：「『論』當『諭』，字之誤也。《淮南子》作『喻』，『喻』與『諭』同。」王利器曰：「道以無有為體，原誤作『道以無為有體』，今從《淮南子》乙正。《說山篇》：『魄問於魂曰：『道何以為體？』曰：『以無有為體。』魂曰：『吾直有所遇之耳。視之無形，聽之無聲，謂之幽冥。幽冥者，所以喻道而非道也。』」獨景宋本誤作「道以無為有體」，王氏既以徐注本作底本，而誤從景宋本也。王叔岷說是也，朱弁本「論」正作「諭」。《莊子・知北遊》：「……又況夫體道者乎？視之無形，聽之無聲，於人之論者謂之冥。冥，所以論道而非道也。」亦誤作「論」。又《天運》：「聽之不聞其聲，視之不見其形。」

（5）日出星不見，不能與之爭光

按：《淮南子・說山篇》同。景宋本「不見」誤作「可見」，王利器《疏義》本既以徐靈府注本作底本，而誤從景宋本作「可見」。

（6）末不可以強於本，枝不可以大於幹，上重下輕，其覆必易

按：王利器曰：「《說山篇》：『故末不可以強於本，指不可以大於臂，下

〔註95〕許維遹據《淮南子》讀治為辭，參見郭沫若《管子集校》，科學出版社1956年版，第181頁。

輕上重，其覆必易。」本書《上義》：「故枝不得大於榦，末不得強於本，言輕重大小有以相制也。」《淮南子·主術篇》略同。

（7）清之為明，杯水可見眸子；濁之為害，河水不見太山

按：王利器曰：「《說山篇》：『清之為明，杯水見眸子；濁之為闇，河水不見太山。』」「害」當作「闇」，《類聚》卷73、《御覽》卷759引《文子》正作「闇」字。

（8）舟浮江海，不為莫乘而沉

按：王利器曰：「《書鈔》卷137、《類聚》卷71引『江海』作『江淮』。《說山篇》：『舟在江海，不為莫乘而不浮。』《意林》引『江海』作『江河』。」《書鈔》引如王說，而《類聚》引作「江海」，王氏失檢。《金樓子·立言篇上》同《淮南子》。

（9）君子行道，不為莫知而止

按：王利器曰：「《書鈔》卷137、《類聚》卷71引作『君子行義，不為莫己知而止也。』《說山篇》：『君子行義，不為莫知而止休。』」《書鈔》引如王說，而《類聚》卷71、81、《御覽》卷768、《記纂淵海》卷45引皆同徐靈府注本〔註96〕，王氏失檢。景宋本「止」誤作「慍」，王利器《疏義》本既以徐注本作底本，而誤從景宋本作「慍」。

（10）以清入濁必困辱，以濁入清必覆傾

按：《淮南子·說山篇》同。王利器《疏義》本「覆傾」誤作「覆清」。

（11）陰陽不能常且冬且夏，月不知晝，日不知夜

按：顧觀光曰：「《說山訓》無『常』字，謂寒暑不能並時而至，與上三句意同，增一『常』字即失本旨。」王利器曰：「《說山篇》：『陰陽不能且冬且夏，月不知晝，日不知夜。』《御覽》卷4引作『日不知夜，月不知晝，日月為明，而不能兼也』〔註97〕。」《御覽》卷4所引乃《淮南子·繆稱篇》之文（今本『不能』作『弗能』），王氏失檢。顧說是也，此文當「陰陽不能且冬且

〔註96〕《類聚》據宋刊本，四庫本卷81引「止」上衍「遽」字。
〔註97〕王氏引「不能」誤作「不得」。

夏」八字句。景宋本上「且」字誤作「日」。

（12）川廣者魚大，山高者木脩

按：川，當據《淮南子・說山篇》作「水」，形近而誤。《類聚》卷 21、《御覽》卷 935、《記纂淵海》卷 99 引已誤作「川」。《鹽鐵論・刺權》：「水廣者魚大，父尊者子貴。」《抱朴子外篇・清鑒》：「卉茂者土必沃，魚大者水必廣。」亦作「水」字。《韓詩外傳》卷 5 引語曰：「淵廣者其魚大，主明者其臣慧。」「淵」又「川」之誤。

（13）心所知者褊，然待所不知而後能明

按：王利器曰：「《說林篇》：『智所知者褊矣，然待所不知而後明。』高誘注：『褊，狹。』」景宋本「褊」誤作「徧」。

（14）河水深而壞在山

按：王利器曰：「《說林篇》：『河水之深，其壞在山。』《說苑・談叢篇》：『河水崩，其懷在山。』」景宋本「壞」誤作「讓」。「懷」當是「壞」形譌。本篇下文云：「河水深，壞在山；丘陵高，下入淵。」

（15）水靜則清，清則平，平則易，易則見物之形，形不可併，故可以為正

按：顧觀光曰：「『併』字誤，《說林訓》作『匽』。」王利器曰：「《說林篇》：『水靜則平，平則清，清則見物之形，弗能匽也，故可以為正。』高誘注：『匽，猶逃也。』」李定生等曰：「并（併），并排、并立。」彭裕商曰：「『並（并）』當讀如『屏』，蔽也，即藏匽之意。」彭說是，字亦作偋。本書《下德》：「故水激則波起，氛亂則智昏。昏智不可以為正，波水不可以為平。」此反面之辭也。

（16）璧鋒之器，礛磻之功也；鏌鋣斷割，砥礪之力也

按：顧觀光曰：「《說林訓》作『成器』，『成』字是。」王利器曰：「《說林篇》：『璧瑗成器，礛諸之功。鏌邪斷割，砥礪之力。』」景宋本作「璧鋒之器，礛之功也；莫邪斷割，砥礪之力也」，《纘義》本作「璧瑗之器，礛磻之功也；鏌鋣之斷割，砥礪之力也」，朱弁本作「璧瑗之成器，監諸之功也；鏌鋣之斷

割，砥礪之力也」。當據朱弁本校作「璧鍰之成器」、「鏌鋣之斷割」，相對成文。鍰，讀為瑗。《釋音》：「瑗，音院，璧也。」

（17）飛鳥反鄉，兔走歸窟，狐死首丘

按：王利器曰：「《說林篇》：『鳥飛反鄉，兔走歸窟，狐死首丘。』」「飛鳥」當乙作「鳥飛」。朱弁本「首」誤作「守」。首，向也。

（18）寒蠥得木

按：王叔岷曰：「景宋本『得』作『洋』，《初學記》卷30引作『寒蠥翔水』，《淮南子》同。『洋』亦借為『翔』。」王利器曰：「《說林篇》：『寒將翔水。』高誘注：『寒將，水鳥。』」《纘義》本、朱弁本、《宛委別藏》本亦作「寒蠥得木」，景宋本作「寒蠥洋木」，《事文類聚》後集卷48、《合璧事類備要》別集卷92引亦作「寒蠥翔水」。《文選·擬古詩》：「寒蠥翔水曲，秋兔依山基。」李善注引《淮南子》：「兔走歸窟，寒蠥翔水。」然則當作「翔水」，「木」是「水」形譌。

（19）椎固百內，而不能自椽

徐靈府注：椽，陟壞切，未詳。

按：顧觀光曰：「『椽』字誤，《說林訓》作『椓』。」王叔岷曰：「『百內』乃『有內』之誤，《淮南子》作『有柄』。柄、內，正、假字。景宋本『椽』作『椓』，與《淮南子》合。」王利器曰：「當言『內』為『柄』之壞字，較妥。《說林篇》：『椎固有柄，不能自椓。』」李定生等曰：「椎，捶擊的工具。固，堅固。百內，猶百孔也。內，戈戟按柄之空處。《纘義》、《道藏》七卷本作『枘』，誤也。椽，作『椓』是也。椓，敲擊。」彭裕商曰：「內，即『枘』字初文，道藏本朱弁注本即作『枘』。枘，榫頭。椽，朱弁注本作『椓』，是。」景宋本作「推固百內，而不能自椓」，道藏《纘義》本作「椎固於枘，而不能自椓」，朱弁本作「椎固百枘，而不能自椓」。《釋音》：「枘，而銳切。椓，音卓，治木之具。」景宋本、道藏本《淮南》皆作「百柄」。「推」是「椎」形譌，「椓」是「椓」俗譌字，「椽」是「椓」形譌。徐靈府注音陟壞切，不知所據。「內」當是「枘」省借，《淮南》作「柄」則是形誤。以物納入孔中曰枘。《新序·雜事二》：「方內而員釭。」王念孫曰：「『內』與『枘』同。」

石光瑛從其說〔註98〕。椓，擊也，字亦作斀、𣪠，《說文》：「椓，擊也。」又「斀，擊也。」又「𣪠，椎擊物也。」言椎可以擊物而入孔中使之牢固，但不能自擊耳。

（20）目見百步之外，而不能見其睫

按：王叔岷曰：「《意林》引『見其睫』上有『自』字，《淮南子》同。」王利器曰：「《說林篇》：『目見百步之外，不能自見其眥。』今本「見其睫」上當據補「自」字。《類聚》卷17引《胡非子》同此文，當出自《韓非子・喻老》杜子曰：「臣愚患之，智如目也，能見百步之外，而不能自見其睫。」《文選・為齊明帝讓宣城郡公第一表》李善注引莊子曰：「臣患，知之如目，見百步之外，不能自見其頰。」「莊子」當是「杜子」之誤。

（21）溝池潦即溢，旱即枯

按：潦，景宋本、朱弁本作「澇」，字同。王利器《疏義》本從景宋本作「澇」，而無說明。

王利器曰：「《說林篇》：『宮池涔則溢，旱則涸。』高誘注：『涔，多水也。』」彭裕商曰：「枯當讀為涸。」

（22）鼈無耳而目不可以蔽，精於明也；瞽無目而耳不可以蔽，精於聰也

按：王利器曰：「《說林篇》：『鼈無耳而目不可以瞥，精於明也；瞽無目而耳不可以察，精於聰也。』高誘注：『不可以瞥，瞥之則見也。不可以察，察之則聞。』王引之曰：『瞥當作弊，察當作塞。塞猶蔽也。《文子》云云。』」彭裕商曰：「蔽，蒙蔽。」王引之說非是，馬宗霍、何寧已駁之。蔽之言拂，一聲之轉，暫過也。上「蔽」專字作「瞥」，耳之暫聞也。下「蔽」專字作「瞥」，目之暫見也。二句言鼈無耳，而不可以目代耳暫聞聽之，目專精於明也；瞽無目，而不可以耳代目暫察視之，耳專精於聰也〔註99〕。《淮南子・本經篇》：「明可見者，可得而蔽也。」高誘注：「蔽，或作察。」「蔽」亦通「瞥」。

〔註98〕石光瑛《新序校釋》，中華書局2001年版，第207頁。王念孫說見《廣雅疏證》卷7。
〔註99〕參見蕭旭《淮南子校補》，花木蘭文化出版社2014年版，第570～571頁。

（23）豹之為縞也，或為冠，或為絑，冠則戴枝之，絑則足躡之

徐靈府注：豹，音藥。

按：顧觀光曰：「『豹』字誤，《說林訓》作『鈞』。『枝』字誤，《說林訓》作『致』。」孫星衍曰：「《淮南》作『鈞之縞也』，直認豹為鈞，其義淺劣。」[註100] 王利器曰：「朱弁本作『絲』，絲、鈞、均俱誤字也。《釋音》：『豹，音藥，絲麻之屬。』《說文》：『豹，白豹，縞也。』《淮南子》誤為『鈞』矣。《說林篇》：『鈞之縞也，一端以為冠，一端以為絑，冠則戴致之，絑則屨履之。』王念孫曰：『致當為㩧，字之誤也。㩧亦戴也，屨亦履也。㩧之言㩧閣也。支、枝與㩧亦聲近而義同。』」王叔岷從顧觀光、王念孫說，又云：「《御覽》卷697引『豹』作『均』。『鈞』與『均』同。」彭裕商竊取王念孫說，謂「枝」當即「㩧」。王叔岷說是也，《御覽》卷697引作「均為縞也，或為冠，〔則戴之〕；或為轕，則履之」。「絑」同「轕」，字亦作「襪」。景宋本「豹」亦誤作「絲」。

（24）金之勢勝木，一刃不能殘一林；土之勢勝水，一搝不能塞江河；水之勢勝火，一酌不能救一車之薪

按：王利器曰：「《說林篇》：『金勝木者，非以一刃殘林也；土勝水者，非以一墣塞江也。』《御覽》卷37、346引許注：『墣，塊也。』」王說本於陶方琦[註101]。李定生等曰：「《道藏》七卷本『搝』作『梧』，《纘義》本作『匊』。」《御覽》卷37引許慎注作：「墣，瑰（塊）也。」（陶方琦誤作卷36）又卷952引許慎注：「墣，音朴，土塊也。」《意林》卷1、《容齋三筆》卷15引作「水之勢勝火，一勺不能救一車之薪；金之勢勝木，一刃不能殘一林；土之勢勝水，一塊不能塞一河」。《長短經》卷8引古語曰：「土性勝水，搝壤不可以塞河；金性勝木，寸刃不可以殘林。」殘，讀為剗，俗作鏟。「梧」當作「掊（抔）」，手搝物也。

（25）傾易覆也，倚易輮也，幾易助也，濕易雨也

按：景宋本「輮」作「翻」。《釋音》：「輮，音勇，推車之謂。」王利器曰：「《說林篇》：『傾者易覆也，倚者易輮也，幾易助也，溼易雨也。』高誘

〔註100〕孫星衍《文子序》，收入《孫淵如先生全集・問字堂集卷四》，《續修四庫全書》第1477冊，上海古籍出版社2002年版，第420頁。

〔註101〕陶方琦《淮南許注異同詁》卷4，收入《續修四庫全書》第1121冊，上海古籍出版社2002年版，第466頁。

－299－

注：『軹讀軹濟之軹。幾，近也。』『濟』當作『擠』。軹，擠也，推也。」李定生等曰：「軹，推。《道藏》七卷本作『附』，誤。幾，事物的跡兆。助，通『鋤』，除去。」彭裕商曰：「幾，微小。」李氏軹訓推，是也；解「幾易助」則誤。《越絕書・外傳本事》：「濕易雨，饑易助。」幾，讀為飢，饑亦借字。助，救助。于省吾讀軹為踏，覆也〔註102〕，亦通。高誘注「軹濟」，朱駿聲說「濟者擠之誤」〔註103〕。《後漢書・第五種傳》：「夫危者易仆，可為寒心。」「危者易仆」即本於《淮南》及此文「傾者易覆」。

（26）精泄者中易殘

徐靈府注：精華發於內，而枝榦凋於外也。

按：顧觀光曰：「殘，《說林訓》作『測』。」王利器曰：「《說林篇》：『情泄者中易測。』高誘注：『不閉其情欲，發泄於外，故其中心易測度知也。』」高注非是。情，讀為精。測，讀為賊，傷害之義。中，身也。此言精泄，則身體易受傷害也。注「凋」，景宋本誤作「周」，王利器《疏義》本誤從景宋本。

（27）舌之與齒，孰先弊焉？繩之與矢，孰先直焉？

按：李定生等曰：「《淮南子・說林》：『舌之與齒，孰先礦也？錞之與刃，孰先弊也？繩之與矢，孰先直也？』直，《纘義》作『折』，是。」何寧亦謂當作「折」字〔註104〕。彭裕商則竊取李定生說。此文疑脫「孰先礦焉錞之與刃」八字。

（28）使倡吹竽，使工捻竅

按：景宋本、朱弁本「捻」作「攝」。王利器曰：「《說林篇》：『使但吹竽，使氏厭竅。』高誘注：『但，古不知吹人。但讀燕言鉏同也。』《淮南子》作『但』，義勝。高誘注『但讀燕言鉏』，非是。陳遵默、吳梅、章太炎三家說『但』即『姐（旦）』，皆是。」王利器說非是。戴氏《六書故》：「但，《說文》曰：『拙也。』《淮南子》曰：『使但吹竽。』按今俗亦以拙鈍為但。」王念孫曰：「高讀與燕言鉏同，則其字當從且，不當從旦。但，拙也，鈍也。《廣韻》：

〔註102〕于省吾《淮南子新證》，收入《雙劍誃諸子新證》，上海書店 1999 年版，第 430 頁。
〔註103〕朱駿聲《說文通訓定聲》，武漢市古籍書店 1983 年版，第 50 頁。
〔註104〕何寧《淮南子集釋》，中華書局 1998 年版，第 1188 頁。

『伹，拙人也。』意與高注『不知吹人』相近……伹為伹之誤也。氐當為工。厭與摩同，一指按也……捻與厭同義。」陶方琦亦校作「伹」。然戴氏、王氏謂「伹」訓拙鈍，猶未得其誼。伹，高注讀鉏音，當借為姐，女伎也，故《文子》易作「倡」字也〔註105〕。

（29）聾者不歌，無以自樂；盲者不觀，無以接物

按：王利器曰：「《說林篇》：『聾者不謌，無以自樂。盲者不觀，無以接物。』高誘注：『接，猶見也。』」《越絕書·敘外傳記》：「盲者不可示以文繡，聾者不可語以調聲。」語意相同。

（30）日不並出

按：顧觀光曰：「《說林訓》『日』下有『月』字，此脫去。」王利器曰：「《說林篇》：『日不並出。』」顧說是也，《鹽鐵論·刺復》：「冰炭不同器，日月不並明。」

（31）蓋非橑不蔽日，輪非輻不追疾，橑輪未足恃也

按：顧觀光曰：「《說林訓》『然而橑輻未足恃也』，此脫誤。」王利器曰：「《說林篇》：『蓋非橑不能蔽日，輪非輻不能追疾，然而橑輻未足恃也。』《御覽》卷702引注：『橑，蓋骨也。』謂車蓋也。」《御覽》卷702引《淮南子》作「撩蓋」，不作「橑」字，王氏失檢。朱弁本二「不」下有「能」字，「橑輪」作「橑輻」，與《淮南子》同。道藏《纘義》本「輻」作「軸」。橑輪，景宋本、《纘義》本、《宛委別藏》本同。《淮南》作「橑輻」，與上文對應，是也。「撩」是「橑」形譌。《廣韻》：「橑，蓋骨。」本字作轑，《說文》：「轑，蓋弓也。」《釋名》：「轑，蓋叉也，如屋構橑也。」指車蓋的弓形骨架。

（32）張弓而射，非弦不能發，發矢之為射，十分之一

按：道藏《纘義》本同，朱弁本作「張弓而射，非弦不能發，矢之命中，十分之一」。王利器《疏義》本作「弧弓能射，而非弦不發，發矢之為射，十分之一」，乃從景宋本，而無說明。王利器曰：「《說林篇》：『引弓而射，非弦

不發矢，弦之為射，百分之一也。」高誘注：『引，張引也〔註106〕。發，遣也。』」「弧」是「張」形譌，亦引也。

（33）懸古法以類，有時而遂

按：顧觀光曰：「句費解，《說林訓》作『懸垂之類』。」王利器《疏義》本脫「懸」字。王利器曰：「《說林篇》：『懸垂之類，有時而隧。』高注：『隧，墮也。』古法以類，《淮南子》作『懸垂之類』，義勝。『遂』讀如隧。」李定生等曰：「《淮南》所言，與《文子》不類。」彭裕商曰：「此文有誤，當從《淮南子》。『遂』即『墜』字初文。」懸，景宋本同，道藏《纘義》本、朱弁本作「縣」。彭說是也，隧亦讀為墜。「古」是「垂」形譌，衍「法」字。以，猶之也。《論衡·累害》：「頹墜之類，常在懸垂。」是其確證。《淮南子·天文篇》：「閶闔風至，則收縣垂。」《御覽》卷9引作「懸垂」。李氏不知《文子》有衍誤，故云不類也。

（34）農夫勞而君子養，愚者言而智者擇

按：王叔岷曰：「《意林》引作『農夫勞而君子食之，愚者言而智士擇之』。」王利器曰：「《說林篇》：『農夫勞而君子養焉，愚者言而智者擇焉。』」此自是古語，《戰國策·趙策二》：「趙文進諫曰：『農夫勞而君子養焉，政之經也。愚者陳意而知者論焉，教之道也。』」《漢書·嚴助傳》淮南王安《諫伐閩越書》：「臣聞之，農夫勞而君子養焉，愚者言而智者擇焉。」論，讀為掄，亦擇也。食，亦養也，供養。

（35）見之明白，處之如玉石；見之黯黮，必留其謀

徐靈府注：黮，音昧。

按：《釋音》：「黯，音闇。黮，音昧。」王利器曰：「《說林篇》：『見之明白，處之如玉石；見之闇晦，必留其謀。』高誘注：『玉之与石，言可別也。闇晦，不明。留，猶思謀也。』」彭裕商曰：「留，遲疑的意思。」黯黮，朱弁本誤作「黯暗」。《淮南子·覽冥篇》：「主闇晦而不明。」本書《上禮》作「闇昧」。是「黯（闇）黮（晦、昧）」猶不明也。張雙棣謂留訓盡，注「留猶思謀」當作「留其思謀」，可從。《淮南子·人間篇》：「是故聖人者，常從事於無

形之外，而不留思盡慮於成事之內。」留、盡同義對舉。「必」當作「不」。「不留其謀」即「不留思盡慮」也。後人蓋誤以「留」為「留存」、「保留」，故改「不」作「必」〔註107〕。

（36）今有六尺之席，臥而越之，下才不難；立而踰之，上才不易，勢施異也

按：王利器曰：「《說林篇》：『今有六尺之席，臥而越之，下材弗難；植而踰之，上材弗易，勢施異也。』」席，道藏《纘義》本同，景宋本、朱弁本作「廣」，景宋本《淮南子》亦作「廣」。《四庫全書考證》：「原本『席』訛『廣』，據明刊本改。」〔註108〕「廣」是「席」形譌。

（37）蔽於不祥之木，為雷霆所撲

按：王利器曰：「《說林篇》：『蔭不祥之木，為雷電所撲。』高誘注：『蔭，木景。撲，擊也。』《御覽》卷13引『電』作『霆』，又卷952引『蔭』作『陰』，又引注：『陰，休也。』當是許慎本。」《事類賦注》卷3引《淮南》「雷電」亦作「雷霆」。《玉篇》：「霆，電也。」《史記·蘇秦傳》：「戰如雷霆，解如風雨。」銀雀山漢簡《王兵篇》、《戰國策·齊策一》、《淮南子·兵略篇》並作「雷電」。《六韜·龍韜·軍勢》：「是以疾雷不及掩耳，迅電不及瞑目。」《淮南子·兵略篇》作「疾霆」。本書《下德》：「天之精，日月星辰雷霆風雨也。」《淮南子·本經篇》作「雷電」。皆其確證。

（38）日月欲明，浮雲蔽之

按：王叔岷曰：「景宋本『蔽』作『蓋』，《文選·古詩十九首》註、《辯命論》註、《治要》、《類聚》卷3、81、《初學記》卷27、《御覽》卷4、24、983引此皆作『蓋』，《淮南子·齊俗篇》、《說林篇》並同。《意林》引『蔽』作『翳』。」王利器曰：「《說林篇》：『日月欲明，而浮雲蓋之。』高誘注：『蓋，猶蔽也。』《齊俗篇》：『故日月欲明，浮雲蓋之。』」浮，景宋本作「濁」。蔽，朱弁本亦作「蓋」，《事類賦注》卷5、《記纂淵海》卷59、《全芳備祖前集》卷23引亦作「蓋」。

〔註107〕 參見蕭旭《淮南子校補》，花木蘭文化出版社2014年版，第592頁。
〔註108〕 《四庫全書考證》卷73《文子纘義考證》，收入景印文淵閣《四庫全書》第1499冊，臺灣商務印書館1986年初版，第691頁。

（39）河水欲清，沙土穢之

徐靈府注：沙壞汩流，河源無以全其絜。

按：注「汩」，景宋本誤作「汨」，王利器《疏義》本誤從之。王利器曰：「《齊俗篇》：『河水欲清，沙石濊之。』《治要》、《御覽》卷74引『濊』作『穢』，與《文子》合。蓋作『濊』者許慎本，作『穢』者高誘本也。」穢，讀為濊，字或省作濊。《說文》：「濊，礙流也。」

（40）叢蘭欲脩，秋風敗之

按：王叔岷曰：「《文選·辯命論》註、《帝範·去讒篇》注、《意林》、《御覽》卷24引『脩』皆作『茂』。《劉子·傷讒篇》、《帝範·去讒篇》並同。《御覽》卷4引『脩』作『秀』。」王利器曰：「《說林篇》：『蘭芝欲脩，而秋風敗之。』高誘注：『脩，長。』」欲脩，《治要》卷35、《御覽》卷983引同，《初學記》卷27引作「欲發」，《文選·辯命論》呂延濟註、《意林》卷1、《類聚》卷3、《貞觀政要》卷6、《御覽》卷24、《事類賦注》卷5、《記纂淵海》卷2、50引作「欲茂」，《類聚》卷81引作「脩發」，《御覽》卷4、《記纂淵海》卷59引作「欲秀」，《白氏六帖事類集》卷1引作「欲芳」〔註109〕，《全芳備祖前集》卷23引作「秀發」。脩，讀為秀。高注訓長，非也。《廣雅》：「秀，茂也。」《玉篇》：「秀，榮也。」指開花。諸書作「茂」、「芳」、「發」者，易以訓詁字或近義字也。引作「脩發」、「秀發」者，蓋誤合二本「脩」、「發」而成〔註110〕。唐·于蕭《內給事諫議大夫韋公神道碑》：「蘭蓀方茂，秋風敗之。」即用此典。

（41）蒙塵而欲無眯，不可得絜

按：顧觀光曰：「『潔』字誤，《說林訓》作『也』。」王叔岷曰：「『絜』字涉注文『全其絜』而誤，《治要》引此作『不可得也』，與《淮南子》合。」王利器曰：「《說林篇》：『蒙塵而眯，固其理也，為其不出戶而坱之也。』」彭裕商竊取顧觀光、王叔岷說。《淮南子·齊俗篇》：「夫吹灰而欲無眯，涉水而欲無濡，不可得也。」又《繆稱篇》：「蒙塵而欲毋眯，涉水而欲毋濡，不可得也。」眯，《文選·文賦》李善注引誤作「眜」，《御覽》卷37引《淮南》誤

〔註109〕 《白帖》在卷3。
〔註110〕 參見蕭旭《淮南子校補》，花木蘭文化出版社2014年版，第577～578頁。

同。絜，道藏《纘義》本、朱弁本作「潔」。顧說是也，《文選‧文賦》李善注引《文子》亦作「也」。

（42）故與弱者金玉，不如與之尺素

徐靈府注：弱，謂愚弱也。與之尺素或可保，與之金玉則為害。

按：顧觀光曰：「『弱』字誤，《說林訓》作『溺』。」俞樾曰：「『弱』當作『溺』，『素』當作『索』。」王叔岷曰：「《意林》引此，『弱』正作『溺』，『素』正作『索』。」彭裕商竊取俞說作己說。王利器曰：「《說林篇》：『予拯溺者金玉，不若尋常之纆索。』《長短經‧卑政》引作『濟溺人以金玉，不如尋常之纆』。《長短經》引『纆』作『繩』，是，唯『繩』下奪『索』字。」俞說是也，《意林》卷 1 引作「濟溺者以金石（玉），不如尺索」。《淮南》「纆索」，景宋本作「纆索」，《御覽》卷 396 引《淮南》作「纆」，又卷 810 引作「繩」，《記纂淵海》卷 57 引作「繩」。王念孫謂《淮南》「拯」、「索」衍文，「纆」當作「繩」，「佩」、「富」、「繩」為韻〔註111〕。《劉子‧隨時》：「貽溺者以方尺之玉，不如與之短綆。」

（43）轂虛而中立三十輻，各盡其力，使一軸獨入，眾輻皆棄，何近遠之能至

按：明孫鑛評本、王利器、李定生、彭裕商皆誤讀作「轂虛而中立，三十輻各盡其力」。王利器曰：「《說林篇》：『轂立三十輻，各盡其力，不得相害，使一輻獨入，眾輻皆棄，豈能致千里哉？』俞樾據《文子》謂脫『虛而中』三字，是也。」軸，《宛委別藏》本、四庫本同，當從景宋本、道藏《纘義》本、朱弁本作「輻」。王利器《疏義》本徑作「輻」，乃據景宋本，而無說明。《四庫全書考證》：「明刊本『一輻』訛作『一軸』。」〔註112〕

（44）橘柚有鄉，萑葦有叢

按：王利器曰：「《說林篇》：『橘柚有鄉，萑葦有叢。』《說文》無『萑』字，即『萑』之異體字也。《說文》：『萑，薍也。』」李定生等曰：「《說文》無

〔註111〕 王念孫《淮南子雜志》，收入《讀書雜志》卷 14，中國書店 1985 年版，本卷第 11 頁。

〔註112〕 《四庫全書考證》卷 73《文子纘義考證》，收入景印文淵閣《四庫全書》第 1499 冊，臺灣商務印書館 1986 年初版，第 691 頁。

『萑』字，即『萑』之異體字。」《鹽鐵論・論誹》：「檀柘而有鄉，萑葦而有藂（叢）。」朱弁本作「萑」。王、李說非是，「萑」、「萑」、「萑」皆「萑」之俗譌字。《說文》：「萑，蒮也。」又「蒮，菼也，八月蒮為葦也。」

（45）獸同足者相從遊，鳥同翼者相從翔

按：《淮南子・說林篇》同。《戰國策・齊策三》：「夫鳥同翼者而聚居，獸同足者而俱行。」

《御覽》卷993引「聚居」作「聚飛」，又卷914引《春秋後語》同。

（46）君子有酒，小人鞭缶。雖不可好，亦可以醜

按：徐靈府「君子有酒」下有注：「言其過量。」王利器《疏義》本誤作大字正文，景宋本誤作「言其樂也」。顧觀光曰：「『鞭』字誤，《說林訓》作『鼓』。亦可以醜，此句誤，《說林訓》作『亦不見醜』。」王利器曰：「《說林篇》：『君子有酒，鄙人鼓缶。雖不可好，亦不見醜。』高誘注：『醜，惡也。』」李定生等曰：「可以醜，《道藏》七卷本誤作『不可醜』。醜，類也。《淮南子・說林》云云，誤醜類為醜惡矣。」李說非是，當據朱弁本作「不可醜」，與《淮南》合，高誘注「醜，惡也」不誤。《孔叢子・敘世》：「彥（諺）曰：『君子有酒，小人鼓缶。雖不可好，亦不可醜。』」亦其確證。《孔叢子》又引子豐曰：「君子樂醮，小人擊抃。雖不足貴，亦不可賤。」文例亦同。

（47）善用人者，若蚈之足，眾而不相害

徐靈府注：蚈，音賢。蚈，百足蟲也。

按：王叔岷曰：「《御覽》卷948引『蚈』作『蚿』，引《淮南子》亦作『蚿』（今本《淮南子》作『蚈』）。蚿、蚈一聲之轉。」王利器曰：「《說林篇》：『善用人者，若蚈之足，眾而不相害。』高誘注：『蚈，馬蚈，幽州謂之秦渠。蚈，讀蹊徑之蹊也。』」《淮南子・兵略篇》：「故良將之卒，若虎之牙，若兕之角，若鳥之羽，若蚈之足，可以行，可以舉，可以噬，可以觸，強而不相敗，眾而不相害，一心以使之也。」郭店楚簡《語叢四》：「善使其下，若蠤（蚈）蚤（蚤）之足，眾而不割（害），割（害）而不僕（仆）。」《方言》卷11：「馬蚿，北燕謂之蛆蟝，其大者謂之馬蚿。」「蚈」當從「幵」得聲，與「蚿」同，

楚簡正從「开」作「蚈」。高誘注「蚈讀蹊」者，音之轉耳〔註113〕。方以智曰：「注讀溪，當音汧。」〔註114〕非是。

（48）石生而堅，芷生而芳

按：王利器曰：「《說林篇》：『石生而堅，蘭生而芳。』」《論衡·本性》、《福虛》並曰：「石生而堅，蘭生而香。」《晉書·文苑列傳》庾闡《弔賈誼文》：「蘭生而芳，玉產而絜。」景宋本、朱弁本「芷」作「茝」。

（49）扶之與提，謝之與讓，得之與失，諾之與已，相去千里

按：王利器曰：「《說林篇》：『扶之與提，謝之與讓，故之與先，諾之與已，也之與矣，相去千里。』俞樾謂『故之與先』當作『得之與失』。」李定生等說同。彭裕商曰：「提，擲擊，攻擊。」俞、彭說非是。《鄧子·轉辭篇》：「若扶之〔與〕攜，謝之與議，故之與右，諾之與已，相去千里也。」「議」、「讓」義近，責備也。「提」、「攜」義同。「右」當作「古」。

（50）再生者不獲，華太早者不須霜而落

按：王叔岷曰：「《意林》引『落』上有『自』字。」王利器曰：「《說林篇》：『再生者不穫，華大早（原誤『旱』，據陳觀樓說校改）者不胥時落。』高誘注：『不胥時落，不待秋時而零落也。』」朱弁本「華」誤作「莘而葉」。《荀子·君道》：「狂生者不胥時而落。」落，墮落，掉落。台州本、浙北本「落」作「樂」，借字。《韓詩外傳》卷 5 作「枉生者不須時而滅亡矣」。「狂生」即指華早發者，「枉生」是形誤。王先謙謂作「樂」字是，即「暴樂」、「爆爍」。劉師培謂「狂」指於外物多所蔽者，「胥」與「相」同，言其不知審時而徒知行樂也〔註115〕。皆誤。余舊校《荀子》、《外傳》皆未及，附識於此。

（51）腐鼠在阼，燒薰於堂

按：李定生等曰：「阼，古時祭祀時所供的肉。薰，香草。《御覽》卷 911

〔註113〕從开從奚相轉之例參見張儒、劉毓慶《漢字通用聲素研究》，山西古籍出版社 2002 年版，第 718 頁。

〔註114〕方以智《通雅》卷 47，收入《方以智全書》第 1 冊，上海古籍出版社 1988 年版，第 1391 頁。

〔註115〕二說參見董治安、鄭傑文《荀子彙校彙注》，齊魯書社 1997 年版，第 412～413 頁。

引作『腐鼠在阼，燒香於堂』。《淮南子·說林》：『腐鼠在壇，燒薰於宮。』高誘注：『楚人謂中庭為壇。』」李氏釋阼為祭肉，則是誤讀作胙。李氏讀薰如字，亦誤。阼，臺階。薰，讀為熏，俗字亦作燻，燒灼也。朱弁本正作「熏」。《御覽》引作「香」乃妄改。《御覽》卷703引《漢官典》：「尚書郎給女史二人，潔衣服，執香爐燒薰，從入臺中，給使護衣服。」《初學記》卷25引作「燒燻」，《書鈔》卷135引作「燒熏」。《淮南子·說山篇》高誘注：「燒薰自香，楚人謂之薰燧。」「薰」明顯是動詞。

（52）入水而增濡，懷臭而求芳

按：王利器曰：「『憎』原誤作『增』，今據《淮南子》校改。《說林篇》：『入水而憎濡，懷臭而求芳。』」景宋本、《宛委別藏》本亦作「增」，道藏《纘義》本、朱弁本、四庫本作「憎」，《意林》卷1引亦作「憎」。入水而憎濡，謂入水而厭憎水濕。李定生等曰：「增濡，謂加以洗滌或煮孰。」燒薰、憎濡，義本淺顯，而李氏均不知其詣。

（53）冬冰可折，夏木可結，時難得而易失

按：王叔岷曰：「《文選·樂府從軍行》注、《雜詩》注、《御覽》卷27引『夏木』並作『夏條』，《劉子·言苑篇》同。」《淮南子·說林篇》同此文，《齊民要術·栽樹》引亦同，《書鈔》卷154、《初學記》卷3引作「冬冰可折，夏條可結」。《意林》卷1引《太公金匱》：「故夏條可結，冬冰可釋，時難得而易失也。」《類聚》卷88引《六韜》：「冬冰可折，夏條可結。」〔註116〕折，讀為矺，折取、開採。「折冰」即謂鑿冰、取冰也。《太公金匱》作「釋」者，釋讀為擇，亦取也。疑「夏木」、「夏條」即指桑條，夏條可結指採桑葉〔註117〕。彭裕商曰：「折，讀為坼，裂解。結，終結，此謂凋零。」未得。《類說》卷44引《齊民要術》引「冬冰可折」作「多水可漸」，誤也。

（54）木方盛，終日采之而復生，秋風下霜，一夕而零

按：王利器曰：「《說林篇》：『木方茂盛，終日采而不知，秋風下霜，一夕而殫。』高誘注：『殫，盡也。』」《呂氏春秋·首時》：「方葉之茂美，終日采之而不知，秋霜既下，眾林皆羸。」高誘注：「羸，葉盡也。」《類聚》卷88

〔註116〕《御覽》卷21引同。
〔註117〕參見蕭旭《淮南子校補》，花木蘭文化出版社2014年版，第585～587頁。

引《呂令》作「零」。零，讀為霝，落也。馬敍倫曰：「贏，借為裸。《說文》『裸』為『贏』之重文。」陳奇猷曰：「贏，借為零。」馬說是也，字或作贏、倮、儽〔註118〕。

（55）乳犬之噬虎，伏雞之搏狸，恩之所加，不量其力

按：王利器曰：「《說林篇》：『乳狗之噬虎也，伏雞之搏狸也，恩之所加，不量其力。』《類聚》卷91引《莊子》：『嫗雞搏狸。』《公羊傳·莊十二年》何注：『猶乳犬攫虎，伏雞搏狸，精誠之至也。』《吳子·圖國》：「譬猶伏雞之搏狸，乳犬之犯虎，雖有鬪心，隨之死矣。《列女傳》卷5：「夫慈故能愛，乳狗搏虎，伏雞搏狸，恩出於中心也。」《越絕書·叙外傳記》：「乳狗哺（搏）虎，不計禍福。」《易林·謙之賁》：「抱雞搏虎，誰敢害者？」又《旅之夬》：「抱雞搏虎，誰肯為娛？」「乳犬」謂母狗。伏，讀為孚，音轉作抱，《莊子》佚文作「嫗雞」，義同〔註119〕。

（56）夫待利而登溺者，必將以利溺之矣

按：顧觀光曰：「《說林訓》『登』作『拯』。」王利器曰：「《說林篇》：『待利而後拯溺人，亦必以利溺人矣。』高誘注：『利溺人者，利人之溺，得其利也。』俞樾據注謂『以』字衍。」登，讀為撜（抍）、拯，上舉也，登、升一音之轉。《淮南子·齊俗篇》：「子路撜溺而受牛謝。」許慎注：「撜，舉也。升出溺人，主謝以牛也。」下句，《宛委別藏》本、道藏《纘義》本同，景宋本作「亦必以將溺之矣」，朱弁本作「亦必將以利溺人矣」。朱弁本是也，王利器《疏義》本誤從景宋本，不通。「以」字非衍文，俞說非是。

（57）舟能浮能沉，愚者不知足焉；驥驅之不進，引之不止，人君不以求道里

徐靈府注：舟因水而浮，亦能沉之。人因利而生，亦能溺之。唯審止足之分，庶免沉溺之禍。

按：顧觀光曰：「『知』字誤，《說林訓》作『加』。」王利器曰：「《說林篇》：『舟能沉能浮，愚者不加足。驥驅之不進，引之不止，人君不以取道里。』」高誘注：「舟船能載浮物，愚者不敢加足，畏其沉也。」顧說是也，

〔註118〕參見蕭旭《呂氏春秋校補》，花木蘭文化出版社2016年版，第234頁。
〔註119〕參見蕭旭《淮南子校補》，花木蘭文化出版社2014年版，第567～568頁。

徐注云云，是所見本已誤作「知」。朱弁本「足」又形誤作「之」。《韓子·外儲說右上》：「今有馬於此，如驥之狀者，天下之至良也，然而驅之不前，却之不止，左之不左，右之不右，則臧獲雖賤，不託其足。」又「今有馬於此，形容似驥也，然驅之不往，引之不前，雖臧獲不託足以旋其輪也。」《淮南子·主術篇》：「騏驥騄駬，天下之疾馬也。驅之不前，引之不止，雖愚者不加體焉。」

（58）太山之高，倍而不見；秋毫之末，視之可察

按：王利器曰：「《說林篇》：『太山之高，背而弗見；秋毫之末，視之可察。』《弘明集》卷 1 漢·牟子《理惑論》：『毫毛雖小，視之可察；泰山之大，背之不見。』」

（59）竹木有火，不鑽不熏；土中有水，不掘不出

按：王利器曰：「《說林篇》：『槁竹有火，弗鑽不難；土中有水，弗掘無泉。』高誘注：『掘，猶窮也。』」李定生等曰：「熏，火煙上出也。《輯要》本作『薰』。」熏，燒灼也，李說非是。難，同「然」，俗作燃。高誘注「窮」是「穿」形誤。《禮書》卷 21 引作「木中有火，不鑽不發」，《群書考索》卷 43 引同，出處誤作「《文中子》」。《金樓子·立言篇上》：「蒿艾有火，不燒不燃；土中有水，不掘無泉。」《抱朴子外篇·勗學》：「火則不鑽不生，不扇不熾；水則不決不流，不積不深。」皆本《淮南》及此文。

（60）矢之疾，不過二里

按：《呂氏春秋·博志》：「矢之速也，而不過二里止也；步之遲也，而百舍不止也。」《淮南子·說林篇》：「矢疾，不過二里也；步之遲，百舍不休，千里可致。」《文子》當有脫文。

（61）臨河欲魚，不若歸而織網

按：王叔岷曰：「《御覽》卷 834 引『歸』作『退』，《白帖》卷 98 引《淮南子》、《漢書·董仲舒傳》並同（今本《淮南子》作『歸』）。」王利器曰：「《說林篇》：『臨河而羨魚，不如歸家織網。』《漢書·禮樂志》及《董仲舒傳》載仲舒上策：『古人有言：臨淵羨魚，不如退而結網。』蓋本《文子》也。」《記纂淵海》卷 60 引此文「歸」亦作「退」。《漢書·揚雄傳》：「雄以為臨川羨魚，

不如歸而結罔。」

（62）弓先調而後求勁，馬先順而後求良，人先信而後求能

按：王利器曰：「《說林篇》：『弓先調而後求勁，馬先馴而後求良，人先信而後求能。』」《荀子・哀公》：「故弓調而後求勁焉，馬服而後求良焉，士信慤而後求知能焉。」《韓詩外傳》卷4、《家語・五儀解》略同。

（63）巧冶不能消木，良匠不能斲冰，物有不可如之何，君子不留意

按：王利器曰：「《說林篇》：『巧冶不能鑄木，工匠不能斲金者，形性然也。』《泰族篇》：『故良匠不能斲金，巧冶不能鑠木，金之勢不可斲，而木之性不可鑠也。』」《意林》卷1引作「冶不能銷木，匠不能斲冰」。朱弁本「消」作「銷」，「斲」作「琢」，《白氏六帖事類集》卷1、《記纂淵海》卷2、《合璧事類備要》前集卷4引同〔註120〕；《記纂淵海》卷55、《事文類聚》前集卷5引亦作「琢」〔註121〕。楊樹達指出《淮南》語本《書鈔》卷99引《公孫尼子》：「良匠不能斲冰，良冶不能鑄木。」又謂「斲冰」無義，當作「斲金」〔註122〕。《淮南子・齊俗篇》：「故剞劂銷鋸陳，非良工不能以制木；鑪橐埵坊設，非巧冶不能以治金。」亦足參證。

（64）無曰不辜，甀終不墮井矣

徐靈府注：辜，罪也。言人所獲戾，非謂無辜，甀終不墮井，安得無由也？

按：顧觀光曰：「『辜』字誤，《說林訓》作『幸』。」王利器曰：「《說林篇》：『毋曰不幸，甀終不墮井。』『幸』字義勝。」墮井，比喻陷於刑法。「幸」當為「辜」字形譌。景宋本「曰」誤作「月」，朱弁本誤作「日」。

（65）剌我行者欲我交，呰我貨者欲我市

按：王利器曰：「《說林篇》：『剌我行者欲與我交，呰我貨者欲與我市。』高誘注：『剌，猶非。呰，毀也。』」朱弁本二「我」上並有「與」字，與《淮南》合。《劄言》卷下：「薄我貨者欲與我市者也，呰我行者欲與我友者也。」剌，讀為諫。《說文》：「諫，數諫也。」「數」讀平聲。

〔註120〕《白氏六帖事類集》卷1引「琢」作俗體「琢」，《白帖》在卷3。
〔註121〕《記纂淵海》卷2、55引出處誤作《文中子》。
〔註122〕楊樹達《淮南子證聞》，上海古籍出版社2006年版，第174頁。

（66）今有一炭然，掇之爛指，相近也；萬石俱熏，去之十步而
　　　不死，同氣而異積也

　　按：王利器本誤以「然」屬下。王利器曰：「《說林篇》：『一塼炭燂，掇之
則爛指，萬石俱燂，去之十步而不死，同氣異積也。』高誘注：『一塼，一挺
也。』」彭裕商曰：「然，即『燃』字。熏，燃燒。」景宋本「不死」脫作「死」。
朱弁本「熏」作「燻」。燂，焚燒。熏（燻），燒灼也。惠士奇曰：「塼者，坏
之式。則坏亦可名為塼。入火而燂，則塼為瓦器之坏矣。塼讀為埏。」〔註123〕
朱駿聲曰：「塼，叚借為餺。」〔註124〕朱說非是。

（67）有榮華者，必有愁悴

　　按：王叔岷曰：「《文選・詠史詩》注引作『身有榮華，心有愁悴』。」王
利器曰：「《說林篇》：『有榮華者，必有憔悴。』」《選》注非是。《文選・詠懷
詩》：「繁華有憔悴，堂上生荊杞。」李善注引同今本，又《責躬詩》李善注
引亦同今本。「愁悴」即「憔悴」音轉，字亦作「顦顇」、「顦悴」、「蕉萃」。
《賈子・官人》：「憔悴有憂色。」《治要》卷40、《御覽》卷203引作「愁悴」，
亦其例〔註125〕。李定生等曰：「愁悴，憂愁憔悴。」非是。

（68）上有羅紈，下必有麻續

　　按：王利器曰：「《說林篇》：『有羅紈者，必有麻蒯。』」李定生等曰：「續，
疑為『紼』，大麻索；或為『績』，布帛的頭尾。」彭裕商徑刪去「續」字。
李氏前說疑「續」是「紼」是也，但當訓為亂麻。

（69）鼓不藏聲，故能有聲；鏡不沒形，故能有形

　　按：王利器曰：「《淮南子・詮言篇》：『鼓不滅於聲，故能有聲；鏡不沒
於形，故能有形。』王念孫曰：『滅當為藏，沒當為設，皆字之誤也。《文選・
演連珠》注引此作「鏡不設形」，《文子》作「鏡不設形」，是其證。』」彭裕商
曰：「藏、沒，都是隱匿的意思。」王叔岷從王念孫說，是也，惟王引《文子》

〔註123〕惠士奇《禮說》卷14，收入阮元《清經解》第2冊，鳳凰出版社2005年版，
　　　　第1711頁。
〔註124〕朱駿聲《說文通訓定聲》，武漢市古籍書店1983年版，第403頁。
〔註125〕參見蕭旭《賈子校補》，收入《群書校補（續）》，花木蘭文化出版社2014年
　　　　版，第703～704頁。

作「設」，則失檢。《文選·演連珠》李善注又引高誘曰：「鏡不豫設人形貌，清明以待人形，形見則見之。」今本《詮言篇》是許慎注本，無此語，是高誘本正作「設」字，王氏亦失引。《初學記》卷25、《群書考索》卷45引《文子》「沒」正作「設」字。

（70）金石有聲，不動不鳴

按：王叔岷曰：「《意林》引『動』作『扣』，《淮南子》作『叩』。本字作敂，《說文》：『敂，擊也。』扣借字，叩俗字。」王利器曰：「《詮言篇》：『金石有聲，弗叩弗鳴。』《莊子·天地篇》：『金石有聲，不考不鳴。』成疏：『考，擊也。』」考，讀為攷。《說文》：「攷，敂也。」此是聲訓。

（71）輪得其所轉，故能致遠

按：顧觀光曰：「《說林訓》云『輪復其所過』。」得，道藏《纘義》本同，景宋本、朱弁本作「復」，朱弁本且無「所」字。「得」是「復」形譌。

（72）天氣下，地氣上，陰陽交通，萬物齊同

按：王利器曰：「《易·泰卦》彖曰：『泰，小往大來吉亨，則是天地交而萬物通也。』」《管子·度地》：「天氣下，地氣上，萬物交通。」《御覽》卷10引范子計然曰：「天氣下，地氣上，陰陽交通，萬物成矣。」《禮記·月令》：「是月也，天氣下降，地氣上騰，天地和同，草木萌動。」又《樂記》：「地氣上齊（隮）〔註126〕，天氣下降，陰陽相摩，天地相蕩。」

（73）君子用事，小人消亡，天地之道也

按：王利器曰：「《易·泰卦》彖曰：『內君子而外小人，君子道長，小人道消也。』」《史記·楚元王世家》：「國之將興，必有禎祥，君子用而小人退。」

（74）天之道哀多益寡，地之道損高益下

按：《釋音》：「哀，音杯，聚也。」其說非是。李定生等曰：「哀，消除，減少。」彭裕商曰：「哀，削減。」景宋本、朱弁本「哀多」作「損盈」，朱弁本二「益」字上有「而」字。李說是也，《玉篇》：「哀，減也。」字亦作掊，《廣雅》：「掊，減也。」亦減損義。

〔註126〕《史記·樂書》「齊」作「隮」。

（75）天明日明，而後能照四方；君明臣明，域中乃安；域有四明，
　　　乃能長久

　　徐靈府注：四明既備，萬姓俱化。

　　按：景宋本、朱弁本脫下「域」字，注「既」景宋本脫誤作「无」。王利
器《疏義》本誤從宋本，王氏曰：「《御覽》卷 2 引作『天明日明，然後能照
四方；君明臣明，然後能正萬物；域中四明故能久』，今本有脫文，當據以訂
補。」《御覽》所引疑未足據。

（76）洿澤盈，萬物節成；洿澤枯，萬物莩

　　按：顧觀光曰：「文瀾閣本『莩』作『萎』。」王利器曰：「道藏《纘義》
本作『汙澤盈，萬物節成；汙澤枯，萬物節莩』，《釋音》：『莩，音孚，物不榮
也。』朱弁本作『汙澤盈，萬物無節成；汙澤枯，萬物無節葉』，當出朱弁臆
改。」李定生等曰：「莩，草木花。疑為『無莩』是。」景宋本作「洿澤盈，
萬物節成；洿澤枯，萬物無節養也」，亦誤。《說文》：「洿，一曰窊下也。」本
字作窊，《說文》：「窊，汙衺下也。」「污（汙）」亦借字，俗字亦作窏。李說
近是，「莩」指草木開花茂盛，無「物不榮」之誼。疑當作「萬物不莩」。作
「萎」未知所據。

（77）陽氣畜而後能施，陰氣積而後能化，未有不畜積而後能化者
　　　也

　　按：彭裕商曰：「以上文觀之，『化』字上應有『施』字。」彭說是也，
下「而後能化」當作「而後能施化」，與「畜積」對應。後，景宋本形誤作「復」。
畜，道藏《纘義》本、朱弁本作「蓄」。

（78）故君下臣則聰明，不下臣則闇聾

　　按：本書《微明》：「水下流而廣大，君下臣而聰明。」《淮南子‧繆稱篇》
同。

（79）風搖樹，草木敗

　　按：敗，朱弁本、四庫《纘義》本作「散」，蓋形譌。

（80）故欲不可盈，樂不可極

　　按：《禮記‧曲禮上》：「敖（傲）不可長，欲不可從，志不可滿，樂不可

極。」盈，讀為逞。

（81）火上炎，水下流

按：王利器曰：「《書‧洪範》：『水曰潤下，火曰炎上。』」《淮南子‧天文篇》：「火上蕁，水下流。」《御覽》卷869、935引「蕁」作「尋」。又《齊俗篇》：「譬若水之下流，煙之上尋也。」蕁、尋，並讀為燅，《說文》：「燅，火行也。」「炎」乃省借字〔註127〕。

（82）積薄成厚，積卑成高

按：王利器曰：「《淮南子‧繆稱篇》：『積薄為厚，積卑為高。』」《戰國策‧秦策四》：「積薄而為厚，聚少而為多。」

（83）君子日汲汲以成輝，小人日怏怏以至辱

徐靈府注：君子勤身以修道，日益暉光。小人乘閒以快意，終致困辱。

按：底本徐靈府注本作「怏怏」，景宋本、道藏《纘義》本、朱弁本、《宛委別藏》本皆同，王利器本誤作「快快」，王氏曰：「《淮南子‧繆稱篇》：『故君子日孳孳以成輝，小人日怏怏以至辱。』《說文》：『怏，不服懟也。』段注：『當作「不服也，懟也」。』「怏」蓋倔強之意。』」彭裕商從王說。景宋本《淮南子》亦作「怏怏」。陳昌齊、向宗魯、劉殿爵、張雙棣、何寧校《淮南》謂作「快快」是，釋為肆意縱逸〔註128〕。

（84）故見善如不及，宿不善如不祥

按：朱弁本「宿」誤作「依」。王利器曰：「《淮南子‧繆稱篇》：『文王聞善如不及，宿不善如不祥。』《說苑‧政理篇》：『宿善不祥。』向宗魯曰：『今本《淮南》及《文子》「善」上衍「不」字。《墨子‧公孟篇》：「吾聞之曰：宿善者不祥。」』師說是，此文當訂正為『宿善如不祥』。」王說是也，銀雀山漢墓竹簡（一）《六韜》：「吾聞宿善者不〔祥〕。」清華簡（一）《保訓》：「日不足，唯宿不祥。」《逸周書‧大開解》：「戒後人其用汝謀，維宿不悉（恙一祥），

〔註127〕 參見蕭旭《淮南子校補》，花木蘭文化出版社2014年版，第96頁。
〔註128〕 參見張雙棣《淮南子校釋》，北京大學出版社1997年版，第1059頁。何寧《淮南子集釋》，中華書局1998年版，第725頁。劉殿爵《讀淮南鴻烈札記》，香港《聯合書院學報》第6期，1967年出版，第157頁。

日不足。」《書・泰誓中》：「我聞吉人為善，惟日不足。」

（85）苟向善，雖過無怨；苟不向善，雖忠來惡。故怨人不如自怨，勉求諸人，不如求諸己

按：顧觀光曰：「『勉』字衍，當依《繆稱訓》刪。」《淮南子・繆稱篇》：「苟鄉善，雖過無怨；苟不鄉善，雖忠來患。故怨人不如自怨，求諸人，不如求諸己得也。」又「凡行戴情，雖過無怨；不戴其情，雖忠來惡。」朱弁本「不如自怨」作「不知自怨」，李定生等已指出其誤。此文「勉」字未必是衍文。

（86）和居中央，是以木實生於心，草實生於莢

按：王利器曰：「『英』原作『莢』，景宋本、景刻宋本、朱弁本作『英』。朱弁注：『英亦草心。』作『英』義勝。」李定生等說同，彭裕商從王說。王、李說非是，「英」無草心之義，當是「莢」形誤。《宛委別藏》本、道藏《纘義》本皆作「莢」。《說文》：「莢，艸實。」所生之處曰莢，所生之物亦曰莢。

（87）樹黍者不穫稷，樹怨者無報德

按：二語亦見《淮南子・人間篇》。《御覽》卷 842 引《淮南》作「故樹黍者無不穫稷，樹恩者無不報德」，則二句各有衍誤。

《微明篇》卷第七校補

（1）夫言有宗，事有君，夫為無知，是以不吾知

按：顧觀光曰：「『為』字誤，《道應訓》作『唯』。」王利器曰：「《老子》第 70 章：『言有宗，事有君，夫唯無知，是以不我知。』」《淮南子・道應篇》引老子曰：「言有宗，事有君，夫唯無知，是以不吾知也。」顧說是也，道藏《纘義》本不誤。君，本書《精誠》引老子曰作「本」，《道應篇》另一處引同。

（2）今夫挽車者，前呼邪軒，後亦應之，此挽車勸力之歌也

按：顧觀光曰：「邪軒，《道應訓》作『邪許』。」王利器曰：「『車』當作『重』，形近之誤也。《淮南子・道應篇》：『今夫舉大木者，前呼邪許，後亦應之，此舉重勸力之歌也。』《呂氏春秋・淫辭篇》高誘注：『前人倡，後人和，

舉重勸力之歌聲也。」是其證。下文及注文「挽車」，俱當作「挽重」。《釋音》：「軯，音乎，喝車聲。」『軯』後起字。」王氏改「車」作「重」，非是。呼邪軯者，正挽車之聲，故分別字從車作「軯」。《呂氏春秋·淫辭篇》：「今舉大木者，前呼輿謼，後亦應之，此其於舉大木者善矣。」高誘注：「輿謼，或作『邪謼』。前人倡，後人和，舉重勸力之歌聲也。」《劉子·适才》：「伏臘合歡，必歌採菱；牽石拖舟，則歌嘘嗅。」《南史·曹景宗傳》：「為人嗜酒好樂，臘月於宅中使人作邪呼逐除。」挽車者呼「邪軯」，舉大木者呼「邪謼」、「邪許」，拖舟者呼「嘘嗅」，大儺逐除者呼「邪呼」，其義一也。

（3）道無正而可以為正，譬若山林而可以為材

按：顧觀光曰：「『正』即『政』字，《淮南》、《呂氏》並作『政』。」王利器曰：「《呂氏春秋·執一篇》：『無政而可以得政，譬之若林木，無材而可以得材。』又見《淮南子·道應篇》。」李定生等曰：「正，定也。」《淮南子》作「無政而可以為政，譬之若林木，無材而可以為材」。此文「山林」下脫「無材」二字。二「為」，猶得也，取也。李說非是，「正」是「政」借字。

（4）可陶冶而變化也

按：王利器曰：「『冶』原誤『治』，今據《淮南子·道應篇》校正。」底本徐靈府注本作「冶」不誤，獨景宋本誤作「治」。

（5）聖人立教施政，必察其終始，見其造恩

徐靈府注：造恩，謂制立教也。

按：顧觀光曰：「見其造恩，脫誤至不可解。《泰族訓》云『見其造而思其功』，疑此『恩』字即『思』之誤，然上下文皆刪節太甚，文氣斷續不貫。」俞樾曰：「『恩』乃『思』字之誤，《淮南子·泰族篇》作『見其造而思其功』，是也，此有脫誤耳。」王利器曰：「《淮南子·泰族篇》：『聖王之設政施教也，必察其終始。其縣法立儀，必原其本末。不苟以一事備一物而已矣。見其造而思其功，觀其源而知其流，故博施而不竭，彌久而不垢。』『見其造而思其功』與『見其造恩』，其義相輔相成。」李定生等曰：「不必以《淮南》正《文子》，《淮南子》因《文子》而加工增益，這裏兩者相成也。」顧、俞說是也，「見其造恩」文義不明，此文乃節引《淮南》而又誤「思」作「恩」，遂失其義。徐注云云，所見本已誤。朱弁本注作「謂制法立教也」，今本脫「法」字。

（6）故民之書則德衰，知數而仁衰，知券契而信衰，知機械而實衰

按：之書，《宛委別藏》本同，景宋本、道藏《纘義》本、朱弁本、四庫本作「知書」，是也。券，景宋本、朱弁本、《宛委別藏》本同，當據道藏《纘義》本、四庫本從刀作「券」。《淮南子・泰族篇》：「故民知書而德衰，知數而厚衰，知券契而信衰，知械機而空衰也。」許慎注：「空，質也。」古「仁」字或作「厇」，因誤作「厚」。

（7）上下異道易治即亂

按：俞樾曰：「此本作『上下異道即治，易即亂』，文有脫誤耳。《淮南子・泰族篇》作『上下異道則治，同道則亂』，可證。」王利器曰：「『上下異道即治，同道即亂』，原作『上下異道，易治即亂』〔註129〕，《泰族篇》作『上下異道則治，同道則亂』，今據改正。《主術篇》：『是故君臣異道則治，同道則亂。』」王校是也，《文子》各本皆誤，本書《上義》：「故君臣異道即治，同道即亂。」

（8）聖人先福於重關之內，慮患於冥冥之外

按：先福，景宋本、《宛委別藏》本、四庫本同。《四庫全書考證》：「明刊本『見福』作『先福』，誤。」〔註130〕李定生等曰：「先福，《纘義》本、《道藏》七卷本作『見福』，是也。《淮南子・泰族》：『聖人見禍福於重閉之內，而慮患於九拂之外者也。』」其說是也，日本古鈔本《治要》卷35引《文子》亦作「見福」〔註131〕。《淮南》「禍」字衍（王念孫說）〔註132〕，「閉」為「關」之誤，當據《文子》訂正。重關之內，聖人所居之處。《太白陰經・將有智勇篇》：「見福於重關之內，慮患於杳冥之外者，將之智謀也。」亦其證也。《陰符經解》張良注：「見禍於重關之外，慮患於杳冥之內。」其文雖有錯倒，而「見」字則不誤。

（9）愚者惑於小利而忘大害

按：王利器曰：「《泰族篇》：『愚者惑於小利而忘其大害。』」《越絕書・內

〔註129〕 王氏「即」字原誤作「而」，茲據徐靈府注本逕正。
〔註130〕 《四庫全書考證》卷73《文子纘義考證》，收入景印文淵閣《四庫全書》第1499冊，臺灣商務印書館1986年初版，第692頁。
〔註131〕 天明刊本《治要》引誤作「先見福」。
〔註132〕 王念孫《淮南子雜志》，收入《讀書雜志》卷15，中國書店1985年版，本卷第37頁。

傳陳成恒》：「見小利而忘大害者不智。」

（10）故仁莫大於愛人，智莫大於知人

按：《淮南子·泰族篇》：「故仁莫大於愛人，知莫大於知人。」《大戴禮記·王言》：「是故仁者莫大於愛人，知者莫大於知賢。」〔註133〕

（11）愛人即無怨刑，知人即無亂政

按：顧觀光曰：「『怨』字誤，《泰族訓》作『冤』。」俞樾曰：「『怨』當讀為『冤』。」王叔岷曰：「俞說是也，《治要》引此『怨』正作『冤』，《淮南子》作『虐』，顧氏失檢。」王利器曰：「《泰族篇》：『愛人則無虐刑矣，知人則無亂政矣。』俞說是也，不煩改字。本書景宋本《精誠》「無勞役，無怨刑」，亦作借字，徐靈府注本、《纘義》本、朱弁本作「冤刑」，《淮南子·泰族篇》同。《後漢書·謝弼傳》：「年司隸校尉趙謙上訟弼忠節，求報其怨魂，乃收紹斬之。」楊樹達曰：「怨疑冤之假字，二字古同音也。」〔註134〕《鹽鐵論·取下》：「文王作刑，國無怨獄。」《太白陰經·子卒篇》引《經》「怨」作「冤」。《風俗通義·過譽》：「怨愿並作。」《後漢紀》卷7「怨」作「冤」。「燕婉」或作「宴婉」，「宛延」或作「冤延」，皆其例。日本古鈔本《治要》卷35引「政」形誤作「攻」。

（12）清靜恬和，人之性也；儀表規矩，事之制也。知人之性，則自養不悖；知事之制，則其舉措不亂

按：王利器曰：「《淮南子·人間篇》：『清凈恬愉，人之性也；儀表規矩，事之制也。知人之性，其自養不勃；知事之制，其舉錯不惑。』『勃』與『悖』同。」「愉」謂顏色之和。此文「則其」之「其」衍文。勃，讀為悖、誖。《說文》：「誖，亂也。悖，誖或從心。」

（13）發一號，散無竟

按：俞樾曰：「『號』當作『端』，『竟』當作『竟』。當據《淮南子·人間篇》訂。」王利器曰：「《人間篇》：『發一端，散無竟。』」竟，《宛委別藏》本、

〔註133〕《家語·王言解》「知者」作「智者」，二「于」作「乎」。

〔註134〕楊樹達《讀〈後漢書〉札記》，收入《積微居讀書記》，上海古籍出版社2006年版，第142頁。

四庫本同，景宋本作「竟」，道藏《纘義》本、朱弁本作「競」。「竟」是「競」俗字。竟，猶終也，窮也。

（14）居知所以，行知所之，事知所乘，動知所止，謂之道

按：顧觀光曰：「以，《治要》引作『為』，與《人間訓》合。」王叔岷曰：「景宋本『以』亦作『為』。『乘』當作『秉』，字之誤也。《淮南子》正作『事知所秉』。」王利器曰：「《人間篇》：『居智所為，行智所之，事智所乘，動智所由，謂之道。』」彭裕商曰：「止，結果。」所以，朱弁本亦作「所為」。王利器《疏義》本徑作「所為」，當從宋本，而無說明。《長短經·定名》：「夫道者，人之所蹈也。居知所為，行知所之，事知所乘，動知所止，謂之道。」「秉」當作「乘」，王叔岷說儻矣。「止」當作「由」，《治要》引已誤。並形近而誤。「事知所乘，動知所由」即《荀子·君子》「事知所利，則動知所出矣」之誼。陶鴻慶謂「事」是「靜」之誤〔註135〕，非是。

（15）睹物往而知其反，事一而察其變

按：顧觀光曰：「『一』字誤，《氾論訓》作『萌』。」王利器曰：「《氾論篇》：『物動而知其反，事萌而察其變。』」「睹」字衍文。

（16）道者敬小〔慎〕微，動不失禮

按：顧觀光曰：「『敬小』下脫『慎』字，當依《人間訓》補。」王利器曰：「『慎』字據《淮南子》訂補。《人間篇》：『聖人敬小慎微，動不失時。』」此文「禮」字無義，當據校作「時」。本書《道原》：「澹然無為，動不失時。」《淮南子·原道篇》：「恬然無慮，動不失時。」又《詮言篇》：「有道者不失時與人。」

（17）同日被霜，蔽者不傷

按：《淮南子·人間篇》同。《論衡·幸偶》：「並時遭兵，隱者不中；同日被霜，蔽者不傷。」《易林·頤之小過》：「彫葉被霜，獨蔽不傷。」《劉子·遇不遇》：「春日麗天，而隱者不照；秋霜被地，而蔽者不傷。」

〔註135〕陶鴻慶《讀淮南子札記》，收入《讀諸子札記》，中華書局 1959 年版，第 83 頁。

（18）人皆知救患，莫知使患無生。夫使患無生易，施於救患難。
今人不務使患無生，而務施救於患，雖神人不能為謀

按：朱弁本「而務施救於患」作「而施救於患難」。顧觀光曰：「而務施救
於患，句費解。《治要》無『施』字，『救於』二字倒。」王叔岷曰：「《治要》
引作『而務於救之』，《淮南子·人間篇》作『患生而救之』。」《治要》卷35引
作「人皆知救患，莫知使患無生。夫使患無生，易於救患。今人不務使患無生，
而務於救之，雖神聖人不能為謀也」。《人間篇》：「人皆務於救患之備，而莫能
知使患無生。夫得（使）患無生易於救患，而莫能加務焉，則未可與言術也……
今不務使患無生，患生而救之，雖有聖知，弗能為謀。」今本二「施」字及「難」
字皆衍文，「施」即「易」音誤而衍，後人復加「難」字以與「易」對舉，遂失
其義。李定生反謂《淮南》「誤抄加工，使人費解」，然則《文子》易解邪？

（19）故上士先避患而後就利，先遠辱而後求名

按：《淮南子·說林篇》：「兕虎在於後，隨侯之珠在於前，弗及掇者，先
避患而後就利。」《鹽鐵論·褒賢》：「夫行者先全己而後求名，仕者先辟害而
後求祿。」《後漢書·蘇竟傳》《與劉龔書》：「蓋聞君子潛同類而傷不遇，人無
智愚，莫不先避害然後求利，先定志然後求名。」

（20）故聖人常從事於無形之外，而不留心於已成之內，是以禍患
無由至，非譽不能塵垢

按：王叔岷曰：「《治要》引『留心』下有『盡慮』二字。《淮南子》作『而
不留思盡慮於成事之內』。」王利器曰：「《人間篇》：『是故聖人者常從事於無
形之外，而不留思盡慮於成事之內，是故患禍弗能傷也。』」本書《九守》：
「禍福不能矯滑，非譽不能塵垢。」《淮南子·俶真篇》：「禍福弗能撓滑，非
譽弗能塵垢。」非，讀為誹。誹譽，毀譽。本篇下文：「故善否同，非譽在俗；
趨行等，逆順在時。」《淮南子·人間篇》、《齊俗篇》並作「誹譽」。本書《下
德》：「聽失於非譽，目淫於采色。」《齊俗篇》作「誹譽」。

（21）智圓者，終始無端，方流四遠，淵泉而不竭也

徐靈府注：方，音旁。

按：朱弁注亦曰：「方，音旁。」顧觀光曰：「《主術訓》作『旁流四達』，
此『方』字古通『旁』，『遠』字誤。」王利器曰：「《主術篇》：『智欲員者，環

復轉運，終始無端，旁流四達，淵泉而不竭。」李定生等曰：「《治要》引『淵』作『深』。方流四遠，四方遠流。淵泉，《纘義》無『泉』字。」彭裕商曰：「四遠，四方之邊遠。」李、彭說大誤，顧說是也。方（旁）流，猶言並流。四達，猶言四通。《莊子·刻意》：「精神四達並流，無所不極。」《淮南子·道應篇》作「若神明四通並流，無所不極」。「旁流四達」即「四達並流」，此作「達」之確證也。《治要》卷35、《長短經·德表》引已誤作「遠」。《淮南子·主術篇》：「則其窮不達矣。」「達」當據本書《下德》作「遠」。本書《上義》：「夫制於法者，不可與達舉。」景宋本、《纘義》本作「遠舉」，《淮南子·氾論篇》同。此亦其相譌之例。淵泉，《長短經》引亦作「深泉」。《管子·宙合》：「淵泉而不盡。」《淮南子·說林篇》：「淵泉不能竭。」本書《上德》作「淵深而不竭」。

（22）事少者，秉要以偶眾，執約以治廣，處靜以持躁也

按：王利器曰：「《主術篇》：『事欲鮮者，執柄持術，得要以應眾，執約以治廣，處靜持中，運於璇樞，以一合萬，若合符者也。』」李定生等曰：「《治要》引無『秉要以偶眾』句。持，執著，引申為制約。」《長短經·德表》引同《治要》。持，古鈔本《治要》卷35、《長短經》引作「待」，《治要》旁注「持」字〔註136〕。「待」字是也，猶今言對付、應接。

（23）故心小者，禁於微也；志大者，無不懷也

按：《淮南子·主術篇》同。彭裕商曰：「禁，禁止，杜絕。」彭說非是。禁，讀為謹，雙聲相轉。《禮記·緇衣》：「君子道人以言，而禁人以行。」鄭玄注：「禁，猶謹也。」孔疏：「言禁約謹慎人以行，使行顧言也。」《荀子·君道》：「禁盜賊，除姦邪。」《韓詩外傳》卷5「禁」作「謹」。《廣韻》：「禁，謹也。」皆是其證也。《說文》：「謹，慎也。」上文云：「所謂心欲小者，慮患未生，戒禍慎微，不敢縱其欲也。」「禁於微」即「慎微」之誼。

（24）故聖人之於善也，無小而不行；其於過也，無微而不改

按：王利器曰：「《主術篇》：『夫聖人之於善也，無小而不舉；其於過也，無微而不改。高誘注：『舉，用。改，更。』」《雲笈七籤》卷40引老君曰「行」形誤作「得」。

〔註136〕天明刊本《治要》引仍作「持」。

（25）故以政教化，其勢易而必成；以邪教化，其勢難而必敗

按：王利器曰：「《主術篇》：『夫以正教化者，易而必成；以邪巧世者，難而必敗。』」景宋本、朱弁本脫上「其勢」二字，王利器《疏義》本從之，非是。道藏《纘義》本、朱弁本「政」作「正」，「邪」作「衺」。「正」字是也，與「邪（衺）」對舉，亦與《淮南》相合。

（26）明主之賞罰，非以為己，以為國也。適於己而無功於國者，不施賞焉；逆於己而便於國者，不加罰焉

按：王利器曰：「《繆稱篇》：『明主之賞罰，非以為己也，以為國也。適於己而無功於國者〔註137〕，不施賞焉；逆於己便於國者，不加罰焉。』」《劉子‧賞罰》：「是以明主一賞善罰惡，非為己也，以為國也。適於己而無功於國者，不加賞焉；逆於己而便於國者，不施罰焉。」

（27）古之人味而不舍也，今之人舍而不味也

徐靈府注：不舍，不居也。

按：顧觀光曰：「《繆稱訓》『捨（舍）』作『貪』，下同。」王利器曰：「《繆稱篇》：『古人味而弗貪也，今人貪而弗味。』許慎注：『古人知其味，而不貪其食。』」〔註138〕「舍」當是「含」形譌，含讀為貪。郭店楚簡《語叢二》簡13：「愆生於欲。」「愆」字李零釋讀作「貪」〔註139〕。上博簡（二）《從政》甲簡15：「毋暴，毋虐，毋惻（賊），毋恰。」「恰」字整理者張光裕讀作「貪」〔註140〕。徐注云云，是所見本已誤作「舍」。四庫本作「捨」，尤誤。

（28）紂為象箸而箕子唏

徐靈府注：唏其華侈也。

按：箸，景宋本作「櫡」。王利器曰：「『櫡』即『箸』之俗別字。《繆稱篇》：『紂為象箸而箕子譏。』許慎注：『譏，唬也。』《韓非子‧喻老篇》：『紂為象箸而箕子怖。』《史記‧十二諸侯年表》：『紂為象箸而箕子唏。』與此文用『唏』字同。」李定生等曰：「唏，通『欷』，哀歎。《纘義》作『唏』，《道

〔註137〕引者按：《淮南子》原文「適」誤作「通」。
〔註138〕王氏引「貪」誤作「食」，茲據《淮南子》原注逕正。
〔註139〕李零《郭店楚簡校讀記》（增訂本），北京大學出版社2002年版，第169頁。
〔註140〕《上海博物館藏戰國楚竹書（二）》，上海古籍出版社2002年版，第228頁。

藏》七卷本作『歟』。」許慎注「唬」是「㕦」形誤，《韓子》「怖」是「悑」形誤（顧廣圻說）〔註141〕。唏，景宋本、《宛委別藏》本同，《淮南子・說山篇》、《潛夫論・浮侈》亦作「唏」（高誘注《淮南》解作「號啼」），《論衡・實知》、《鹽鐵論・散不足》作「譏」。陳奇猷曰：「唏、悑、譏、譏同聲通用，並與泣義近。」〔註142〕其說是也。《論衡・龍虛》作「泣」。《玉篇》：「譏，紂為象箸而箕子譏。譏，唏也。」何志華據《纘義》本作「啼」立說，云：「《文子》作『啼』而《淮南》作『唏』，考《方言》正云：『楚言哀曰唏。』默希子注本此文已作『唏』，蓋已據《淮南》改，因未知此文《淮南》、《文子》兩書原亦有方言之別。」〔註143〕

（29）魯以偶人葬而孔子嘆

徐靈府注：偶人，刻木似人，為盟器之類也。

按：王利器曰：「注文『盟器』當作『冥器』，音近而誤。」「盟器」不誤，讀作「明器」，即指「冥器」。《家語・曲禮公西赤問》：「其曰盟器，神明之也。」《禮記・檀弓下》作「明器」。《家語・曲禮子夏問》：「夫以盟器，鬼器也。」「明」取神明為義。《釋名》：「送死之器曰明器，神明之器異於人也。」

（30）直志適情，即堅強賊之

按：《淮南子・人間篇》作「直意適情」。李定生等曰：「直志，順志。」彭裕商竊取李說，其說非是。直意，猶言率意。

（31）天地之所覆載，日月之所照明，陰陽之所煦，雨露之所潤，道德之所扶，皆同一和也

按：同，《纘義》本、《宛委別藏》本、四庫本同，景宋本作「詞」，朱弁本作「說」。王利器《疏義》本作「說」，而無說明。王利器曰：「《俶真篇》：『夫天之所覆，地之所載，六合所包，陰陽所呴，雨露所濡，道德所扶，此皆生一父母而閱一和也。』高誘注：『閱，總也。和，氣也，道所貴也。呴，

〔註141〕顧廣圻《乾道本韓非子二十卷識誤》，收入《叢書集成續編》第 39 冊，新文豐出版公司 1991 年印行，第 369 頁。

〔註142〕陳奇猷《韓非子新校注》，上海古籍出版社 2000 年版，第 445 頁。

〔註143〕何志華《〈楚辭〉、〈淮南〉、〈文子〉三書楚語探究》，《人文中國學報》第 8 期，2001 年出版；收入《〈文子〉著作年代新證》，香港中文大學 2004 年版，第 94 頁。

讀以口相吁之吁。」李定生等曰：「『說』當作『閱』，『閱』與『同』，義相比也。」宋本作「詞」者，「同」之形誤。朱弁本作「說」者，蓋據《淮南子》而改。說、閱，並讀為脫，出也。李氏謂「閱與同義相比」，未知如何相比。

（32）是故能戴大圓者履大方，鏡太清者眎大明

徐靈府注：謂人戴天履地。

按：注「地」，王利器《疏義》本誤作「也」。太清，景宋本作「大清」，王利器《疏義》本從宋本，而無說明。王利器曰：「《俶真篇》：『是故能戴大員者履大方，鏡太清者視大明。』《管子・內業》：「乃能戴大圓而履大方，鑒於大清視於大明。」眎，道藏《纘義》本、朱弁本作「視」。

（33）是故真人託期於靈臺，而歸居於物之初

按：顧觀光曰：「『期』字誤，《俶真訓》作『神』。」王利器曰：「《俶真篇》：『是故聖人託其神於靈府，而歸於萬物之初。』」彭裕商曰：「此文『期』應即『其』，而脫一『神』字。」彭說是，顧說非是。《淮南》「歸」下脫「居」字。此文「物」上脫「萬」字。朱弁本脫「居於萬物之」五字。

（34）故上世道而不德，中世守德而不懷，下世繩繩唯恐失仁義

按：顧觀光曰：「『懷』字誤，《繆稱訓》作『壞』。」王利器曰：「《繆稱篇》：『故上世體道而不德，中世守德而弗壞也，末世繩繩乎唯恐失仁義。』」李定生等曰：「《道藏》七卷本、《纘義》本『唯』作『而』。」此文「道」上脫「體」字。壞，讀為褱，俗作懷。

（35）夫病濕而強食之熱，病渴而強飲之寒，此眾人之所養也，而良醫所以為病也

按：王利器曰：「喝，各本都誤『渴』，注同，今改正。《淮南子・說林篇》：『病熱而強之餐，救喝而飲之寒，救經而引其索，拯溺而授之石，欲救之，反為惡。』《說文》：『喝，傷暑也。』《淮南子・人間篇》：『夫病淫而強之食，病喝而飲之寒，此眾人之所以為養也，而良醫之所以為病也。』王念孫曰：『劉本溫誤作濕，莊本又改為淫，皆非也。《說林篇》云云，熱亦溫也。食當作餐，字之誤也。餐、寒為韻，養、病為韻。』」李定生等曰：「《道藏》七卷本、《纘義》本『食』作『餐』，《纘義》本『濕』作『溫』。病濕，指因濕而引起的濕

病。病渴，指因熱盛傷津，煩熱口渴而的實熱病。『渴』作『暍』，義長。暍，傷暑也。」「濕」是「溫」形誤，「渴」是「暍」形誤，「食」是「餐」形誤，二王氏說是也，李氏前說誤。上二句景宋本作「夫病溫而強食之，病渴而飲之寒」，「溫」字尚不誤。此文「熱」字衍文。

（36）有功離仁義者即見疑，有罪有仁義者必見信

按：王叔岷曰：「《治要》引『有仁義』作『不失仁心』，《淮南子・人間篇》作『不敢失仁心』。」李定生等說同。《長短經・敗功》引此文亦作「不失仁心」。

（37）慮患解，圖國存

按：顧觀光曰：「此脫誤，《治要》引此文云『慮患而患解，圖國而國存』，與《人間訓》合。」景宋本「患」形誤作「忠」。

（38）言雖無中於策，其計無益於國，而心周於君，合於仁義者，身必存

按：王利器曰：「《人間篇》：『無害子之慮無中於策，謀無益於國，然而心調於君，有義行也。』俞樾曰：『調當為周。周，合也。』」《呂氏春秋・義賞》高誘注：「言，謀也。」《淮南子・人間篇》：「言出君之口，入臣之耳。」《韓子・十過》、《戰國策・趙策一》「言」作「謀」。《越絕書・越絕吳內傳》：「不言同辭，不呼自來。」又《外傳計倪》「言」作「謀」。此文「言」亦謀也，對應上文「雖謀得計當」。

（39）人以義愛，黨以群強

按：王利器曰：「《繆稱篇》：『人以義愛，以黨群，以群強。』」《文子》有脫文，當據《淮南》訂正。「以義愛，以黨群，以群強」的主詞都是「人」。

（40）故德之所施者博，即威之所行者遠；義之所加者薄，則武之所制者小

按：王利器曰：「《繆稱篇》：『是故德之所施者博，則威之所行者遠；義之所加者淺，則武之制者小矣。』《淮南》「制」上脫「所」字。本書《下德》：「故文之所加者深，則權之所服者大；德之所施者博，則威之制者廣。」「制」上亦脫「所」字，當據《治要》卷35引補。《淮南子・兵略篇》：「故文之所以

加者淺，則勢之所勝者小；德之所施者博，則威之所制者廣。」《漢書‧刑法志》：「文德者，帝王之利器；威武者，文德之輔助也。夫文之所加者深，則武之所服者大；德之所施者博，則威之所制者廣。」皆以「文」、「德」對舉，而以「武」、「威」對應其文。此文及《繆稱篇》之「義」當是「文」字之誤，「義」俗字作「义」〔註144〕，因而形譌。《治要》卷35引《文子‧下德》又誤「文」作「材」，「深」作「淺」。

（41）福至祥存，禍至祥先。見祥而不為善，則福不來；見不祥而行善，則禍不至

按：「不為善」當據朱弁本乙作「為不善」。《呂氏春秋‧制樂》：「祥者，福之先者也，見祥而為不善，則福不至；妖者，禍之先者也，見妖而為善，則禍不至。」《說苑‧君道》：「祥者，福之先者也，見祥而為不善，則福不生（至）；殃者，禍之先者也，見殃而能為善，則禍不至。」《韓詩外傳》卷3：「妖者，禍之先；祥者，福之先。見妖而為善，則禍不至；見祥而為不善，則福不臻。」《賈子‧春秋》：「故見祥而為不可，祥反為禍……故曰見妖而迎以德，妖反為福也。」

（42）人之將疾也，必先〔不〕甘魚肉之味；國之將亡也，必先惡忠臣之語

按：王叔岷曰：「《治要》引『甘』上有『不』字，《御覽》卷738引同，惟誤為《尹文子》文。《類聚》卷23、《御覽》卷459引《晏子》『甘』上亦有『不』字。《劉子‧貴言》亦作『必不甘魚肉之味』。」彭裕商曰：「《困學紀聞》卷10引作『必先厭魚肉之味』。《越絕書‧德序外傳記》傳曰：『人之將死，惡聞酒肉之味；邦之將亡，惡聞忠臣之氣。』所言與此文類同。則『甘』當作『厭』甚明。《治要》引作『不甘』，《劉子》卷6、《類聚》卷23引《晏子》、《御覽》卷738引《尹文子》、卷459引《晏子》均作『不甘』，蓋不明『甘』本為『厭』之壞字，而以意補一『不』字以通其文義。」王利器、李定生等皆據補「不」字，是也。作「厭」雖通，恐非其舊。《潛夫論‧思賢》：「何以知人〔之〕且病也？以其不嗜食也；何以知國之將亂也？以其不嗜賢也。」《新唐書‧吳兢傳》上疏曰：「人將疾，必先不甘魚肉之味；國將亡，

必先不甘忠諫之說。」亦皆作「不」字。

（43）故疾之將死者，不可為良醫；國之將亡者，不可為忠謀

按：彭裕商曰：「本書《上德》：『與死同病者，難為良醫；與亡國同道者，不可為忠謀。』與此同義。《說苑‧權謀》：『吾聞病之將死也，不可為良醫；國之將亡也，不可為計謀。』《淮南子‧說林篇》：『與死者同病，難為良醫；與亡國同道，難與為謀。』《越絕書‧越絕德序外傳記》：『身死不為醫，邦亡不為謀。』其誼亦同。

（44）帝王富其民，霸王富其地，危國富其吏，治國若不足，〔亂國若有餘，存國困倉實〕，亡國困倉虛

徐靈府注：治，亂也。不足，將亂之徵也。

按：王叔岷曰：「此有脫文，《御覽》卷472引作『治國若不足，亂國若有餘。存國困倉實，亡國困倉虛』，上下二句各相對成義，當從之。脫去『亂國若有餘，存國困倉實』十字，則文意不完矣。」王利器曰：「『亂國若有餘，存國困倉實』二句原脫，今據《御覽》卷472引訂補。《自然篇》亦云：『故亂國若盛，治國若虛，亡國若不足，存國若有餘。』文與此相近，足可參證。徐靈府注云云，文有錯落，似可刪去。」二王氏補字是也，徐靈府注非是。唐‧崔融傳《請不稅關市疏》引文王（子）曰：「帝王富其人，霸王富其地，理國若不足，亂國若有餘。」正有「亂國若有餘」五字。《國語‧晉語九》：「國家之將興也，君子自以為不足；其亡也，若有餘。」此亦「治國若不足，亂國若有餘」之誼。本書《自然》「亡國若不足，存國若有餘」是另一層意思，原文解釋說：「虛者，非無人也，各守其職也。盛者，非多人也，皆徵於末也。有餘者，非多財也，欲節而事寡也。不足者，非無貨也，民鮮而費多也。」〔註145〕

（45）起師十萬，日費千金

按：王利器曰：「《文選‧奏彈曹景宗》李善注：『《文子》曰：「起師十萬。日費千金。」張湛曰：「日有千金之費。」』』《孫子‧作戰》：『凡用兵之法，馳車千駟，革車千乘，帶甲十萬，千里饋糧，內外之費，賓客之用，膠漆之材，車甲之奉，日費千金，然後十萬之師舉矣。』又《用間》：『凡興師

〔註145〕《長短經‧理亂》引同。《淮南子‧齊俗篇》「鮮」作「躁」，餘亦同。

十萬，出征千里，百姓之費，公家之奉，日費千金。」《尉繚子·將理》：「兵法曰：『十萬之師出，日費千金。』」《史記·平津侯主父列傳》：「故兵法曰：『興師十萬，日費千金。』」《管子·輕重甲》：「桓公問於管子曰：『今伐戟十萬，薪菜之靡，日虛十裏之衍；頓戟一譟，而靡幣之用，日去千金之積，久之，且何以待之？』」

（46）師旅之後，必有凶年

按：王利器曰：「《老子》第 30 章：『大軍之後，必有凶年。』」旅，景宋本誤作「旋」。《漢書·嚴助傳》、《魏相傳》並有「軍旅之後，必有凶年」語。

（47）故兵者不祥之器，非君子之寶也

按：王利器曰：「《老子》第 31 章：『兵者不祥之器，非君子之器，不得已而用之。』」景宋本作「故兵者不祥之器，非君子之器也，非君子之寶也」，誤衍「非君子之器也」六字。

（48）無先人言，後人〔而〕已；附耳之語，流聞千里

徐靈府注：附，傅也。先言後之於耳也。

按：王利器曰：「影宋本、影宋刻本注『後』下有『得』字。《淮南子·說林篇》：『附耳之言，聞於千里也。』高誘注：『附，近也。近耳之言，謂竊語。聞於千里，千里知之。語曰：欲人不知，莫如不為。』」「已」上當據《纘義》本補「而」字〔註146〕，王利器《疏義》本以「後人已附耳之語」七字句，非是。注「傅」，景宋本、《宛委別藏》本、王利器《疏義》本誤作「傳」。景宋本注「後」下「得」亦「傅」形誤。朱弁本注正作「附，傅也。先言後傅之於耳」。

《自然篇》卷第八校補

（1）去恩慧，舍聖智

按：慧，《宛委別藏》本同，景宋本、道藏《纘義》本作「惠」。惠、慧，正、借字。《黃氏日抄》卷 55《讀諸子》引形誤作「意」。

〔註146〕參見《四庫全書考證》卷 73《文子纘義考證》，收入景印文淵閣《四庫全書》第 1499 冊，臺灣商務印書館 1986 年初版，第 693 頁。

（2）滅事故，棄佞辯

按：辯，讀為便。

（3）故天員不中規，地方不中矩

按：王利器曰：「《淮南子‧齊俗篇》：『故天之圓也不得規，地之方也不得矩。』俞樾曰：『兩「得」字皆當為「中」。』景宋本《淮南子》二「得」作「中」。得，猶中（去聲）也，不煩改字。《淮南子‧原道篇》：「員不中規，方不中矩。」《意林》卷 5 引《任子》：「天之圓也不中規，地之方也不中矩。」曹植《九華扇賦》：「方不應矩，圓不中規。」《晉書‧衛恒傳》《四體書勢》：「方不中矩，圓不副規。」

（4）故見不遠者不可與言大，知不博者不可與論至

按：王利器曰：「《齊俗篇》：『故其見不遠者不可與語大，其智不閎者不可與論至。』」《淮南子‧繆稱篇》：「察一曲者不可與言化，審一時者不可與言大。」又《原道篇》：「夫井魚不可與語大，拘於隘也；夏蟲不可與語寒，篤於時也；曲士不可與語至道，拘於俗、束於教也。」文義亦近。

（5）言不放魚於木，不沈鳥於淵

按：王叔岷曰：「《御覽》卷 935 引此無下『不』字，《淮南子》同。」王利器曰：「《齊俗篇》：『故老子曰：不上賢者，言不致魚於木，沉鳥於淵。』」無下「不」字，則上一「不」字統下句。《廣雅》：「放，置也。」放訓置是棄置義。此文「放」是「致」形誤。致，讀為置，放置。

（6）水處者漁，林處者採，谷處者牧，陵處者田

按：顧觀光曰：「林處者採，《治要》引作『山處者木』，與《齊俗訓》合。『陵』字誤，《治要》引作『陸』，與《齊俗訓》合。」《四庫全書考證》：「明刊本『陸』訛『陵』。」〔註147〕王叔岷曰：「《初學記》卷 22、《御覽》卷 833 引亦並作『山處者木』。顧說是也，《纘義》本『陵』亦作『陸』。」王利器曰：「《齊俗篇》：『水處者漁，山處者木，谷處者牧，陸處者農。』」李定生等曰：「陵，土山。」唐人所見與《淮南》同，今本作「林處者採」疑後人所改。陵

〔註147〕《四庫全書考證》卷 73《文子纘義考證》，收入景印文淵閣《四庫全書》第 1499 冊，臺灣商務印書館 1986 年初版，第 693 頁。

亦陸也，古楚語〔註148〕，非《文子》所宜用。本書當從《治要》所引及《纘義》本作「陸」。《淮南》當作「陵」，疑後人據本書誤本改之，《御覽》卷 80 引已改作「陸」。《淮南子‧說林篇》：「褰衣涉水，至陵而不知下，未可以應變。」陵亦指陸地。

（7）地宜〔其〕事，事宜其械，械宜其材

按：顧觀光曰：「材，《治要》引作『人』。《齊俗訓》作『械宜其用，用宜其人』。」王叔岷曰：「《治要》引此作『械便其人』，《初學記》、《御覽》引『材』亦並作『人』。」王利器曰：「地宜其事，原脫『其』字，據兩《治要》本補。《齊俗篇》：『地宜其事，事宜其械，械宜其用，用宜其人。』」補「其」字是，《路史》卷 20 引亦有「其」。「械宜其人」當據《淮南》補作「械宜其〔用，用宜其〕人」。「人」字形誤作「才」，又易作「材」，《路史》卷 20 引已誤。

（8）如是則民得以所有易所無，以所工易所拙

按：王叔岷曰：「《治要》引作『以所巧易所拙也』。」王利器曰：「《齊俗篇》：『得以所有易所無，以所工易所拙。』」景宋本「則」誤作「外」。

（9）若風之過蕭，忽然而感之，各以清濁應

按：王利器曰：「《齊俗篇》：『若風之遇蕭。』許慎注：『蕭，籟也。』遇，道藏本及《酉陽雜俎》續集卷 4 引俱作『過』，當據改正。」李定生等曰：「蕭，當作『簫』。」二氏說是也，《路史》卷 20 引亦作「風之過簫」。《文心雕龍‧聲律》：「隨音所遇，若長風之過籟，南郭之吹竽耳。」唐‧夏方慶《風過簫賦》：「風之過兮，一氣之作；簫之應也，眾音以殊。」皆用《淮南》之典，字正作「過」。《酉陽雜俎》續集卷 4 引《荀子》佚文：「如風過簫，忽然已化。」《文選‧漢高祖功臣頌》李善注、《路史》卷 20 羅苹注引《文子》作「簫」〔註149〕。日本古鈔本《治要》卷 35 引作「箭」，旁注改作

〔註148〕 參見蕭旭《〈越絕書〉古吳越語例釋》，收入《群書校補（續）》，花木蘭文化出版社 2014 年版，第 2015～2017 頁。

〔註149〕《文選》李善注據《唐鈔文選集注彙存》第 3 冊，上海古籍出版社 2000 年版，第 189 頁。胡氏重刻宋淳熙本、嘉靖元年金臺汪諒刊本亦作「簫」。宋淳熙八年池陽郡齋刻本、北宋刻遞修本、影宋本、日本慶長十二年活字印本、重刊天聖明道本作「蕭」。

「蕭」字〔註150〕。梁・王僧孺《登高臺》:「軒車映日過,簫管逐風來。」

（10）不足者,非無貨也,民鮮而費多也

按:顧觀光曰:「『鮮』字誤,《齊俗訓》作『躁』。」王叔岷曰:「顧說是也,《治要》引『鮮』正作『躁』。《鹽鐵論・本議篇》作『嗜欲眾而民躁也』。」王利器曰:「《齊俗篇》:『不足者,非無貨也,民躁而費多也。』《治要》卷35引『鮮』作『躁』。『鮮』當作『解』,字之誤也。『解』即『懈』。言民懈怠而費用多,故致不足也。作『躁』者,蓋據《淮南》改。本書《下德》:『躁而多欲。』《淮南子・氾論篇》同。

（11）古之瀆水者,因水之流也

按:王利器曰:「《泰族篇》:『禹鑿龍門,闢伊闕,決江濬河,東注之海,因水之流也。』」李定生等曰:「瀆,溝渠,此作動詞用。瀆水,謂開渠水。」彭裕商竊取李說作己說。「瀆水」當是「濬川」形誤。《治要》卷35引已誤作「瀆水」。字亦作「浚川」,《書・禹貢》:「禹別九州,隨山濬川。」《史記・河渠書》、《漢書・溝洫志》作「浚川」。本書《上禮》:「掘地而井飲,濬川而為池。」

（12）因其所惡以禁姦

按:此句顧觀光據《淮南子・泰族篇》補「因其所喜以勸善」一句,是也,《治要》卷35引已脫。本書《上義》:「故聖人因民之所喜以勸善,因民之所憎以禁姦。」《淮南子・氾論篇》:「故聖人因民之所喜而勸善,因民之所惡而禁姦。」

（13）古之善為君者法江海,江海無為以成其大,窊下以成其廣

按:王叔岷曰:「《初學記》卷6、《御覽》卷60引上『成』並作『象』,『窊』並作『注』。景宋本作『注下』。『注』即『洼』之誤。洼亦借為窊。」王利器曰:「《御覽》引作『古之善為君者,法海以象其大,注下以成其廣』。景宋本、景刻宋本『窊』作『洼』。《說文》:『窊,汙衺下也。』又『窪,一曰窊也。』『洼』、『注』俱字形近之誤。」二王說是也,窊、窪、洼、汙俱一字音轉。《事類賦注》卷6引亦同《初學記》。

〔註150〕天明刊本《治要》引誤作「箭」。

（14）道為之命，幽沉而无事

　　按：无，景宋本誤作「光」。

（15）簡生忘死，何往不壽

　　按：王利器曰：「《莊子·大宗師篇》：『夫孟孫氏盡之矣，進於知矣，唯簡之而不得。夫已有所簡矣。孟孫氏不知所以生，不知所以死。』郭象注：『簡擇死生，而不得其異，若春秋冬夏四時行耳。』此文本之。」王氏從郭注訓簡為簡擇，非是。簡，輕賤也。簡生忘死，猶言輕生忘死，上文所云「死生同理」是也。

（16）去事與言，慎無為也

　　按：道藏《纘義》本「慎」作「順」，借字。

（17）易意和心，無以道迕

　　按：道藏《纘義》本「以」作「與」。

（18）夫天地專而為一，分而為二，反而合之，上下不失；專而為一，分而為五，反而合之，必中規矩

　　按：上「反而合之」，景宋本「反」作「交」。

（19）帝者貴其德，王者尚其義，霸者通於理

　　按：王叔岷曰：「《治要》引『通』作『迫』，景宋本『通』亦作『迫』。」王利器說同。彭裕商曰：「通於理，瞭解事物的規律。」《長短經·適變》引亦作「迫」。「通」字誤。《長短經》引桓子曰：「三皇以道治，五帝用德化，三王由仁義，五伯用權智。」《意林》卷3、《御覽》卷77引桓譚《新論》略同。「迫於理」即所謂用權智也。

（20）道挾然後任智，德薄然後任刑，明淺然後任察

　　按：王利器曰：「『狹』原作『挾』，景宋本、景刻宋本及日本兩《治要》本同，《御覽》卷636引作『狹』，與『薄』、『淺』互文為義，是也。」日本天明刊本《治要》引作「狹」，王氏失記。日本古鈔本《治要》引作「挾」，亦當認作「狹」。道藏《纘義》本、四庫本及《長短經·適變》引皆作「狹」。

（21）任智者中心亂，任刑者上下怨，任察者下求善以事上即弊

按：王利器曰：「《御覽》引無『中』字，『怨』作『恐』，『事』下有『其』字。」《御覽》卷636引無「即弊」二字，王說尚未盡。道藏《纘義》本「下求善」誤作「不求善」。

（22）是故重為慧，重為暴，即道迕矣

按：俞樾曰：「『迕』上當有『不』字。重為慧者，不輕於為惠也。重為暴者，不輕於為暴也。《淮南子・主術篇》作『則治道通矣』，高誘注曰：『通，猶順也。』文雖不同，而義同也。」王利器曰：「《主術篇》：『是故重為惠，若重為暴，則治道通矣。』高誘注：『通，猶順也。』王念孫曰：『本無「若」字，《文子》作「是故重為惠，重為暴，即道達矣」。』」李定生等曰：「慧，通『惠』，《纘義》作『惠』。重為惠，重賞也。重為暴，重罰也。道迕，逆道也。俞說非也。」王念孫引「迕」作「達」，蓋以意改，是也，彭裕商校作「達」，即據王說立論。「達」即「通」。俞氏補「不」字，亦備一說。上文「易意和心，無以（與）道迕」，亦「道迕」連文。李氏誤解「重」字，謂俞說非是，所謂以不狂為狂也。句言聖人不輕為賞罰，則治道通矣。王念孫刪「若」則誤〔註151〕。

（23）是以朝廷蕪而無迹，田壄辟而無穢

按：李定生等曰：「蕪而無迹，即無蕪迹。《淮南子・主術》：『是故朝廷蕪而無迹，田野辟而無草。』」彭裕商曰：「蕪，此指喪失作用。無跡，沒有人走動。朝廷無人而荒廢不用。」二氏說皆未得。朝廷蕪而無迹，言朝廷清靜無事，而無車轍之迹，典出《老子》第27章：「善行無轍迹。」河上公注：「善行道者，求之於身，不下堂，不出門，故無轍迹。」王弼注：「順自然而行，不造不始，故物得至而無轍迹也。」李定生倒解其文作「無蕪迹」，非是。

（24）輪轉無端，化遂如神，虛無因循，常後而不先

按：王利器曰：「《淮南子・原道篇》：『因循應變，常後而不先。』」彭裕商曰：「遂，成。」王氏所引，本書《道原》同。《淮南子・主術篇》：「主道員者，運轉而無端，化育如神，虛無因循，常後而不先也。」本書《上德》：「故聖人虛無因循，常後而不先。」遂，《宛委別藏》本、道藏《纘義》本、四庫

〔註151〕 參見楊樹達、馬宗霍說，楊樹達《淮南子證聞》，上海古籍出版社2006年版，第80頁。馬宗霍《淮南舊注參正》，齊魯書社1984年版，第209頁。

本同，景宋本作「逐」。王利器《疏義》本作「逐」，乃從宋本，而無說明。《纘義》本「輪轉」作「運轉」，與《淮南》合。本書自作「輪轉」，下文「輪轉無窮，象日月之運行」，《淮南子‧兵略篇》同。「化遂」與「化育」同義，本篇下文「天化遂無形狀，地生長無計量」，《兵略篇》作「化育」（顧觀光謂「遂」字誤，王叔岷已駁之）。《老子》第 51 章：「長之育之」，帛書乙本同，甲本作「遂」，北大簡本誤作「逐」。《禮記‧樂記》「生物不遂」，《史記‧樂書》作「育」。《莊子‧在宥》「以遂群生」，下文作「育」。《史記‧陳丞相世家》「下育萬物之宜」，《漢書‧王陵傳》、《漢紀》卷 7 作「遂」（顏師古曰：「遂，申也。」非是。）。《廣雅》：「遂，育也。」

（25）知而好問者聖，勇而好問者勝

按：顧觀光曰：「《治要》引下『問』作『同』，『同』字勝。」王利器曰：「日本兩《治要》本『知』作『智』。《主術篇》：『文王智而好問，故聖；武王勇而好問，故勝。』日本兩《治要》本『問』作『同』，不可據。」王說是也，顧說偵矣。《家語‧六本》：「巧而好度必攻（工），勇而好問必勝，智而好謀必成。」《御覽》卷 499 引《家語》作「好同」。《荀子‧仲尼》孔子曰：「巧而好度必節，勇而好同必勝，知而好謙（謀）必賢。」《說苑‧雜言》作「巧而好度必工，勇而好同必勝，知而好謀必成」。「同」皆當作「問」。

（26）乘眾人之智者，即無不任也；用眾人之力者，即無不勝也

按：王利器曰：「『智』原作『勢』，據注及上下文當作『智』，《淮南子》正作『智』，今據改正。《主術篇》：『夫乘眾人之智，則無不任也；用眾人之力，則無不勝也。』」王氏誤校，底本即作「智」，不作「勢」。下文「乘眾人之勢者，天下不足用也」，《淮南子》「勢」作「制」，王利器《疏義》本改作「智」，又無說明。楊樹達校《淮南》改「制」作「智」〔註152〕。

（27）所謂無為者，非謂其引之不來，推之不去

按：王叔岷曰：「《治要》引『去』作『往』。」王利器曰：「日本兩《治要》本『去』作『往』。《淮南子‧修務篇》：『無為者，寂然無聲，漠然不動，引之不來，推之不往，如此者，乃得道之像。』」〔註153〕《淮南》「得道之

〔註152〕楊樹達《淮南子證聞》，上海古籍出版社 2006 年版，第 82 頁。
〔註153〕王利器引「像」誤作「象」，茲據原書徑正。

像」下有「吾以為不然」一句，亦當徵引，如此，方與本文「非謂」云云相合。作「往」是其故書，《長短經・適變》引亦作「往」字。「引之不來，推之不往」是古成語，亦見《鹽鐵論・訟賢》。《新語・慎微》：「推之不往，引之不來。」

（28）堅滯而不流，捲握而不散

按：《淮南子・要略篇》：「使之無凝竭底滯，捲握而不散也。」捲，讀為拳。

（29）謂其私志不入公道，嗜欲不挂正術

按：顧觀光曰：「『挂』字誤，《治要》引作『枉』，與《修務訓》合。」王利器曰：「『枉』原作『挂』，日本兩《治要》本作『枉』，《淮南子》亦作『枉』，今據改正。《修務篇》：『吾所謂無為者，私志不得入公道，嗜欲不得枉正術。』」李定生等曰：「挂，阻礙。」彭裕商竊取李說而易其辭曰：「挂，妨礙。」「枉」俗字作「抂」，因而形誤作「挂」。李說非是。

（30）強陵弱，眾暴寡

按：王叔岷曰：「《治要》引『陵』作『掩』，《淮南子・脩務篇》同。」王利器說同。《長短經・政體》用此文（據下文與《文子》合，而與《淮南子》異知之）亦作「掩」。道藏《纘義》本作「凌」。

（31）又為其懷智詐不以相教，積財不以相分，故立天子以齊一之

按：顧觀光曰：「《治要》引『財』下有『貨』字，與上句相配。」俞樾曰：「『詐』衍字也。若『詐』本非可以為教者也。《淮南子》無『詐』字。」王利器曰：「『智』下原衍『詐』字，《淮南子》無，今據刪削。《脩務篇》：『懷知而不以相教，積財而不以相分，故立天子以齊一之。』」李定生等曰：「『詐』為衍字，當刪。《纘義》無『詐』字。」《墨子・尚同上》：「至有餘力不能以相勞，腐列（歺）餘財不以相分，隱匿良道不以相教。」〔註154〕又《尚同中》：「至乎舍餘力不以相勞，隱匿良道不以相教，腐列（歺）餘財不以相分。」

〔註154〕畢沅曰：「舊本『歺』俱作『列』，非。《說文》云：『歺，腐也。』」孫詒讓從其說，又云：「《尚賢下》作『腐臭餘財』，『臭』、『歺』亦聲近。」孫詒讓《墨子閒詁》，中華書局 2001 年版，第 74 頁。

（32）為一人之明不能徧照海內，故立三公九卿以輔翼之

按：王利器曰：「『為』字原無，今據日本兩《治要》本訂補，《淮南子》有。《脩務篇》：『為一人聰明而不足以徧燭海內，故立三公九卿以輔翼之。』」底本徐靈府注本有「為」字，各本同，獨景宋本脫「為」，王氏失記。《長短經・政體》用此文作「謂」，亦同「為」。

（33）神農形悴，堯瘦癯，舜黧黑，禹胼胝

按：王利器曰：「《脩務篇》：『蓋聞傳書曰：神農憔悴，堯瘦臞，舜黴黑，禹胼胝。』《意林》卷1引《尸子》：『堯瘦舜黑，皆為民也。』」道藏《纘義》本「癯」作「臞」，「胼」作「骿」。《治要》卷35引「黧」作「梨」，《御覽》卷378引「悴」作「頷」，《路史》卷21羅苹注引「黧黑」作「黴墨」〔註155〕。《長短經・是非》用此文「堯」上有「唐」字，「癯」作「臞」，「黧」作「黎」。《齊民要術自序》引《淮南子》「黴」作「黎」，疑高本作「黴」而許本作「黎」。

（34）非以貪祿慕位，將欲事起天下之利，除萬民之害也

按：王利器《疏義》本「起」下衍「於」字（景宋本有），「除」上衍「而」字。顧觀光曰：「《治要》引無『事』字。」王叔岷曰：「《文選》注引亦無『事』字，《長短經》同。」王利器曰：「將欲事起於天下之利，日本兩《治要》本作『將欲起天下之利』。《脩務篇》：『非以貪祿慕位，欲事起天下利，而除萬民之害。』高誘注：『事，治也。』王念孫曰：『「事起天下利」本作「事天下之利」，故高注云「事，治也」。』」王念孫說非是。事，務也，猶言勉力、致力也。高注誤。起，興也。楊樹達「事」訓從事，于省吾謂「事、使同字」，于大成、何寧並從楊說〔註156〕。亦皆誤。道藏《纘義》本脫「事」字，《長短經・是非》用此文脫「慕」、「事」二字。

（35）天圓而無端，故不得觀其形；地方而無涯，故莫窺其門

按：王利器曰：「《兵略篇》：『天圓而無端，故不可得而觀；地方而無垠，故莫能窺其門。』王念孫曰：『「不可得而觀」本作「不得觀其形」。』」李定生等曰：「莫窺其門，《纘義》作『莫能窺其門』。《御覽》卷36引同。」「莫」下當補「能」字，《白氏六帖事類集》卷1引亦作「莫能」，與《淮南子》合。景

〔註155〕《路史》據明刊本，四庫本「黧黑」誤作「黴墨」。
〔註156〕參見蕭旭《淮南子校補》，花木蘭文化出版社2014年版，第633頁。

宋本脫「其形」及「能」字。窺，《白帖》、《御覽》引皆作「闚」。

（36）詘申不獲五度

按：王利器《疏義》本「申」作「伸」，乃據景宋本，而無說明。王利器曰：「《兵略篇》：『詘伸不獲五度。』許慎注：『獲，誤也。』《說文通訓定聲》謂『獲』假借為『誤』。」李定生等曰：「《纘義》本『不獲』作『不變』，《叢刊》本作『不違』。獲，出獵而得，作『獲』義不可通。」《叢刊》本即景宋本仍作「不獲」，四庫本作「不違」，李氏誤記，且未達通借。

（37）循已而動，天下為闚

按：已，王利器本、李定生本皆誤作「己」。顧觀光曰：「『已』字誤，《兵略訓》作『道』。」王叔岷曰：「顧說是也，《纘義》本『己（已）』正作『道』。」李定生等曰：「循己而動，即為己之利欲而動。《淮南子》作『順道而動』，誤也。」李氏據誤字說之，非也。顧、王說是，惟四庫《纘義》本作「道」，道藏《纘義》本仍誤作「已」。

《下德篇》卷第九校補

（1）肥肌膚，充腹腸，供嗜欲，養生之末也

按：王叔岷曰：「《治要》、《御覽》卷720引『供』並作『開』。」王利器曰：「日本古鈔本《治要》亦作『開』。《淮南子·泰族篇》：『肥肌膚，充腸腹，供嗜欲，養生之末也。』」道藏《纘義》本作「開」，是「供」形譌。《類聚》卷75引「供」作「閧」，「腹腸」作「腸胃」。「閧」又是「開」形譌。

（2）而縱之放僻淫佚

按：李定生等曰：「放僻淫佚，放肆邪惡。」其說非是。放，讀為旁，亦僻也，邪曲不正也。「放僻」亦作「旁僻」、「放辟」〔註157〕。

（3）而棄之以法，隨之以刑

按：顧觀光曰：「『棄』字誤，《治要》引作『禁』。」俞樾曰：「『棄』

乃『乘』字之誤，《淮南子·泰族篇》作『繩之以刑（法）』〔註158〕，則聲之誤也。」彭裕商曰：「棄，不顧念。棄之以法，以法繩之而不顧。」顧說是也，「棄」是「禁」形誤，亦可能是「案」形誤，與「繩」義相因。《管子·明法解》：「故百官之事，案之以法，則奸不生；暴慢之人，誅之以刑，則禍不起。」

（4）循性保真

按：《淮南子·氾論篇》同。「循」當作「脩」，脩讀為修。《治要》卷41引《淮南子》正作「脩」。《漢書·敘傳上》班嗣報桓譚曰：「若夫嚴子者，絕聖棄智，修生（性）保真，清虛澹泊，歸之自然。」《三國志·邴原傳》裴松之注引《原別傳》漢·孔融《喻邴原書》：「脩性保真，清虛守高。」《弘明集》卷1漢·牟子《理惑論》：「老子絕聖棄智，修身保真，萬物不干其志，天下不易其樂。」皆其旁證。

（5）事或欲之，適足以失之；事或避之，適足以就之

按：王利器曰：「本書《微明篇》：『事或欲利之，適足以害之；或欲害之，乃足以利之。』與此文義相比也。」王氏所引，亦見《淮南子·人間篇》：「事或欲以利之，適足以害之；或欲害之，乃反以利之。」又《氾論篇》：「事或欲之，適足以失之；或避之，適足以就之。」

（6）體道之人，不苟得，不讓禍

按：王利器曰：「《氾論篇》：『故達道之人，不苟得，不讓福。』」此作「禍」，乃「福」之誤。本書《符言》：「不能使禍無至，信己之不迎也；不能使福必來，信己之不讓也。」《淮南子·詮言篇》「讓」作「攘」，許慎注：「攘，卻也。」即不讓福之謂也。言體道之人，不求苟得，不迎禍，亦不讓福也。讓，讀為攘。《說文》：「攘，推也。」

（7）其有不棄，非其有不制

按：王利器曰：「《氾論篇》：『其有弗棄，非其有弗索。』」李定生等曰：「制，制作。」彭裕商曰：「制，控制，把持，即據為己有之意。」制，讀為曳、抴，牽引也，引申則為取義。

〔註158〕引者按：俞氏引「法」誤作「刑」。

（8）無道術度量，而以自要尊貴，即萬乘之勢不足以為快，天下
之富不足以為樂

按：王利器《疏義》本「為樂」上脫「以」字。王氏曰：「《氾論篇》：『若
無道術度量，而以自儉約，則萬乘之勢不足以為尊，天下之富不足以為樂矣。』」

（9）陰陽陶冶萬物，皆乘一炁而生

按：王利器曰：「《淮南子‧本經篇》：『天地之合和陰陽，陶化萬物，皆乘
一氣者也。』道藏本『乘一氣』作『乘人氣』，不可據。《淮南》當作「天地
之合和，陰陽之陶化萬物，皆乘一氣者也」，王氏引脫「陰陽」下「之」字，
因致斷句亦誤。景宋本《淮南》亦誤作「人氣」，唐‧白居易《辨妖災》引《文
子》誤同〔註159〕。陶亦化也，冶也，字或作匋，猶言融化。《廣雅》：「匋，化
也。」《文選‧答何邵》李善注引作「陶，化也」。

（10）故明於性者，天地不能脅也；審於符者，怪物不能惑也

按：《淮南子‧本經篇》同。《白氏六帖事類集》卷27引「脅也」誤作「負
脅」〔註160〕。「負」即「脅」形誤而衍。

（11）聖人由近以知遠，以萬里為一同

按：王利器《疏義》本正文誤倒作「以萬為一同異」。王利器曰：「『萬
異』原誤作『萬里』，《文選‧贈劉琨詩》李善注引作『萬異』，今據改正。
本書《九守》有『以萬異為一宗』語，意與此同。《本經篇》：『故聖人由近
知遠，而萬殊為一。』高誘注：『殊，異也。』」李定生等曰：「疑『里』為
『理』之壞字。『萬理為一同』與『萬異為一同』義相比。」王說是也，《纘
義》本正作「萬異」，《四庫全書考證》亦云：「明刊本『異』作『里』，誤。」
〔註161〕《白氏六帖事類集》卷27「怪物不敢惑，萬異為一同」條引作「聖
人不由近知遠，以萬物為同一」，正條作「萬異」不誤，引文則衍「不」字，
又誤作「萬物」。

〔註159〕白居易《辨妖災》據日本翻宋大字影印本《白氏長慶集》卷45，《文苑英華》
卷500作「一氣」不誤。
〔註160〕《白帖》卷90引誤作「負而」，以「而」屬下句。
〔註161〕《四庫全書考證》卷73《文子纘義考證》，收入景印文淵閣《四庫全書》第
1499冊，臺灣商務印書館1986年初版，第695頁。

（12）禮義廉恥不設，萬民莫不相侵暴虐

按：顧觀光曰：「此句誤，《本經訓》作『莫相侵欺暴虐』。」俞樾曰：「『侵』下脫『欺』字，當據《淮南・本經篇》補。」王利器曰：「『莫』下原衍『不』字，今據《淮南子》刪去。《本經篇》：『禮義廉恥不設，誹譽仁鄙不立，而萬民莫相侵欺暴虐。』道藏《纘義》本「莫不」作「不」，是也，此作「莫不」者，則誤合異文耳。顧氏、俞氏「侵」下補「欺」字，是也。《韓子・解老》：「人君無道，則內暴虐其民，而外侵欺其鄰國。」

（13）人鄙不齊

按：顧觀光曰：「『人』字誤，《本經訓》作『仁』。」王利器曰：「《漢書・董仲舒傳》：『或仁或鄙。』以『仁』、『鄙』對言，與此同。」「人」讀為「仁」，非誤字。

（14）仁義不用，而道德定於天下，而民不淫於采色

按：俞樾曰：「『定』字無義，乃『足』字之誤。《淮南・本經篇》亦作『定』，誤與此同。」俞說非是。《管子・君臣上》：「道德定，而民有軌矣。」又《君臣下》：「道德定於上，則百姓化於下矣。」足證「定」字不誤。

（15）在內而合乎道，出外而同乎義

按：王利器曰：「《本經篇》：『在內而合乎道，出外而調於義。』此文「同」當作「周」，字之誤也。《廣雅》：「周，調也。」《淮南子・原道篇》：「貴其周於數而合於時也。」高誘注：「周，調也。」本書《道原》：「調其數而合其時。」是周即調也。本書《上義》：「事周於世即功成，務合於時即名立。」《齊俗篇》二「即」作「則」，餘同。皆以「周」、「合」對舉，此文亦同。

（16）其言略而循理，其行悅而順情

按：孫詒讓曰：「《淮南子・本經訓》『悅』作『俔』，高注云：『俔，簡易也。』此傳寫之誤。」王利器曰：「『俔』原誤作『悅』，今據《淮南子》校改。《本經篇》：『其言略而循理，其行俔而順情。』高誘注：『略，約要也。俔，簡易也。俔讀射俔取不覺之俔也。』李定生等曰：「《纘義》本『悅』作『說』。悅，《莊子・天地》：『四海之內，共利之之謂悅。』」李氏引《莊子》，大誤。循亦順也。悅、說，並讀為俔，亦略也，不煩改字。《荀子・王制篇》「佞俔」，《君道》、《臣

道》二篇作「佞說」,《治要》卷38引《君道》作「佞悅」,此相通之例。《淮南子·要略篇》:「以為其禮煩擾而不悅。」許慎注:「悅,易也。」悅亦讀為佚。《呂氏春秋·士容》:「乾乾乎取舍不悅,而心甚素樸。」陳奇猷讀悅為佚〔註162〕。《晏子春秋·內篇諫下》:「其動作佚順而不逆。」「佚順」即此文「行悅而順情」之誼。字亦作脫,《左傳·僖公三十三年》:「輕則寡謀,無禮則脫。」杜注:「脫,易也。」《國語·周語中》同,韋注:「脫,簡脫也。」字或作稅,《禮記·喪服小記》鄭玄注:「稅,讀如『無禮則稅』之稅。」《荀子·禮論》:「凡禮,始乎稅,成乎文。」《大戴禮記·禮三本篇》、《史記·禮書》作「脫」,《索隱》脫訓疏略。

(17) 機巧詐偽,莫載乎心

按:機巧,景宋本作「機械」。王利器《疏義》本從宋本,而無說明。王氏曰:「《本經篇》:『機械詐偽,莫藏於心。』」本書《道原》:「機械之心藏於中。」〔註163〕《九守》:「機械智巧不載於心。」〔註164〕載,藏也。《廣雅》:「載,竝也。」又「竝,載也。」即竝藏義。本書《下德》:「懷機械巧詐之心。」〔註165〕懷亦藏也。

(18) 故農與農言藏,士與士言行,工與工言巧,商與商言數

按:《淮南子·齊俗篇》「藏」作「力」,餘同。《意林》卷1引《尸子》:「農夫比粟,商賈比財,烈士比義。」〔註166〕《莊子·徐無鬼》:「農夫無草萊之事則不比;商賈無市井之事則不比。」《說苑·談叢》:「君子比義,農夫比穀。」皆即此文「農與農言藏,士與士言行,商與商言數」之誼。

(19) 異形殊類,易事而不悖

按:顧觀光曰:「『不』字衍,當依《齊俗訓》刪。」王利器曰:「《齊俗篇》:『異形殊類,易事而悖。』無『不』字,義勝。」顧說衍「不」字,是也。「而」猶則也。《長短經·任長》引《淮南》作「易事則悖矣」。

〔註162〕參見陳奇猷《呂氏春秋新校釋》,上海古籍出版社2002年版,第1710頁。
〔註163〕《淮南子·原道篇》同。
〔註164〕《淮南子·精神篇》「不」作「弗」。
〔註165〕《淮南子·本經篇》「詐」作「故」。
〔註166〕《御覽》卷836引同。

（20）失業而賤，得志而貴

按：道藏《纘義》本、《宛委別藏》本、四庫本同，景宋本作「失處而賤，得勢而貴」，王利器《疏義》本用宋本。王氏曰：「『勢』原作『志』，道藏《纘義》本同。景宋本、景刻宋本作『勢』，日本兩《治要》本同，今從之。《齊俗篇》：『失處而賤，得勢而貴。』字亦作『勢』。」王氏未說明改「業」作「處」。《治要》卷41所引乃《淮南》文，卷35引此文未引此句，王氏誤記。

（21）夫先知遠見之人，才之盛也，而治世不以責於人；博聞強志，口辯辭給，人知之溢也，而明主不以求於下

按：顧觀光曰：「『遠見』下『之』字衍，當依《齊俗訓》刪，『人』字屬下讀。」王叔岷曰：「顧說是也，《治要》引正無『之』字。」王利器曰：「《齊俗篇》：『夫先知遠見，達視千里，人才之隆也，而治世不以責於民。博聞強志，口辯辭給，人智之美也，而明主不以求於下。』顧說『人』字屬下讀」，是也。此文有脫誤，「遠見」下「之」字當據《淮南》作「達視千里」，二句方對偶。《治要》卷35、《長短經·卑政》引作「夫先知遠見，人材之盛也」〔註167〕，雖脫「達視千里」，正以「人材之盛也」為句。達視，古書亦作「通視」、「徹視」。責，《長短經》引誤作「貴」。

（22）敖世賤物，不從流俗，士之伉行也

按：王叔岷曰：「《治要》、《文選·嘯賦》注引此並作『不汙於俗』，《淮南子》同。」王利器曰：「日本兩《治要》本『敖』作『傲』，《文選·嘯賦》注、又《薦禰衡表》注引同。『傲』、『敖』古通。《齊俗篇》：『敖世輕物，不汙於俗，士之伉行也。』《文選·薦禰衡表》注引『伉』作『抗』。抗，立也。『抗』、『伉』音義俱同。然則『伉行』謂立行也。」《長短經·卑政》引「敖」作「傲」，「從流」作「汙於」，「伉」作「抗」。四庫《纘義》本亦作「汙於」。抗、伉，高舉也。

（23）故國治可與愚守也，而軍旅可以法同也

按：王利器曰：「《齊俗篇》：『故國治可與愚守也，而軍制可與權用也。』」李定生等曰：「軍旅可以法同，軍隊可以用法制統一。」國治，道藏《纘義》

本誤作「國法」。可以法同，四庫《纘義》本作「可與整同」，《治要》卷35引作「可與性同」，《長短經・卑政》引作「可與怯同」。「法」、「性」皆「怯」形誤，作「整」則是妄改。「怯」與「愚」一類，言治國及軍旅之中，可與愚怯者共守，不貴於獨賢獨勇者。

（24）犯邪而行危

按：王利器曰：「敦煌卷子『邪』作『禁』，『危』作『免』。《齊俗篇》：『犯邪而干免。』許慎注：『干，求也。』葛剛岩曰：『『行』當作『干』，『危』當作『免』，《淮南子》是其證。」〔註168〕朱大星曰：「『危』為『免』之形譌。行，求也。『干免』即『行免』。」〔註169〕葛說是也，《治要》卷35引誤同今本。寫卷作「犯禁」義長，《管子・重令》：「雖犯禁而可以得免者。」《淮南子・氾論篇》：「皆知為奸之無脫也，犯禁之不得免也。」皆「犯禁」與「免」連文之證。

（25）雷霆之聲可以鐘鼓象也，風雨之變可以音律知也

按：王利器曰：「《淮南子・本經篇》：『雷震（霆）之聲可以鼓鐘寫也，風雨之變可以音律知也。』高誘注：『寫，猶放敤也。律知陰陽。』」李定生等曰：「象，通『像』，仿效。」「象」當是「寫」形誤，敦煌寫卷S.2506已誤作「象」，《白氏六帖事類集》卷18引誤同〔註170〕。《御覽》卷13引《淮南子》「知」作「和」，《劉子・心隱》亦作「和」。王叔岷謂「『和』乃『知』之誤」〔註171〕，是也。

（26）大可睹者，可得而量也；明可見者，可得而弊也；聲可聞者，可得而調也；色可察者，可得而別也

按：王利器曰：「『蔽』原作『弊』，敦煌卷子本、景宋本、景刻宋本、道藏《纘義》本作『蔽』，今據改正。《本經篇》：『是故大可觀者，可得而量也；明可見者，可得而蔽也；聲可聞者，可得而調也；色可察者，可得而別也。』

〔註168〕 葛剛岩《敦煌寫本〈文子〉校補》，《敦煌學輯刊》2007年第2期，第169頁。

〔註169〕 朱大星《敦煌本〈文子〉校補》，《敦煌學研究》2004年第6期，第105頁。

〔註170〕《白帖》在卷62。

〔註171〕 王叔岷《劉子集證》，中華書局2007年版，第102頁。

高誘注：『蔽或作察。』」于省吾曰：「作『蔽』者是。蔽，決也，斷也。」〔註172〕李定生等曰：「弊，裁斷。《纘義》作『蔽』，誤也。」彭裕商曰：「蔽，裁斷，也引申為知曉。」敦煌寫卷 S.2506 僅殘存至「明可」二字，「而弊也」以下缺，王校未確。蔽、弊，並讀為瞥，瞥見也。調，謂演奏。察，道藏《纘義》本作『詧』，據《玉篇》，異體字。

（27）夫至大，天地不能函也；至微，神明不能見也

徐靈府注：及乎至大至微者，謂道也，天地不能容，神明不能究也。

按：王利器曰：「《本經篇》：『夫至大，天地弗能含也；至微，神明弗能領也。』高誘注：『領，理也。』」見，道藏《纘義》本作「領」，蓋據《淮南》而改。「見」當作「究」，形近而誤，徐注云云，正作「究」字。

（28）民飾智以驚愚，設詐以攻上

按：王利器曰：「《莊子・達生篇》：『飾知以驚愚。』又《山木篇》亦有此語。《本經篇》：『設詐以巧上。』高誘注：『巧，欺上也。』」彭裕商曰：「攻，欺騙。」彭說非是，「攻」無欺騙義。「攻」當作「巧」。

（29）漠然無為而天下和，淡然無欲而民自樸

按：王利器曰：「《本經篇》：『洞然無為而天下自和，憺然無欲而民自樸。』」「洞」當作「漠」，《淮南子・原道篇》：「故漠然無為而無不為也，澹然無治也而無不治也。」亦作「漠」字。《老子》第 57 章引聖人云：「我無為而民自化……我無欲而民自樸。」

（30）天之精，日月星辰雷霆風雨也

按：霆，《淮南子・本經篇》作「電」。霆亦電也，另參見《上德篇》校補。

（31）故閉四關，止五遁，即與道淪

按：《四庫全書考證》亦云：「明刊本『遁』誤作『道』。」〔註173〕顧觀

〔註172〕于省吾《淮南子新證》卷 2，收入《雙劍誃諸子新證》，上海書店 1999 年版，第 412 頁。

〔註173〕《四庫全書考證》卷 73《文子纘義考證》，收入景印文淵閣《四庫全書》第 1499 冊，臺灣商務印書館 1986 年初版，第 696 頁。

光曰：「『道』字誤，《本經訓》作『遁』。」王叔岷曰：「顧說是也，《纘義》本『道』正作『遁』。」王利器曰：「『五遁』原作『五道』，今據道藏《纘義》本及《淮南子》校改。徐靈府就『五道』為說，何足算也。《本經篇》：『故閉四關，止五遁，則與道淪。』高誘注：『四關，耳目心口。遁，逸也。淪，入也。』」顧、王說是也，但道藏《纘義》本作「正五道」，四庫《纘義》本作「止五遁」，王利器失檢。

（32）目明而不以視，耳聰而不以聽，口當而不以言，心條通而不以思慮，委而不為，知而不矜

按：王利器曰：「《本經篇》：『則目明而不以視，耳聰而不以聽，心條達而不以思慮，委而弗為，和而弗矜。』高誘注：『矜，自大也。』」何寧謂「和」為「知」形誤〔註174〕。彭裕商曰：「委，順隨。和，平和。」何說是，彭說非是。委，棄也。《淮南子・精神篇》：「清目而不以視，靜耳而不以聽，鉗口而不以言，委心而不以慮，棄聰明而反太素，休精神而棄知故。」亦足參證。「條通」即「條達」，另詳《上仁篇》校補。道藏《纘義》本「矜」作「矝」。矝、矜，正、俗字。

（33）直性命之情，而知故不得害

按：道藏《纘義》本「不得」作「不可」。顧觀光曰：『直』字誤。《本經訓》作『真』亦誤，當依道藏本作『冥』。」王利器曰：「《本經篇》：『冥性命之情，而智故不得雜焉。』高誘注：『雜，糅也。』《淮南子》作『冥』，義勝。」明刻本《淮南子》作「冥」，景宋本、道藏本《淮南子》皆作「真」（顧氏說「道藏本作『冥』」，失檢）。王叔岷亦謂「真」為「冥」之誤。張雙棣謂「真」即《莊子》「貴真」之「真」，「直」為「真」之誤〔註175〕。李定生等曰：「直性命之情，順生命之情。」彭裕商曰：「『直』當是『慎』字之誤，『慎』與『順』古通。《淮南子》作『真』或『冥』，亦均當是『慎』字之誤。」諸說皆非是。「冥」、「真」皆「直」字形誤。《淮南子・泰族篇》：「直行性命之情，而制度可以為萬民儀。」

〔註174〕何寧《淮南子集釋》，中華書局 1998 年版，第 588 頁。
〔註175〕張雙棣《淮南子校釋》（增定本），北京大學出版社 2013 年版，第 876 頁。王叔岷說亦轉引自此書。

（34）衡之於左右，無私輕重，故可以為平

　　按：《淮南子‧主術篇》同。《說苑‧談叢》：「衡平無私，輕重自得。」

（35）人主之於法，無私好憎，故可以為令

　　按：王利器曰：「敦煌卷子 P.2810 號無『於』字，『令』與今本同，《淮南子》作『命』。」敦煌寫卷作「命」，王氏失檢。《淮南子‧主術篇》「法」上有「用」字。

（36）無為之為也

　　按：王利器曰：「無為之為，原作『無為為之』，今據敦煌卷子本乙正。」王校非是。底本及景宋本、《纘義》本俱作「無為之為」，敦煌寫卷 S.2506 作「無為為之」。唐寫本是也，《鄧析子‧無厚篇》、《淮南子‧主術篇》並作「無為為之」。

（37）各守其職，不得相干

　　按：王利器曰：「景宋本、景刻宋本『干』作『予』，疑『預』之壞字。《主術篇》：『各守其職，不得相姦。』高誘注：『姦，亂也。』」楊樹達曰：「姦字當讀為干，犯也。」〔註176〕《淮南子‧說林篇》：「猶人臣各守其職，不得相干。」高誘注：「干，亂也。」「予」是「干」形譌。

（38）蜎飛蠕動，莫不依德而生

　　按：王利器曰：「敦煌卷子『依』作『仰』，與《淮南子》合。」李定生等曰：「《纘義》作『仰德而生』，《淮南子》同。」「仰」字是也，《淮南子‧俶真篇》：「群生莫不顒顒然仰其德。」《漢書‧高帝紀》：「四海之內，莫不仰德。」《類聚》卷15漢‧揚雄《皇后誄》：「自京逮海，靡不仰德。」

（39）興賢良廢不肖

　　按：景宋本脫「良」字。王利器《疏義》本誤從宋本。

（40）攘險以為平

　　按：攘，道藏《纘義》本、《宛委別藏》本、四庫本同，景宋本作「懷」。

〔註176〕楊樹達《淮南子證聞》，上海古籍出版社 1985 年版，第 79 頁。

王利器《疏義》本從宋本，而不作說明。王利器曰：「《本經篇》：『壞險以為平。』」〔註177〕彭裕商曰：「攘，排除。」「壞」字是，《管子・宙合》「壞險以為平」，是其所本。

（41）明於施舍開塞之道

按：舍，道藏《纘義》本、四庫本同，景宋本誤作「令」。王利器《疏義》本誤從宋本。王利器曰：「《本經篇》：『明於禁舍開閉之道。』案：《周書・文傳篇》：『不明開塞禁舍者，其如天下何。』此《文子》所本。《淮南子・兵略篇》：『明於禁舍開塞之道，乘時勢，因民欲，而取天下。』則又本《文子》為言也。」李定生等曰：「此句疑為『明於禁舍開塞之道』。《尉繚子・制談》：『不明乎禁舍開塞也。』《兵談》：『明乎禁舍開塞，其取天下若化。』〔註178〕」彭裕商曰：「施舍，當作『禁舍』。開塞，或作『開閉』。『禁』與『舍』相對，『開』與『塞』相對，大意是指應該做什麼，不應該做什麼。」此文「施」字是「於」形誤而衍者〔註179〕，其下又脫「禁」字；道藏《纘義》本無「於」字，亦是誤、脫。彭氏謂相對為文，是也，但未達「禁舍開塞」之誼。「禁」即《孟子・梁惠王下》「澤梁無禁」之「禁」。舍，不禁也，指開山澤所遮禁者，以與民同利，即《禮記・王制》「林麓川澤，以時入而不禁」之誼〔註180〕。《淮南子・要略篇》：「操舍開塞，各有龍忌。」「操」字亦誤。何志華曰：「《淮南》所謂『禁舍開閉之道』者，乃謂禁罰與赦免之道……今本《文子》將『禁舍』改作『施舍』，已然改易《淮南》本義而自出新意。」〔註181〕何氏不知今本《文子》有脫誤而臆立新說耳。

〔註177〕 引者按：王氏引「壞」誤作「壤」，徑據《淮南子》原書訂正。
〔註178〕 「其取天下若化」句乃據《治要》卷 8 所引增補，當加說明。
〔註179〕 《列子・說符》：「無所施於積。」《呂氏春秋・慎大》無「施」字，「施」亦「於」字之形誤而衍者也。《新序・雜事二》：「為有德於天而惠於民也。」《御覽》卷 457 引《莊子》誤作「惠施民」，《困學紀聞》卷 10 引《莊子》誤作「惠施於民」（此從四庫本，萬希槐《困學紀聞集證合注》本同，元刊本不誤）。
〔註180〕 《韓詩外傳》卷 3 作「山林澤梁，以時入而不禁」。
〔註181〕 何志華《今本〈文子〉詮釋〈淮南〉考》，香港中文大學《中國文化研究所學報》新 12 期，2003 年出版；收入《〈文子〉著作年代新證》，香港中文大學 2004 年版，第 193 頁。

（42）故小而行大，即窮塞而不親；大而行小，即狹隘而不容

按：王利器曰：「《本經篇》：『故小而行大，則滔窕而不親；大而行小，則陝隘而不容。』高誘注：『滔窕，不滿密也。』」彭裕商曰：「窮塞，行不通。」滔、窕，皆寬緩義，同義連文，本書作「窮塞」者，不達其誼而妄改之耳。

（43）故千乘之國行文德者王，萬乘之國好用兵者亡

按：王利器指出《淮南子・兵略篇》同。《淮南子・人間篇》：「故千乘之國行文德者王，湯武是也；萬乘之國好廣地者亡，智伯是也。」

（44）王兵先勝而後戰，敗兵先戰而後求勝

按：俞樾曰：「『敗兵』當作『亡兵』，上文言『千乘之國行文德者王，萬乘之國好用兵者亡』，此云『王兵』、『亡兵』，即承上文而言也。《淮南子・兵略篇》並改『王兵』作『全兵』，失之彌遠。」王利器曰：「《兵略篇》：『故全兵先勝而後戰，敗兵先戰而後求勝。』『王』當為『全』之壞字。《文選・關中詩》：『戰無全兵。』李善注：『《孫子兵法》曰：「凡用師以全兵為上。」』李周翰注：『兵盡為賊敗，無全也。』」李定生等曰：「王兵，《道德》曰：『誅暴救弱謂之義，義兵王。』」三氏說皆非是，王氏所引「全兵」尤非其誼。「敗兵」不誤。《淮南》「全」當作「王」，《治要》卷 35 引此文仍作「王」。銀雀山漢簡（一）《守法守令等十三篇》有《王兵篇》，篇中云：「王兵者，必三具：主明，相文，將武。」整理者注：「王兵謂王者之兵。」〔註182〕《戰國策・秦策五》：「臣聞王兵勝而不驕，伯主約而不忿。」亦其例。此文「王兵」，即上文「善用兵者，先弱敵而後戰」之「善用兵者」，亦即指「勝兵」，皆是王者之兵。《孫子・計篇》：「故曰勝兵先勝而後求戰，敗兵先戰而後求勝。」又《形篇》：「是故勝兵先勝而後求戰，敗兵先戰而後求勝。」

《上仁篇》卷第十校補

（1）君子之道，靜以修身，儉以養生

按：王利器曰：「《淮南子・主術篇》：『君人之道，處靜以修身，儉約以率下。』」生，讀為性。《南史・陸慧曉傳》：「靜以修身，儉以養性。」《帝範・

〔註182〕《銀雀山漢墓竹簡〔壹〕》，文物出版社 1985 年版，第 140 頁。

誠盈》：「夫君者，儉以養性，靜以修身。」字正作「性」。《類聚》卷 23 引諸葛亮《誡子》：「夫君子之行，靜以修身，儉以養德。」〔註183〕亦本於《文子》。

（2）靜即下不擾，下不擾即民不怨

按：顧觀光曰：「下『下不擾』三字誤，《主術訓》云『儉即民不怨』。」王利器曰：「《主術篇》：『靜則下不擾矣，儉則民不怨矣。』」顧說是也，二句承上「靜以修身，儉以養生」而言。《南史・陸慧曉傳》：「靜則人不擾，儉則人不煩。」《帝範・誡盈》：「儉則人不勞，靜則下不擾。」亦其證。

（3）故人主畜茲無用之物，而天下不安其姓命矣

按：姓，《宛委別藏》本同，當據景宋本、道藏《纘義》本、四庫本作「性」。王利器曰：「《主術篇》：『人主急茲無用之功，百姓黎民顒顉於天下，是故使天下不安其性。』王念孫曰：『性之言生也。』」彭裕商竊取王念孫說。此文「命」字衍文，當據《淮南子》刪。

（4）非恢漠無以明德，非寧靜無以致遠

按：恢漠，景宋本、《宛委別藏》同，道藏《纘義》本、四庫本作「淡漠」。日本古鈔本《治要》卷 35 引作「恢真」，「真」字旁注「漠」字，實亦作「恢漠」耳，「真」即「漠」脫誤；天明刊本《治要》引作「漠真」，則脫「恢」字，「真」字衍文。王利器曰：「《主術篇》：『非澹薄無以明德，非寧靜無以致遠。』《御覽》卷 77 引『澹薄』作『淡漠』。諸葛亮《誡子書》作『澹泊』。」《類聚》卷 23 引《誡子書》作「澹泊」，《御覽》卷 459 引作「澹薄」。恢、淡、澹，並讀為憺，字亦作倓。漠、薄、泊，並讀為怕。《文選・子虛賦》：「怕乎無為，憺乎自持。」正作本字。《史記・司馬相如列傳》、《漢書》作「泊乎無為，澹乎自持」，則作借字。李善注：「《說文》曰：『怕，無為也。』《廣雅》曰：『憺、怕，靜也。』憺與澹同，怕與泊同。」《說文》：「憺，安也。」又「倓，安也。」又「漠，一曰清也。」《廣雅》：「倓、憺、怕，靜也。」

（5）百官修達，群臣輻湊

按：王叔岷曰：「景宋本『達』作『通』，《治要》引同，《韓非子・難一

〔註183〕《御覽》卷 459 引同。

篇》、《淮南子·主術篇》亦並作『通』。」王利器曰：「修達，日本兩《治要》本作『脩通』。《主術篇》：『百官脩同，群臣輻湊。』王念孫曰：『劉本作「脩同」，云：「同一作通。」莊本從劉本作「同」。案作「通」者是也。《類聚》引此作「脩道」，道即通之誤。《御覽》引此正作「脩通」，《文子》同。《韓子·難篇》：「百官脩通，群臣輻湊。」即《淮南》所本。《管子·任法篇》亦云：「群臣脩通輻湊以事其主。」』」李定生等曰：「修，為『條』之誤。《叢刊》本作『條達』是。《淮南子》作『修同』，失之彌遠。」景宋本、道藏本《淮南子》並作「修通」，明末刊本始誤作「脩同」。《類聚》見卷 11 引，嘉靖中天水胡纘宗刊本、四庫本作「脩道」，王念孫謂「道即通之誤」，是也，南宋刊本正作「脩通」。《御覽》見卷 77 引，亦本於《類聚》。修達，《叢刊》本即景宋本作「條通」，李氏失檢。彭裕商竊取王利器說，又云：「《叢刊》本作『條達』。『通』、『達』、『同』均可通。修，治也。達，通也。修達，指官事修治而臣情上通。」此承李氏之誤，不檢《叢刊》本也。修（脩），讀為條，李氏、彭氏未達通借。《管子·明法解》：「百官條通，群臣顯見。」此文為《韓子·難一》所本，正作「條通」。《淮南子·要略篇》：「使百官條通而輻湊。」《戰國策·魏策一》：「諸侯四通，條達輻湊。」各篇皆與本文及王氏所引《管子》、《韓子》文例相同。可證「修達」、「脩通」、「條通」與「條達」同。本書《下德》：「心條通而不以思慮。」《淮南子·本經篇》作「條達」，亦其例。《類聚》卷 84 引王粲《車渠椀賦》：「體貞剛而不撓，理脩達而有文。」「脩達」亦即「條達」。「條達」是秦漢人習語，轉語又作「夌達」、「挑達」、「脩達」，《說文》：「夌，滑也。《詩》云：『夌兮達兮。』」《詩·子衿》作「挑兮達兮」，毛傳：「挑達，往來相見貌。」謂滑潤而通達也。

（6）喜不以賞賜，怒不以罪誅

按：《淮南子·主術篇》同。《說苑·政理》引太公曰：「不因喜以賞，不因怒以誅。」《治要》卷 31 引《六韜·文韜》：「不因喜以賞，不因怒以誅。」又引《太公陰謀》：「不因怒以誅，不因喜以賞。」此蓋太公遺教。《鄧子·無厚篇》：「喜不以賞，怒不以罰。」《管子·版法》：「喜無以賞，怒無以殺。」又《任法》：「夫愛人不私賞也，惡人不私罰也。」《晏子春秋·內篇問上》：「不因喜以加賞，不因怒以加罰。」《新序·雜事二》：「臣聞之：『喜者無賞，怒者無刑。』」《漢紀》卷 21：「不以喜加賞，不以怒增刑。」

（7）其計可用，不羞其位；其言可行，不貴其辯

按：俞樾曰：「『貴』當作『責』，《淮南子·主術篇》正作『不責其辨』。」王利器曰：「《主術篇》：『其計乃可用，不羞其位；其言可行，而不責其辯。』高誘注：『不責其辯口美辭也。』」貴，各本同，王利器《疏義》本徑改作「責」，而無說明。俞說是也。責，求也。《帝範·納諫》：「其義可觀，不責其辯；其理可用，不責其文。」

（8）天地之間，善即吾畜也，不善即吾讎也

按：王利器曰：「《呂氏春秋·適威篇》：『《周書》曰：「民善之則畜也，不善則讎也。」』高誘注：『畜，好。』李定生等曰：『畜，積也。仇，匹敵。』」李說全誤。畜、好一聲之轉，字亦作嬌、慉〔註184〕。

（9）故無益於治有益於亂者，聖人不為也；無益於用者有益於費者，智者不行也

按：王利器曰：「《泰族篇》：『故無益於治而有益於煩者，聖人不為；無益於用而有益於費者，智者弗行也。』」「於用」下「者」字當據《纘義》本、四庫本刪去，《治要》卷35引亦無此字。

（10）夫通於一伎，審於一事，察於一能，可以曲說，不可以廣應也

按：王利器曰：「《泰族篇》：『夫徹於一事，察於一辭，審於一技，可以曲說，而未可廣應也。』」其文本於《管子·宙合》，另詳《上德篇》校補。

（11）故不言而信，不施而仁，不怒而威，是以天心動化者也

按：《淮南子·泰族篇》同。俞樾曰：「『天心動化』本作『無心動化』。《文子·上仁篇》亦作『天心』，誤與此同。而《精誠篇》曰：『一言而大動天下，是以無心動化者也。』『無』字不誤。」王利器從其說，又云：「《尸子·神明篇》：『是故不言而信，不怒而威，不施而仁。』文與此同。」俞說非是。《治要》卷35、《長短經·適變》引此文皆作「天心」。《精誠篇》徐靈府注本、景宋本、道藏《纘義》本、朱弁本皆作「天心」，《道德真經四子古道集解》卷1引同，俞氏所據乃誤本（四庫本、聚珍本皆誤作「無心」）。《精

〔註184〕參見蕭旭《呂氏春秋校補》，花木蘭文化出版社2016年版，第354頁。

誠篇》下文云：「故大人與天地合德，與日月合明，與鬼神合靈，與四時合信，懷天心，抱地氣，執沖含和，不下堂而行四海，變易習俗，民化遷善，若生諸己，能以神化者也。」「懷天心，抱地氣……能以神化者也」即是申說「天心動化」之誼，作「天心」是也。《泰族篇》又云：「故聖人者懷天心，聲然能動化天下者也。」又云：「故聖人懷天氣，抱天心，執中含和，不下廟堂而衍四海，變習易俗，民化而遷善，若性諸己，能以神化也。」亦是申說「天心動化」之誼。王氏所引《尸子・神明篇》，見《治要》卷 36 引。《家語・六本》：「不言而信，不動而威，不施而仁。」〔註 185〕本書《精誠篇》：「不施而仁，不言而信。」〔註 186〕

（12）鯨魚失水，則制於螻蟻

按：王利器曰：「《淮南子・主術篇》：『吞舟之魚，蕩而失水，則制於螻蟻，離其居也。』《說苑・談叢》同《淮南》，《金樓子・立言篇下》「居」作「處」。《韓子・說林下》：「君聞大魚乎？網不能止，繳不能絓也，蕩而失水，螻蟻得意焉。」〔註 187〕《韓詩外傳》卷 8：「夫吞舟之魚大矣，蕩而失水，則為螻蟻所制，失其輔也。」《莊子・庚桑楚》：「吞舟之魚，碭而失水，則蟻能苦之。」」

（13）人君舍其所守而與臣爭事，則制於有司。以無為持位，守職者以聽從取容，臣下藏智而不用，反以事專其上

按：顧觀光曰：「『制於』二字衍，當依《主術訓》刪。」王利器曰：「以無為持位，日本古鈔本《治要》作『有司以無為持位』，義勝。《主術篇》：『君人者釋所守而與臣下爭〔事〕，則有司以無為持位，守職者以從君取容，是以人臣藏智而弗用，反以事轉任其上矣。』」李定生等曰：「無為，《纘義》作『自為』，是也。專，獨自，專擅。」李說全誤。王說是也，「有司」二字當疊，「制於」非衍文，與上文「鯨魚失水，則制於螻蟻」文例同。此文「專」讀為轉，其下脫「任」字。「無為」不誤，指清靜不爭。彭裕商指出《呂氏春秋・任數》：「人主以好暴示能，以好唱自奮；人臣以不爭持位，以聽從取容，是君代有司為有司也。」

〔註 185〕 《說苑・修文》同。
〔註 186〕 《淮南子・主術篇》同。
〔註 187〕 《戰國策・齊策一》、《淮南子・人間篇》略同。

（14）與馬逐走，筋絕不能及也；上車攝轡，馬死衡下

按：王利器曰：「『服』原作『死』，今從日本尾張刊本《治要》校改。《主術篇》：『與馬競走，筋絕而弗能及；上車執轡，則馬服於衡下。』『服』原作『死』，據陳觀樓說校改。」死，景宋本、《宛委別藏》本同，日本古鈔本《治要》卷 35 引亦同，天明刊本（即尾張刊本）引作「服」，道藏《纘義》本作「使」，四庫本、四庫《纘義》本作「服」，《喻林》卷 67 引亦作「服」。逐走，《治要》引作「逐遠」，本篇下文云「與驥逐走」〔註188〕。攝轡，古鈔本《治要》引同，天明刊本引誤作「攝輿」。衡下，日本古鈔本《治要》引同，「衡」字旁注「衛」；天明刊本引徑作「衛」。「衛」乃形誤字。

（15）故人君者，上因天時，下盡地理，中用人力

按：王利器曰：「《主術篇》：『是故人君者，上因天時，下盡地財，中用人力。』《齊民要術》卷 1 引『地財』作『地利』。」《淮南子·要略篇》：「時則者，所以上因天時，下盡地力。」理，當據道藏《纘義》本作「利」，音之誤也。《管子·輕重乙》：「故此所謂善因天時，辯於地利，而辟方都之道也。」亦其例。

（16）是以群生以長，萬物蕃殖

按：王叔岷曰：「景宋本『以長』作『遂長』，《淮南子》同，是也。」王利器曰：「《主術篇》：『是以群生遂長，五穀蕃植。』」王叔岷說是，道藏《纘義》本「以」亦作「遂」。

（17）豻未祭獸，罝罘不得通於野

徐靈府注：罘，音浮。

按：王利器曰：「《主術篇》：『豻未祭獸〔註189〕，置罘不得布於野。』」《漢書·貨殖傳》：「豻獺未祭，罝網不布於壄澤。」《漢紀》卷 7：「豻獺未祭，羅網不布於野澤。」「通」當作「逋」，讀為布。《白氏六帖事類集》卷 25、《記纂淵海》卷 77 引已誤作「通」〔註190〕。

〔註188〕《淮南子·道應篇》同。
〔註189〕王氏引「未」誤作「示」，徑據《淮南子》原文改正。
〔註190〕《白帖》在卷 85，下同。

（18）鷹隼未擊，羅網不張於皋

按：王叔岷曰：「《文選・魏都賦》註引『皋』作『谷』，《淮南子》作『谿谷』。」王利器曰：「《主術篇》：『鷹隼未擊，羅網不張於谿谷。』」李定生等曰：「皋，高也，《纘義》作『谷』，義更切。《文選》註引作『谷』。」皋，景宋本、四庫本同，《記纂淵海》卷 77 引亦同，《白氏六帖事類集》卷 25 引亦作「谷」。

（19）昆蟲未蟄，不得以火田

按：王利器曰：「《主術篇》：『昆蟲未蟄，不得以火燒田。』」《禮記・王制》：「昆蟲未蟄，不以火田。」《賈子・禮》：「昆蟲不蟄，不以火田。」〔註191〕

（20）古者明君取下有節，自養有度……如此，即得承所受於天地，而離於飢寒之患

按：王利器曰：「《主術篇》：『故有仁君明王，其取下有節，自養有度，則得承受於天地，而不離饑寒之患矣。』」李定生等曰：「得承，德承，謂承受天和地殖之德。離，《纘義》作『罹』，《淮南子》作『不離』，皆誤。」李說全誤。「得」是助動詞。「而離」當從《淮南》作「而不離」，道藏《纘義》本作「而不罹」。罹、離，正、借字。《鹽鐵論・取下》：「古者上取有量，自養有度。」

（21）取民不裁其力，求下不量其積

按：王利器曰：「《主術篇》：『取民則不裁其力，求於下則不量其積。』」道藏《纘義》本「量」誤作「重」。

（22）男女不得耕織之業，以供上求

按：顧觀光曰：「『不得』下脫『事』字，當依《主術訓》補。」顧說是也，《漢書・董仲舒傳》：「百姓散亡，不得從耕織之業。」從亦事也。

（23）故積陰不生，積陽不化，陰陽交接，乃能成和

按：王利器曰：「《主術篇》：『積陰則沉，積陽則飛，陰陽相接，乃能成和。』」《穀梁・莊三年》：『獨陰不生，獨陽不生，獨天不生，三合然後生。』」《淮南子》出《氾論篇》，王氏誤記出處。銀雀山漢簡《曹氏陰陽》：「屯（純）

〔註191〕《說苑・修文》同。

陰不生，屯（純）陽不長。」《董子・順命》：「獨陰不生，獨陽不生，陰陽與天地參然後生。」《雲笈七籤》卷 93：「淳陽不生，淳陰不成，陰陽更用，晝夜相資。」其說皆本於《莊子・田子方》引老子曰：「至陰肅肅，至陽赫赫，肅肅出乎天，赫赫發乎地，兩者交通成和，而物生焉。」《淮南子・覽冥篇》作「故至陰飂飂，至陽赫赫，兩者交接成和，而萬物生焉」。

（24）夫繩之為度也，可卷而懷也，引而申之，可直而布也

按：王利器曰：「《御覽》卷 766 引『懷也』作『懷之』，『引』上有『可』字，『布也』作『布之』，俱較勝。《主術（氾論）篇》：『夫繩之為度也，可卷而伸（懷）也；引而伸之，可直而睎。』高誘注：『睎，望。』」「睎」當作「希」，是「布」形誤字，高氏所見本已誤。

（25）國之所以存者，得道也；所以亡者，理塞也

按：王叔岷曰：「『得道』當作『道得』，與『理塞』對言。《氾論篇》作『道德』，俞樾云：『德當作得。』是也。」王利器曰：「『道得』原作『得道』，今從日本尾張刊本《治要》乙正。《氾論篇》：『國之所以存者，道德也；家之所以亡者，理塞也。』趙曦明等謂『德』當作『得』，是也。俞樾謂『塞』為『失』之誤。」尾張刊本《治要》即天明刊本引仍作「得道」，古鈔本《治要》引作「道得」，王氏誤記。俞樾謂「塞」當作「失」，非是，于鬯、楊樹達俱駁其說，指出「得」、「塞」為韻〔註192〕。《治要》卷 35 引此文、《御覽》卷 77 引《淮南》皆作「塞」字。

（26）故得生道者，雖小必大；有亡徵者，雖成必敗

按：生道，景宋本、《宛委別藏》本、四庫本同，《治要》卷 35 引亦同，道藏《纘義》本作「存道」。王利器《疏義》本作「存道」，而無說明。顧觀光曰：「『生』字誤，《氾論訓》作『王』。」王利器曰：「《氾論篇》：『故得王道者，雖小必大；有亡形者，雖成必敗。』『王道』當作『存道』。上下文俱以『存』、『王』對言也。」李定生等曰：「生道，指存國之道。」顧說是也，《淮南》「王道」不誤，其上文云：「堯無百户之郭，舜無植錐之地，以有天下；禹無十人之眾，湯無七里之分，以王諸侯；文王處岐周之間也，地方不過百里，

〔註192〕 參見于鬯《香草續校書・淮南子》，中華書局 1963 年版，第 548 頁。楊樹達《淮南子證聞》，上海古籍出版社 2006 年版，第 134 頁。

—356—

而立為天子者，有王道也。夏桀殷紂之盛也，人跡所至，舟車所通，莫不為郡縣，然而身死人手，為天下笑者，有亡形也。」亦作「王道」。

（27）是舍其所以存〔而〕造其所以亡也

徐靈府注：造，音操。

按：王利器曰：「《氾論篇》：『是釋其所以存而造其所以亡也。』」《呂氏春秋・先職》：「是棄其所以存而造其所以亡也。」李定生等曰：「造，成就。」彭裕商曰：「造，就，猶取。」造，讀為操。《淮南子・泰族篇》：「故因（困）其患則造其備，犯其難則得其便。」又《氾論篇》：「故民迫其難則求其便，困其患則造其備。」本書《上禮》作「操其備」（道藏《纘義》本「操」作「造」）。《漢書・王吉傳》：「寡人造行不能無惰。」造行猶言操行，亦其例。敦煌寫卷P.2172《大般若涅槃經音》：「造：操。造，至也。」先以「操」為「造」注音，再釋義。

（28）若上亂三光之明，下失萬民之心，孰不能承

按：顧觀光曰：「『承』字誤，《氾論訓》作『奪』。」王利器曰：「《氾論篇》：『若上亂三光之明，下失萬民之心，雖微湯武，孰弗能奪也？』」李定生等曰：「承，受，承繼。」《漢書・枚乘傳》《上書諫吳王》：「（湯武）上不絕三光之明，下不傷百姓之心。」與此正反為辭。承，讀為乘。《說文》：「乘，覆也。」

（29）深行之則厚得福，淺行之則薄得福，盡行之天下服

按：李定生等曰：「天下服，《纘義》作『天下勝』。」彭裕商曰：「本書《道德》：『夫道者，小行之小得福，大行之大得福，盡行之天下服。』」定州漢簡簡0937殘存「小行之小得福，大行之大得福」二句。「服」字是，與「福」為韻。其文本於《管子・白心》：「小取焉則小得福，大取焉則大得福，盡行之而天下服。」亦作「服」。《管子・勢》：「小取者小利，大取者大利，盡行之者有天下。」其誼亦同。

（30）悲哀抱於情，送死稱於仁。夫養生不強人所不能及，不絕人所不能已

按：顧觀光曰：「依《齊俗訓》，當云『送死稱於養』，餘並衍。」王利器

曰:「《齊俗篇》:『悲哀抱於情,葬薶稱於養。不強人之所不能為,不絕人之所〔不〕能已。』」彭裕商曰:「抱,保,持有。」抱,讀為符。馬王堆帛書《經法・四度》:「名功相抱,是故長久。名功不相抱,名進實退,是胃(謂)失道。」亦其例。

(31) 風俗溺於世,非譽萃於朝

按:王利器曰:「《齊俗篇》:『是以風俗濁於世,而誹譽萌於朝。』」李定生等曰:「溺,《纘義》作『濁』。作『溺』與(於)義為長。萃,聚集,《叢刊》本作『華』,《淮南子》作『萌』。義皆次『萃』。」「萌」字是也。本篇上文云:「非譽萌生,而明不能照。」《淮南子・主術篇》作「毀譽萌生」。

(32) 德過其位者尊,祿過其德者凶。德貴無高,義取無多。不以德貴者,竊位也;不以義取者,盜財也

按:王利器《疏義》本「竊位」前脫「者」字。景宋本「竊位」、「盜財」前並無「者」字,亦可。王利器曰:「《老子》第39章:『侯王無以貴高,將恐蹶。』」《鹽鐵論・毀學》:「義貴無高,義取無多。」上「義」字當據此校作「德」,下文「故德薄而位高,力小而任重」,與此相應。「德貴無高」正與「德薄位高」相對舉。

(33) 聖人安貧樂道,不以欲傷生,不以利累己,故不違義而妄取

按:妄取,景宋本誤作「取安」。本篇上文云:「能尊生者,雖貴富不以養傷身,雖貧賤不以利累形。」王利器已引《莊子・讓王》、《呂氏春秋・審為》、《淮南子・道應篇》、《淮南子・人間篇》同文以證之。《淮南子・人間篇》:「故仁者不以欲傷生,知者不以利害義。」又《泰族篇》:「段干木輕爵祿而重其身,不以欲傷生,不以利累形。」《史記・鄒陽傳》:「臣聞盛飾入朝者,不以利汙義;砥礪名號者,不以欲傷行。」《鹽鐵論・貧富》:「君子遭時則富且貴,不遇退而樂道,不以利累己,故不違義而妄取。」正本《文子》。

(34) 古者無德不尊,無能不官,無功不賞,無罪不誅

按:《荀子・王制》:「王者之論,無德不貴,無能不官,無功不賞,無罪不罰。」《韓詩外傳》卷3:「王者之論德也,而不尊無功,不官無德,不誅無罪。」

（35）古者……其進人也以禮，其退人也以義。小人之世，其進人也若上之天，其退人也若內之淵

按：彭裕商曰：「內，讀為納。」彭說非是。《禮記‧檀弓下》子思曰：「古之君子，進人以禮，退人以禮，故有舊君反服之禮也。今之君子，進人若將加諸膝，退人若將隊（墜）諸淵。」《說文》：「內，入也。」內、入一聲之轉。本篇下文云：「前雖登天，後必入淵。」正作「入」字。

（36）相馬失之瘦，選士失之貧

按：《史記‧滑稽傳》引諺曰：「相馬失之瘦，相士失之貧。」《意林》卷5引《周生烈子》：「伯樂相馬，取之於瘦；聖人相士，取之於疏。」

（37）君過而不諫，非忠臣也。諫而不聽，君不明也。民沉溺而不憂，非賢君也。故守節死難，人臣之職也。衣寒食飢，慈父之恩也

按：景宋本「賢君」誤作「賢言」。《鹽鐵論‧憂邊》：「故民流沈溺而不救，非惠君也。國家有難而不憂，非忠臣也。夫守節死難者，人臣之職也。衣食饑寒者，慈父之道也。」正本《文子》。「衣」、「食」是動詞。

（38）故鄉里以齒，老窮不遺；朝廷以爵，尊卑有差

按：《漢書‧武帝紀》孝武皇帝建元元年四月詔曰：「古之立教，鄉里以齒，朝廷以爵，扶世導民，莫善於德。」亦本於《文子》。

（39）夫崇貴者，為其近君也。尊老者，謂其近親也，敬長者，謂其近兄也

按：道藏《纘義》本「為」亦作「謂」，與下文一致；四庫本三句俱作「為」字。《漢書‧薛宣傳》：「臣聞敬近臣，為近主也。」《漢紀》卷28：「禮：下公門，式路馬，敬近臣，為其近君也。」此皆「崇貴者，為其近君也」之誼。

（40）生而貴者驕，生而富者奢。故富貴不以明道自鑑而能無為非者，寡矣

按：《說苑‧建本》：公扈子曰：「生而尊者驕，生而富者傲。生而富貴又無鑑而自得者，鮮矣。」《後漢書‧崔駰傳》《與竇憲書》：「傳曰：『生而富者驕，生而貴者傲。生富貴而能不驕傲者，未之有也。』」正本《文子》。

（41）猶兮其若畏四鄰者，恐四傷也

　　按：李定生等曰：「恐四傷，據下文『恐自傷者』，此『四』字當為『自』字之誤，《纘義》和《叢刊》本均作『自』，是其證。」《叢刊》本即景宋本誤作「四」，李氏誤校。《宛委別藏》本亦誤作「四」，四庫本作「自」。

《上義篇》卷第十一校補

（1）凡學者能明於天人之分，通於治亂之本，澄心清意以存之，見其終始，反於虛無，可謂達矣

　　按：反於虛無，景宋本作「反其虛無」，王利器《疏義》本從宋本，而無說明。王利器曰：「日本兩《治要》本無『反其虛無』四字，《淮南子》同。《泰族篇》：『凡學者能明於天人之分，通於治亂之本，澄心清意以存之，見其終始，可謂知略矣。』《淮南子》原本誤作「天下之分」，王利器逕改，亦無說明。《淮南子·修務篇》：「誦詩書者期於通道略物。」高注：「略，達也。」又《主術篇》：「於是略智博聞，以應無方。」「知略」即「略智」倒文。此文「達」上脫「知（智）」字。

（2）人主之有民，猶城之有基，木之有根

　　按：王利器曰：「『城』下原衍『中』字，日本兩《治要》本、《文選·晉紀總論》注又《六代論》注俱無『中』字，今據刪削。《泰族篇》：『國主之有民也，猶城之有基。』亦無『中』字。」道藏《纘義》本、四庫本無「中」字，《意林》卷1引同。

（3）根深即本固，基厚即上安

　　按：王利器曰：「《泰族篇》：『根深即本固，基美則上寧。』《說苑·談叢篇》：『本傷者枝槁，根深者末厚。』義與此相比。」《潛夫論·班祿》：「君以民為本，基厚然後高能可崇也，馬肥然後遠能可致也。」義亦相比。武英殿聚珍本《意林》卷1引「上」誤作「土」，四庫本《意林》誤同，道藏本、指海本不誤。

（4）物至而觀其變，事來而應其化

　　按：王利器曰：「《主術篇》：『物至而觀其象，事來而應其化。』王念孫

曰：『象當為變，草書之誤也。』」本書《上德》：「事來而制，物至而應。」〔註
193〕《荀子‧不苟》：「物至而應，事起而辨。」〔註194〕

（5）不用適然之教，而得自然之道，萬舉而不失矣

按：王利器曰：「《主術篇》：『是故不用適然之數，而行必然之道，故萬
舉而無遺策矣。』此文「教」當作「數」（彭裕商已及），「得」當作「行」，
「自然」當作「必然」，「失」下脫「策」字，皆當據《淮南》校正。日本古
鈔本《治要》卷35引正作「數」、「行」，而「自」字則誤（天明刊本亦誤作
「教」）。《韓子‧顯學》：「故有術之君，不隨適然之善，而行必然之道。」
何犿註：「適然，謂偶然也。」《說苑‧權謀》：「故萬舉而無遺籌失策。」舉，
謀慮也。《呂氏春秋‧異寶》：「其主，俗主也，不足與舉。」高誘注：「舉，
猶謀也。」

（6）夫釋職事而聽非譽，棄功勞而用朋黨，即奇伎（伎）天長，守職不進

按：王叔岷曰：「一本『天長』作『逃亡』。《淮南子》作『佻長』，『天長』
義亦近之。『逃亡』蓋即『佻長』之誤耳。」王利器曰：「《主術篇》：『夫釋職
事而聽非譽，棄公勞而用朋黨，則奇材佻長而干次，守官者雍遏而不進。』高
誘注：『奇材，非常之材。佻長，卒非純賢也。故曰干次也。』疑『天長』乃
『夭佻』各缺一邊而誤，即『佻長』之謂也。」李定生等曰：「天長，疑為『夭
長』之誤。夭，盛貌。夭長，盛長。《纘義》誤作『逃亡』。《淮南子‧主術篇》
作『則奇材佻長而干次』。佻，疾也，故夭佻音義相近。」彭裕商曰：「『逃亡』，
明刊本作『天長』，似當作『佻長』。」李氏謂「天」為「夭」誤，是也，而所
釋則未達訓詁。《廣雅》：「誂、夭，長也。」王念孫曰：「佻與誂，夭與夭，亦
同義。」王氏正引此文及《淮南子》為證〔註195〕，是也。《四庫全書考證》：
「明刊本『逃亡』作『天長』，誤。」〔註196〕其說非是。

〔註193〕《淮南子‧詮言篇》同。
〔註194〕《荀子‧解蔽》同。
〔註195〕王念孫《廣雅疏證》，收入徐復主編《廣雅詁林》，江蘇古籍出版社1992年
　　　　版，第347頁。
〔註196〕《四庫全書〈文子纘義〉考證》，收入景印文淵閣《四庫全書》第1499冊，
　　　　臺灣商務印書館1986年初版，第697頁。

（7）苟利於民，不必法古；苟周於事，不必循俗

按：王利器曰：「《氾論篇》：『苟利於民，不必法古；苟周於事，不必循舊。』」《劉子・法術》：「苟利於人，不必法古；必害於事，不可循舊。」「害」為「周」形誤〔註197〕。

（8）聖人所由曰道

按：句下顧觀光、王叔岷據《治要》《文選・從遊京口北固應詔詩》及《淮南子・氾論篇》補「所為曰事」，是也，《長短經・適變》引亦有。道、由一聲之轉。

（9）〔道〕猶金石也，一調不可更；事猶琴瑟也，曲終改調

徐靈府注：音律以定，不可易也。

按：「音律以定，不可易也」是徐注，王利器《疏義》本誤作大字正文。曲終，道藏《纘義》本、《宛委別藏》本、四庫本同，景宋本作「每終」，王利器《疏義》本從宋本，而無說明。王叔岷曰：「景宋本『曲』作『每』，《治要》、《文選・演連珠》注引此並同，《淮南子》亦作『每』。」王利器曰：「《氾論篇》：『道猶金石，一調不更；事猶琴瑟，每終改調。』」《長短經・適變》引此文亦作「每終」，《記纂淵海》卷 87 引《淮南》作「曲終」〔註198〕。作「每」義長。

（10）故曲士不可與論至道者，訊寤於俗而束於教也

按：顧觀光曰：「『訊寤』二字誤，《原道訓》作『拘』。」王利器曰：「《淮南子・原道篇》：『曲士不可與語至道〔註199〕，拘於俗，束於教也。』《莊子・秋水篇》：『曲士不可以語於道者，束於教也。』」李定生等曰：「論至道，《纘義》作『言至道』。訊寤，聞悟。訊寤於俗，猶言染於習俗。」彭裕商曰：「訊寤，當是拘繫的意思，古時候稱俘虜為訊。」李、彭二氏解「訊寤」非是。寤，讀為啎，字或作午、忤、迕、牾，逆也。「訊」字未詳。

〔註197〕參見傅亞庶《劉子校釋》引諸家說，中華書局 1998 年版，第 145～146 頁。
〔註198〕《記纂淵海》據宋刊本，四庫本在卷 52。又卷 28（四庫本卷 60）引仍作「每終」。
〔註199〕王氏引脫「與」字，據《淮南子》原文徑補。

（11）當於世事，得於人理，順於天地，詳於鬼神，即可以正治矣

按：王利器曰：「《氾論篇》：『當於世事，得於人理，順於天地，祥於鬼神，則可以正治矣。』高誘注：『當，合也。祥，順也。』」李定生等曰：「詳，通『祥』，順也。《黃帝四經·十大經·前道》：『聖人舉事也，闔於天地，順於民，祥於鬼神。』」詳、祥古通，和順也，平順也。字亦省作「羊」，馬王堆帛書《十六經·前道》作「聖〔人〕舉事也，闔於天地，順於民〔理〕，羊於鬼神」，李氏失檢。《荀子·王霸》：「若夫貫日而治詳，一日而曲列（別）之。」又「若夫貫日而治平，權物而稱用。」此詳訓平之確證。

（12）夫存危治亂，非智不能；道先稱古，雖愚有餘

按：王利器曰：「《氾論篇》：『夫存危治亂，非智不能；道而（而道）先稱古，雖愚有餘。』」道藏《纘義》本「非智不能」作「雖智不能」，涉下文而誤。

（13）法非從天下也，非從地出也，發乎人間，反已自正

按：景宋本「已」誤作「己」，王利器《疏義》本、李定生本誤同。王利器曰：「日本兩《治要》本作『法非從天下，非從地出，發於人間，反已自正也』〔註200〕。《主術篇》：『法者，非天墮，非地生，發於人間，而反以自正。』」「已」同「以」。《御覽》卷638引「天下」作「天生」。古鈔本《治要》卷35、《類聚》卷54引「反」誤作「及」（天明刊本《治要》不誤）。

（14）有諸己，不非於人；無諸己，不責於所立。立於下者，不廢於上；禁於民者，不行於身

按：顧觀光曰：「『所立』二字，文瀾閣本作『人』，《治要》引作『下』，《主術訓》同閣本，惟有『所』字。」俞樾曰：「『所』脫『人』字，『所』下衍『立』字，當據《淮南子》正。」王利器曰：「日本兩《治要》本作『無諸己，不責於下』。《主術篇》：『是故有諸己，不非諸人；無諸己，不求諸人。所立於下者，不廢於上；所禁於民者，不行於身。』」俞說是也，「所立」當屬下句，衍一「立」字。①《墨子·小取》：「有諸己，不非諸人；無諸己，不求諸人。」《禮記·大學》：「是故君子有諸己，而後求諸人。無諸己，而後非諸人。」又《祭統》：「非諸人，行諸己，非教之道也。」《淮南子·繆稱篇》：「無諸己，

求諸人，古今未之聞也。」《潛夫論・德化》：「己之所無，不以責下；我之所有，不以譏彼。」又《交際》：「是故聖人求之於己，不以責下。」《董子・仁義法》：「夫我無之而求諸人，我有之而誹諸人，人之所不能受也，其理逆矣，何可謂義！」②「禁」上當據景宋本補「所」字，《治要》卷 35 引亦有。《晏子春秋・內篇問上》：「所求於下者，不務於上；所禁於民者，不行於身。」王引之曰：「『不務於上』，義不可通，『不務』當作『必務』。」〔註201〕王引之說未必是，據此文及《淮南子》，「不」字不誤，「務」當作「發」，「發」通「廢」。《治要》卷 33 引已誤作「不務」。《御覽》卷 636 引杜恕《篤論》：「所斷於民者，不行於身。」

（15）故人主之制法也，先以自為檢式

按：王利器曰：「《主術篇》：『是故人主之立法，先自為檢式儀表，故令行於天下。』」自，身也。道藏《纘義》本脫「先」字，《治要》卷 35 引「式」誤作「戒」。

（16）故禁勝於身，即令行於民

按：王利器曰：「《主術篇》：『故禁勝於身，則令行於民矣。』」李定生等說同。二文本於《管子・法法》，二氏未得其源。

（17）夫法者，天下之準繩也，人主之度量也。縣法者，法不法也

按：《淮南子・主術篇》：「法者，天下之度量，而人主之準繩也。縣法者，法不法也。設賞者，賞當賞也。」此文有脫文。

（18）法定之後，中繩者賞，缺繩者殊

按：王利器曰：「『誅』原誤『殊』，今據景宋本、景刻宋本及《淮南子》校改。《主術篇》：『法定之後，中程者賞，缺繩者誅。』《鄧析子・轉辭篇》：『明君立法之後，中程者賞，缺繩者誅。』《韓非子・難一篇》：『中程者賞，弗中程者誅。』」道藏《纘義》本、《宛委別藏》本亦作「誅」，《治要》卷 35 引同。《商子・修權》：「故立法明分，中程者賞之，毀公者誅之。」《管子・明法解》：「故明主之治也，當於法者賞之，違於法者誅之。」

〔註201〕王說轉引自王念孫《晏子春秋雜志》，收入《讀書雜志》卷 8，中國書店 1985 年版，本卷第 122 頁。

（19）雖尊貴者不輕其賞，卑賤者不重其刑

按：顧觀光曰：「『賞』字誤，《主術訓》作『罰』。」王利器曰：「《主術篇》：『尊貴者不輕其罰，而卑賤者不重其刑。』」顧說是也，下文「犯法者雖賢必誅，中度者雖不肖無罪」即承此而言，《治要》卷35引已誤作「賞」。《韓子‧主道》：「是故誠有功則雖疏賤必賞，誠有過則雖近愛必誅。」

（20）故聖人因民之所喜以勸善，因民之所憎以禁姦

按：王利器曰：「《氾論篇》：『故聖人因民之所喜而勸善，因民之所惡而禁姦。』」李定生等曰：「《治要》引『喜』作『善』。疑『善』為『喜』之誤寫。」李說是也，《淮南子‧泰族篇》：「故先王之教也，因其所喜以勸善，因其所惡以禁奸。」《劉子‧賞罰》：「善賞者因民所喜以勸善，善罰者因民所惡以禁奸。」亦作「喜」字。《晏子春秋‧內篇諫上》：「先王之立愛以勸善也，其立惡以禁暴也。」《後漢紀》卷6：「故因其所好而進之，因其所惡而退之。」愛、好亦喜也。

（21）下必行之令，順之者利，逆之者凶

按：顧觀光曰：「《治要》引『凶』作『害』。」王叔岷曰：「《治要》引『順』作『從』，《淮南子》同。《纘義》本『凶』亦作『害』。」景宋本下「者」作「即」。本書《精誠》：「順之者利，逆之者凶。」〔註202〕《淮南子‧主術篇》：「下必行之令，從之者利，逆之者凶。」《韓詩外傳》卷8：「順之者吉，逆之者凶。」《越絕書‧越絕吳內傳》：「順之者有福，逆之者有殃。」

（22）今人君之論臣也，不計其大功，總其略行，而求其小善，即失賢之道也

按：顧觀光曰：「《治要》引此文『略』作『細』，『小』作『不』。」王利器曰：「日本兩《治要》本『略行』作『細行』。《氾論篇》：『今人君論其臣也，不計其大功，總其略行，而求其小善〔註203〕，則失賢之數也。』高誘注：『略，大也。』」天明刊本《治要》卷35引「小善」誤作「不善」，日本古鈔本不誤。「細」是「略」形誤。

〔註202〕《淮南子‧覽冥篇》同。
〔註203〕「其」字衍，《淮南子》原書無。

（23）故人有厚德，元間其小節；人有大譽，元疵其小故

按：王利器《疏義》本「元間其小節」誤作「无閒節」。王利器曰：「《氾論篇》：『故人有厚德，無問其小節；而有大譽，無疵其小故。』王念孫曰：『問當作閒。《方言》曰：「閒，非也。」疵讀為訾。「無閒」與「無訾」同義。《文子》正作「無閒其小節」。』李定生等曰：「《治要》引『間』作『問』。無問，不嫌隙。《纘義》、《子彙》本作『無問』，《淮南子》同。」二「元」字，景宋本同，《宛委別藏》本作「无」，道藏《纘義》本、四庫本作「無」，《治要》卷35引亦作「無」。「元」是「无」形譌。間，景宋本同，《纘義》本、《宛委別藏》本、四庫本作「問」，《治要》引同。王念孫讀疵為訾，是也；而改問作閒，則誤。「問」字不誤，《治要》卷48引杜恕《體論》：「人有厚德，無問其小節；人有大譽，無訾其小故。」〔註204〕無問，猶今言不管。

（24）夫人情，莫不有所短，成其大略是也，雖有小過，不以為累也；成其大略非也，閭里之行，未足多也

按：顧觀光曰：「『成』字誤，當依《氾論訓》作『誠』。」王叔岷曰：「顧說是也，景宋本『成』正作『誠』，下同。」王利器曰：「『誠』原作『成』，今據《淮南子》校改，下同。不以為，日本兩《治要》本作『不足以為』，與《淮南子》同。《氾論篇》：『夫人之情，莫不有所短，誠其大略是也，雖有小過，不足以為累；若其大略非也，雖有閭里之行，未足大舉。』高誘注：『誠，其實。略，其行。舉，用。』」李定生等曰：「《治要》引『成』作『誠』，『不以為累』作『不足以為累』。《纘義》、《淮南子》亦作『不足以為累』。疑《淮南》『舉』為『譽』。」彭裕商曰：「『成』或當讀為『程』，『程』有度量的意思。」「不」下當據補「足」字。二「成」字各本同（王叔岷失檢），讀為誠，猶若也、如也，假設之辭〔註205〕，不煩改字。《淮南子》下「成」作「若」，《劉子‧妄瑕》二「成」字並作「若」，亦假設之辭。高誘注當讀作「誠其實，略其行」。舉，讀為譽，亦不煩改字。「譽」與「多」義近，高注非是。《劉子‧妄瑕》：「人之情性皆有細短，若其大略是也，雖有小過，不足以為累；若其大

〔註204〕《意林》卷5引無二「其」字，「譽」作「舉」。

〔註205〕裴學海曰：「誠，猶若也（作『若或』解），字或作『成』。」正舉此例。裴學海《古書虛字集釋》，中華書局1954年版，第830～831頁。《史記‧鄒陽傳》《獄中上書》：「今人主誠能用齊、秦之義，後宋、魯之聽，則五伯不足稱、三王易為也。」《新序‧雜事三》「誠」作「如」，亦其確證。

略非也，雖有衡門小操，未足與論大謀。」

（25）故小謹者元成功，訾行者不容眾

按：顧觀光曰：「『不容』下脫『於』字，當依《氾論訓》補。」王利器曰：「《氾論篇》：『故小謹者無成功，訾行者不容於眾。』」李定生等曰：「訾行，放縱之行。訾，通『恣』。《纘義》作『疵行』。」《管子·形勢》：「小謹者不大立，訾食者不肥體。」元，景宋本同，《宛委別藏》本作「无」，《纘義》本、四庫本作「無」。當作「无（無）」。訾、疵，正、借字，毀也，李說非是。

（26）眾人之見位之卑，身之賤，事之洿辱，而不知其大略

按：顧觀光曰：「《治要》引『眾人』下無「之」字，與《氾論訓》合。」王叔岷曰：「《治要》引『賤』上無『身之』二字，亦與《氾論訓》合。『位之卑賤，事之洿辱』相對為文。」王利器曰：「《氾論篇》：『眾人見其位之卑賤，事之洿辱，而不知其大略，以為不肖。』」「位之卑，身之賤」，景宋本、《宛委別藏》本、四庫本同，道藏《纘義》本作「位卑身賤」，《治要》卷35引作「位卑賤」（王叔岷失檢），皆誤，當據《淮南》作「位之卑賤」。洿，讀為汙。

（27）故論人之道，貴即觀其所舉，富即觀其所施，窮即觀其所受，賤即觀其所為

徐靈府注：富即觀其所施，濟物也。

按：王利器《疏義》本注「濟物」誤作「齊物」。顧觀光曰：「所受，《治要》引『所』下有『不』字，與《氾論訓》合，下句同。」王叔岷曰：「《纘義》本此句及下句亦並有『不』字，《呂氏春秋·論人篇》亦同。」王利器曰：「日本兩《治要》本『所受』作『所不受』，『所為』作『所不為』，與《淮南子》合。《氾論篇》：『故論人之道，貴則觀其所舉，富則觀其所施，窮則觀其所不受，賤則觀其所不為，貧則觀其所不取。』《韓詩外傳》卷3：『夫觀士也，居則視其所親，富則視其所與〔註206〕，達則視其所舉，窮則視其所不為，貧則視其所不取。』《說苑·臣術篇》：『貴視其所舉，富視其所與，貧視其所不取，窮視其所不為。』」《意林》卷1引作「富則觀其所欲，貧則觀其所愛」，亦誤。

〔註206〕王氏引「與」誤作「為」，據《外傳》原書逕正。

《呂氏春秋‧論人》:「凡論人,通則觀其所禮,貴則觀其所進,富則觀其所養,聽則觀其所行,止則觀其所好〔註207〕,習則觀其所言,窮則觀其所不受〔註208〕,賤則觀其所不為。」《晏子春秋‧內篇問上》:「故通則視其所舉,窮則視其所不為,富則視其所不取。」《鶡冠子‧道端》:「富者觀其所予,足以知仁。貴者觀其所舉,足以知忠。達觀其所不行,足以知義……貧者觀其所不取,足以知廉。賤者觀其所不為,足以知賢。」《史記‧魏世家》:「居視其所親,富視其所與,達視其所舉,窮視其所不為,貧視其所不取。」《漢書‧杜周傳》:「達觀其所舉,富觀其所予,窮觀其所不為,乏觀其所不取,近觀其所為,遠觀其所主。」皆有「不」字。《中說‧天地》:「富觀其所與,貧觀其所取,達觀其所好,窮觀其所為。」《人物志‧效難》:「故居視其所安,達視其所舉,富視其所與,窮視其所為,貧視其所取。」亦無「不」字。《後漢紀》卷16:「窮則觀其所守,達則觀其所施。」

（28）視其所患難,以知其所勇

徐靈府注:因其患難,方見仁勇。

按:景宋本注「仁勇」作「仁賢」,王利器《疏義》本從宋本,而無說明。王利器曰:「『所』字衍文。日本兩《治要》本作『視其所更難,以知其勇。』《氾論篇》:『視其更難,以知其勇。』」當云下「所」衍文。古鈔本《治要》如王氏所引,天明本「更」作「患」,王氏失檢。景宋本作「視其所患難,以智勇」,道藏《纘義》本作「視其所處難,以知其所勇」。更,經歷,與「處」同義。更、經一聲之轉。

（29）委以貨財,以觀其仁;振以恐懼,以觀其節

按:王利器曰:「《氾論篇》:『委以財貨,以論其仁〔註209〕;振以恐懼,以知其節。』」《莊子‧列禦寇》:「委之以財,而觀其仁;告之以危,而觀其節。」

（30）如此則人情可得矣

按:王叔岷曰:「《治要》引此無『可』字,《淮南子》同。景宋本『可得』

〔註207〕《治要》卷39、《長短經‧知人》引「止」誤作「近」。
〔註208〕《長短經‧知人》引「受」誤作「愛」。
〔註209〕《淮南子》原書「仁」作「人」。

作「可知」。」王利器曰：「《氾論篇》：『則人情備矣。』」「備」當作「得」。

（31）夫君子之過，猶日月之蝕，不害於明

按：王利器曰：「《泰族篇》：『故君子之過也，猶日月之蝕，何害於明？』《論語‧子張篇》：『君子之過也，如日月之食焉，過也人皆見之，更也人皆仰之。』」李定生等說同。此蓋古諺，《說苑‧談叢》同《淮南子》。《左傳‧宣公十二年》：「夫其敗也，如日月之食焉，何損於明？」

（32）故智者不妄為，勇者不妄殺

按：王利器曰：「《泰族篇》：『夫知者不妄發。』王念孫曰：『《治要》引作「夫知者不妄為，勇者不妄發」，是也。《說苑‧說叢》亦云：「夫智者不妄為，勇者不妄殺。」（今本『發』誤作『殺』）。』」向宗魯、金嘉錫、左松超從王念孫說〔註210〕，然其說未必是也，《淮南》當作「夫知者不妄發，勇者不妄殺」，今本脫下句，「殺」字不誤。「發」謂發言。《越絕書‧外傳計倪》：「臣聞智者不妄言。」又《越絕外傳本事》：「賢者不妄言。」

（33）夷狄蠻貊不能易其指

徐靈府注：苟有道，雖蠻貊之邦行矣；無道，其如諸夏何？

按：王利器《疏義》本注脫「雖」字。王利器曰：「《淮南子‧齊俗篇》：『江南河北不能易其指。』」夷狄，《宛委別藏》本作「四夷」。

（34）貪叨多欲之人

按：叨，王利器《疏義》本誤作「功」。

（35）聚天下之財，贍一人之欲，禍莫深焉

按：王利器曰：「《兵略篇》：『殫天下之財，而澹一人之欲，禍莫深焉。』《御覽》引『澹』作『贍』，與《文子》合，日本唐鈔本《閒詁》作『饘』，『饘』即『贍』之後起字。」景宋本、道藏本《淮南子》作「贍」。聚，道藏《纘義》本作「殫」，與《淮南》合。《御覽》卷271引杜恕〔體〕論：「殫天下之財，以贍一人之求，非兵之體也。」即本此文。

〔註210〕向宗魯《說苑校證》，中華書局1987年版，第406頁。左松超《說苑集證》，金說亦見此書，（臺灣）國立編譯館2001年版，第1019頁。

（36）夫畜魚者，必去其蝙獺；養禽獸者，必除其豺狼

按：王利器曰：「《兵略篇》：『夫畜池魚者，必去猵獺；養禽獸者，必去豺狼。』」蝙，道藏《纘義》本作「猵」，與《淮南》合。《鹽鐵論‧輕重》：「水有猵獺而池魚勞，國有強禦而齊民消。」即本此文。《爾雅翼》卷 21 引《淮南》、《御覽》卷 912 引《鹽鐵論》「猵」作「獱」。《六書故》：「獱，獺類也，又作猵。」此文「魚」上脫「池」字。

（37）為國之道，上無苛令，官無煩治，士無偽行，工無淫巧，
其事任而不擾，其器完而不飾

按：王利器曰：「《淮南子‧齊俗篇》：『治國之道，上無苛令，官無煩治，士無偽行，工無淫巧，其事經而不擾，其器完而不飾。』《治要》引『經』作『任』，與《文子》合。」彭裕商曰：「完，完整。」「任」形誤作「俓」，又易作「經」。《治要》卷 41 引《淮南》「苛」誤作「苟」。完，堅固，彭說非是。

（38）車輿極於雕琢，器用遂於刻鏤

按：王利器曰：「《齊俗篇》：『車輿極於雕琢，器用逐於刻鏤。』《治要》引『逐』作『遽』。『遂』疑當作『逐』，文義始順。」向宗魯曰：「『遽』與『劇』同。劇亦極也。作『逐』非。」呂傳元曰：「『逐』當為『邃』。邃於刻鏤，猶言精於刻鏤也。宋本、藏本皆作『遽』，《治要》引亦作『遽』，胥形近之誤。《文子》正作『邃於刻鏤』，當據改。」何寧曰：「『逐』字自可通。《玉篇》：『逐，競也。』《管子‧立政篇》：『工事競於刻鏤。』即逐於刻鏤也。宋本《文子》作『遂』，不作『邃』，呂說尤非。」〔註211〕李定生等曰：「遂於刻鏤，窮究於雕刻。《纘義》作『邃於刻鏤』。《輯要》本作『逐』，《淮南子》同。」彭裕商曰：「邃，深遠的意思，此與上文『極』同義。《淮南子》作『逐』，追求。」呂氏所據《文子》作「邃」者，乃道藏《纘義》本，何氏失檢。何氏引《管子》以證其誼，是也，然逐訓競者，是競爭、爭逐之義，則未得。諸字當以作「遽」為是，餘皆形譌字。遽，讀為競，另詳《道德篇》校補。競，致力也。《說文》：「競，彊語也，一曰逐也。」《爾雅》：「競，彊也。」此用作彊力之義。《晏子春秋‧內篇諫下》：「今君窮臺榭之高、極汙池之深而不止，務於刻鏤之巧、文章之觀而不厭。」「務」字是其誼也。《韓子‧五

蠹》：「是以天下之眾，其談言者務〔於〕為辨而不周於用，故舉先王言仁義者盈廷，而政不免於亂。行身者競於為高而不合於功，故智士退處巖穴，歸祿不受，而兵不免於弱，政不免於亂。」正以「務」、「競」對言。

（39）求貨者爭難得以為寶，詆文者逐煩撓以為急

按：《釋音》：「詆，音氐，訶也。」王利器曰：「《齊俗篇》：『詆文者處煩撓以為慧。』《治要》引作『調文者邊於煩繞以為慧』。『急』字當是『慧』字之誤。」呂傳元曰：「『詆文』當作『調文』。《治要》引正作『調』，當據改。」〔註212〕彭裕商曰：「調文，從事於文章修飾，猶言『為文』。此『詆文』當為『調文』。逐，追求。」蔡偉曰：「幽、脂二部亦常常通轉……『詆』、『調』之互為異文，是由於音近而致。《篆隸萬象名義》『𡚾』、『奝』二字，皆訓為大，也是從氏從周音近而義同之例。」〔註213〕「逐」、「處」亦是「邊」形誤，讀為競，與上條同義。當以「詆」為本字，《漢書·刑法志》：「詆欺文致微細之法。」又《張湯傳》：「必舞文巧詆。」又《咸宣傳》：「所以微文深詆，殺者甚眾。」上三例，顏師古曰：「詆，誣也。」又《汲黯傳》：「刀筆吏專深文巧詆，陷人於罪。」顏師古曰：「詆，毀辱也。」又《翟方進傳》：「峻文深詆，中傷者尤多。」又《敘傳上》：「莫不被文傷詆。」上二例，顏師古曰：「詆，毀也。」《後漢書·朱浮傳》：「因以峻文詆之。」李賢注亦曰：「詆，誣也。」此即「詆文」之誼，謂以法律之文欺誣之也。《玄應音義》卷12引《蒼頡篇》：「詆，欺也。」《慧琳音義》卷52引《廣雅》同。《廣雅》：「調，欺也。」《潛夫論·浮侈》：「今民奢衣服，侈飲食，事口舌而習調欺，以相詐紿，比肩是也。」《玄應音義》卷2引《字林》：「調，欺調也。」「欺調」即「欺詆」，「調欺」即「詆欺」。

（40）事為詭辯，久稽而不決

按：王利器曰：「《齊俗篇》：『爭為佹辯，久稽而不訣。』」呂傳元曰：「『爭』當為『士』。士，事也。古本蓋作『事』，傳寫誤作『爭』耳。『士為佹辯』與下文『工為奇器』對言。《文子》正作『士為偽辯』。『訣』當作『決』，宋本正作『決』，《治要》引亦作『決』，《文子》同。」〔註214〕李定生等曰：「久稽，長

〔註212〕呂說轉引自何寧《淮南子集釋》，中華書局1998年版，第820頁。
〔註213〕蔡偉《誤字、衍文與用字習慣——出土簡帛古書與傳世古書校勘的幾個專題研究》，復旦大學2015年博士學位論文，第133～134頁。
〔註214〕呂說轉引自何寧《淮南子集釋》，中華書局1998年版，第820～821頁。

久的爭論。」彭裕商曰：「此『事』當為『爭』之誤。」事為詭辯，景宋本（此頁係鈔補）、《宛委別藏》本同，道藏《纘義》本作「事為偽辯」，四庫本作「士為詭辯」，四庫《纘義》本作「士為偽辯」。《淮南》之文，景宋本作「爭為佹辯，久積而不決」，四庫本作「爭為佹辯，久積而不訣」，《治要》卷41引作「爭為詭辯，久稽而不決」。佹，讀為詭。訣，讀為決。「積」為「稽」形誤。稽，留也，李說非是。「爭」當為「事」形誤，與下文「工為奇器」非對文。事，務也。

（41）不貴難得之貨，不重無用之物

按：重，《淮南子‧齊俗篇》作「器」。器亦重也。

（42）智者無所施其策，勇者無所錯其威

按：王利器曰：「《齊俗篇》：『故孔丘、曾參無所施其善，孟賁、成荊無所行其威。』」李定生等曰：「錯，邪行為錯。《纘義》本作『措』。」《劉子‧貴農》：「智者無所施其策，勇者無以行其威。」錯，讀為措，用也，李說非是。

（43）挾義而動

按：王叔岷曰：「『挾』當作『扶』，字之誤也。《意林》引此正作『扶』。《淮南子》作『以義扶之』，亦其證。」王利器從其說。李定生等曰：「挾義，挾持義，即假義也。」王說是，李氏妄說耳。《淮南子‧兵略篇》又云：「是故扶義而動，推理而行。」《鶡冠子‧泰錄》：「夫錯行合意，扶義本仁，積順之所成，先聖之所生也。」《史記‧陳餘傳》：「獨立趙後，扶以義，可就功。」又《太史公自序》：「漢乃扶義征伐。」又《滑稽傳》：「天下和平，與義相扶。」〔註215〕《漢書‧高帝紀》：「不如更遣長者扶義而西。」《鹽鐵論‧論誹》：「論者相扶以義，相喻以道。」

（44）決獄不平，殺戮無罪

按：王利器曰：「《兵略篇》：『決獄不辜，殺戮無罪。』」「辜」當作「平」，形近而誤，《御覽》卷271引已誤。不平，猶言不當。《淮南子‧時則篇》：「決獄不當，反受其殃。」《漢書‧刑法志》：「決獄不當，使有罪興邪，不辜蒙戮。」《淮南子‧人間篇》「越王句踐一決獄不辜」亦誤，《書鈔》卷44、《御覽》卷639、741引作「不當」。

〔註215〕《漢書‧東方朔傳》同。

（45）兵之來也，以廢不義而授有德也

　　按：王利器曰：「《兵略篇》：『兵之來也，以廢不義而授有德也。』『授』原作『復』，今據日本唐鈔本《閒詁》改正，《長短經·兵權篇》引亦作『授』，與《文子》合。」道藏《纘義》本誤作「受其德」。《御覽》卷271引《淮南》亦誤作「復」。

（46）故為地戰者，不能成其王；為身求者，不能立其功

　　按：王利器曰：「《兵略篇》：『夫為地戰者，不能成其王；為身求者，不能立其功。』『求』原作『戰』，今從日本唐鈔本《閒詁》校改。」《晏子春秋·內篇襍上》晏子曰：「臣聞之，為地戰者，不能成其王；為祿仕者，不能正其君。」《說苑·君道》晏子曰：「臣聞為地戰者，不能成王；為祿仕者，不能成政。」《論衡·量知》：「為地戰者，不能立功名；貪爵祿者，不能諫於上。」

（47）義足以懷天下之民，事業足以當天下之急，選舉足以得賢士之心，謀慮足以決輕重之權，此上義之道也

　　按：「義」上當據《淮南子·兵略篇》補「德」字，四庫本《纘義》、聚珍本《纘義》則作「仁義」。

（48）義之所以行者，威也

　　按：王利器曰：「《兵略篇》：『義之所以能行者，威也。』」李定生等曰：「威，畏懼。威，通『畏』。」李氏妄說耳，下文「威義並行，是謂必強」承此而言，「威」當讀如字。

（49）是故令之以文，齊之以武，是謂必取

　　按：王叔岷曰：「『令』當作『合』，字之誤也。『合』與『齊』相對成義，《淮南子》正作『合之以文』。」彭裕商曰：「令，政令。齊，齊一、統一。」王利器從王叔岷說，是也。《孫子·行軍》：「故令之以文，齊之以武，是謂必取。」漢簡本《孫子》作「合之以文，濟之以武」。《書鈔》卷113、《白氏六帖事類集》卷15、《御覽》卷296引《孫子》「令」作「合」〔註216〕。齊，讀為濟。

　　〔註216〕《白帖》在卷51。

（50）上視下如弟，即必難為之死；下事上如兄，即必難為之亡

按：顧觀光曰：「『必』字誤，《兵略訓》作『不』，下句同。」俞樾曰：「兩『難』字皆衍文，言必為之死、必為之亡也。《淮南子‧兵略篇》作『不難為之死，不難為之亡』，文異而義同。」李定生等曰：「《治要》引『必』作『不』。必難為之死，必為之死難。難，災難，指國難、君難。《續義》兩『必』字作『不』字。俞說非必。」顧說是也，王利器亦據《治要》及《淮南子》改二「必」作「不」。《道德真經四子古道集解》卷 7 引作「視下如弟，即不以難為之死亡」，「不」字不誤，衍「以」字。

《上禮篇》卷第十二校補

（1）上古真人呼吸陰陽，而群生莫不仰其德以和順

按：《淮南子‧俶真篇》：『是故聖人呼吸陰陽之氣，而群生莫不顒顒然仰其德以和順。』《淮南》「顒顒然」，《玄應音義》卷 12、《慧琳音義》卷 28、55、《御覽》卷 77 引作「喁喁然」，《慧琳音義》卷 77、96、98 引作「喁然」。喁、顒，正、借字。

（2）純樸未散

按：《淮南子‧俶真篇》同。下文云「澆醇散樸」，又「澆天下之醇，散天下之樸」（道藏《續義》本「醇」作「淳」，《淮南子‧齊俗篇》同），「純樸」即「醇樸」、「淳樸」。

（3）而覺悟乎天地之間，其德煩而不一

按：王利器曰：「《俶真篇》：『而覺視於天地之間，是故其德煩而不能一。』高誘注：『煩，多也。一，齊也。』《莊子‧繕性》：『逮德下衰，及燧人、伏羲始為天下，是故順而不一。』郭象注：『世已失一，或不可解〔註217〕，故釋而不推，順之而已。』成玄英疏：『是順黎庶之心，而不能混同至一也。』」《莊子》下文云：「德又下衰，及神農、黃帝始為天下，是故安而不順。」此文及《淮南》「煩」當作「順」，《道德真經四子古道集解》卷 2 引此文「煩」正作「順」。高誘注云云，其所見本已誤。馬宗霍曰：「《漢書‧五行志》引京

〔註217〕一本「或」作「惑」。

房《易傳》曰：『德無常，茲謂煩。』本文『煩』字似當取『無常』之義。惟其無常，是以不能一也。」張雙棣、何寧從馬說〔註218〕，非是。

（4）於是萬民莫不竦身而思，戴聽而視，故治而不和

按：俞樾曰：「『戴聽而視』義不可通，《淮南子・俶真篇》作『莫不竦身而載聽視』〔註219〕，亦似有誤。疑本作『竦耳而聽，載目而視』。『身』乃『耳』之誤也。『載目』即『側目』。載、側一聲之轉。」彭裕商曰：「『戴』或可讀為『載』，語詞，相當於『乃』。」道藏《纘義》本「戴聽而視」作「戴視聽」。《路史》卷12有「竦身戴聽」語，羅苹注引《文子》與《淮南・齊俗》「竦身而思，戴聽而觀」。此文當作「竦耳而聽，戴目而視」，《淮南》作「載」乃借字。《漢書・賈山傳》：「使天下之人戴目而視，傾耳而聽。」顏師古曰：「戴目者，言常遠視，有異志也。傾耳而聽，言樂禍亂也。」《說文》：「瞷，戴目也，江淮之間謂瞑曰瞷。」《繫傳》：「戴目，目望陽也。瞑，古視字。」《玄應音義》卷14、《慧琳音義》卷59引作「戴眼」，《文選・七命》李善注引作「載目」〔註220〕。段玉裁曰：「戴目者，上視如戴然，《素問》所謂『戴眼』也，諸書所謂望羊也。目上視則多白，故《廣韻》云：『瞷，人目多白也。』《爾雅・釋畜》：『一目白，瞷。』『瞷』同『瞷』。盳，各本作『瞑』，依宋本及《集韻》正。」《素問・診要經終論》：「戴眼反折瘈瘲。」王冰注：「戴眼，謂睛不轉而仰視也。」張介賓注：「戴者，戴於上也，謂目睛仰視而不能轉也。」又《三部九候論》：「足太陽氣絕者，其足不可屈伸，死必戴眼。」張介賓注：「戴眼者，睛上視而瞪也。」

（5）嗜欲達於物，聰明誘於外，性命失其真

按：王利器曰：「《俶真篇》：『嗜欲連於物，聰明誘於外，而性命失其得。』」李定生等曰：「失其真，謂失其本性。」吳承仕讀得為德，是也。「真」為「悳」形訛；「悳」為「德」古字。劉績、陳昌齊謂當從《文子》作「真」〔註221〕，非是。「達」當從道藏《纘義》本作「連」，《道德真經四子古道集

〔註218〕 張雙棣《淮南子校釋》，北京大學出版社1997年版，第205~206頁。何寧《淮南子集釋》，中華書局1998年版，第137頁。
〔註219〕 俞氏引「聽視」誤倒作「視聽」，徑據《淮南》原書乙正。
〔註220〕 《文選》據《四部叢刊》影宋刊六臣注本，日本慶長十二年活字印本、朝鮮木活字印本同，胡氏重刻宋淳熙本、重刊天聖明道本作「戴目」。
〔註221〕 諸家說見張雙棣《淮南子校釋》，北京大學出版社1997年版，第208頁。

解》卷 2 引同。

（6）華誣以脅眾

按：《淮南子·俶真篇》同。誣，道藏《纘義》本作「誕」。

（7）琢飾詩書，以賈名譽

按：王利器曰：「《俶真篇》：『緣飾詩書，以買名譽於天下。』『琢』疑『緣』形近之誤。」《文選·詣建平王上書》李善注引《淮南子》「買」作「賈」。《莊子·天地》：「獨弦哀歌，以賣名聲於天下。」

（8）是故至人之學也，欲以反性於無，游心於虛

按：王利器曰：「《俶真篇》：『是故聖人之學也，欲以反性於初，而游心於虛也。』」《淮南子·兵略篇》：「是以聖人藏形於無，而游心於虛。」

（9）暴行越知以譊名聲於世

徐靈府注：譊，乃巧切，喧呼也。

按：《釋音》：「譊，音鐃，恚呼也。」〔註222〕王利器曰：「《俶真篇》：『暴行越智於天下，以招號名聲於世。』高誘注：『越，揚也。暴，卒也。越揚其詐譎之智，以取聲名也。』」于省吾曰：「注訓暴為卒，非是。暴，卒露也，披布也。」〔註223〕彭裕商曰：「譊，疑『邀』之借字，求也。」譊，當讀為招。

（10）古者被髮而無卷領以王天下

按：《路史》卷 4 引儋子語同。顧觀光曰：「『無』字衍，當依《氾論訓》刪。」俞樾曰：「『而無卷領』本作『無而卷領』。『無』讀為『幠』。幠乃冠名。幠，覆也。」王利器曰：「《氾論篇》：『古者有鍪而綣領以王天下者矣。』《荀子·哀公篇》：『古之王者，有務而拘領者矣。』楊倞注：『務，讀為冒。「拘」與「句」同，曲領也。《尚書大傳》曰：「古之人，衣上有冒而句領者。」鄭康成注云：「冒，覆項也。句領，繞頸也。」』冒、鍪、務古音通用。」彭裕商曰：

〔註222〕「恚」字模糊不可辨識，其下從心。《玉篇》、《廣韻》並云：「譊，爭也，恚呼也。」疑「恚」字。

〔註223〕于省吾《淮南子新證》卷 1，收入《雙劍誃諸子新證》，上海書店 1999 年版，第 401 頁。

「無，讀為鍪。」俞氏乙作「無而卷領」是也，而所釋則非。王、彭說亦是也，郝懿行、朱駿聲、久保愛、尚節之、楊樹達亦謂「冒」、「鍪」、「務」古音並同〔註224〕，此文「無」即其音轉。「無而卷領」即「鍪而綣領」。于鬯校《淮南》，據此文於「綣領」上補「無」字〔註225〕，未達通借，因失其誼也。

（11）其德生而不殺，與而不奪

按：《路史》卷4引儋子語「與」作「予」，餘同。王利器曰：「《氾論篇》：『其德生而不辱，予而不奪。』」又引王念孫曰：「『不辱』本作『不殺』。『奪』與『予』相對，若改『殺』為『辱』，則非其指矣。且『殺』與『奪』為韻，若作『辱』，則失其韻矣。《御覽·皇王部二》引此已誤作『辱』。張載《魏都賦》注及舊本《書鈔·衣冠部三》引此並作『殺』，《文子·上禮篇》同。《晏子春秋·諫篇》：『古者嘗有紩衣攣領而王天下者矣，其義好生而惡殺。』《荀子·哀公篇》：『古之王者有務而拘領者矣，其政好生而惡殺。』此皆《淮南》所本。」王念孫說是也，孔廣陶亦從其說〔註226〕。《文選·魏都賦》是劉淵林注。《韓詩外傳》卷8：「夫賢君之治也……生而不殺，布惠施恩，仁不偏與，不奪民力，役不踰時。」《道德指歸論·勇敢篇》：「利而不害，以明其善。與而不奪，以顯其名。賞而不罰，以立其惠。生而不殺，以成其仁。」

（12）天下非其服，同懷其德

按：顧觀光曰：「『非』上脫『不』字，當依《氾論訓》補。」王利器曰：「《氾論篇》：『天下不非其服，同懷其德。』高誘注：『非，猶譏呵也。懷，歸。』『不』字當據補。」道藏《纘義》本正有「不」字，《路史》卷4引儋子語亦脫。《晏子春秋·內篇諫下》作「天下不朝其服，而共歸其義」，語義不同。

（13）飛鳥之巢可俯而探也，走獸可係而從也

按：王利器曰：「《氾論篇》：『鳥鵲之巢可俯而探也，禽獸可羈而從也。』高誘注：『從，猶牽也。』《荀子》：『鳥鵲之巢可俯而窺也。』《莊子·馬蹄篇》：

〔註224〕 參見蕭旭《荀子校補》，花木蘭文化出版社2016年版，第613頁。
〔註225〕 于鬯《香草續校書·淮南子》，中華書局1963年版，第548頁。
〔註226〕 《書鈔》（孔廣陶校注本）卷129，收入《續修四庫全書》第1212冊，上海古籍出版社2002年版，第590頁。

『是故禽獸可係羈而遊，鳥鵲之巢可攀援而闚。』《禮記‧禮運篇》：『其餘鳥獸之卵胎，皆可俯而闚也。』』《荀子》見《哀公篇》，道藏《纘義》本「俯」作「俛」。《鶡冠子‧備知》：「是以鳥鵲之巢可俯而窺也，麋鹿群居可從而係也。」

（14）故民迫其難則求其便，因其患則操其備

按：王利器曰：「《氾論篇》：『故民迫其難則求其便，困其患則造其備。』『困』義勝。《淮南子‧泰族篇》：『故因其患則造其備，犯其難則得其便。』『因』是『困』形誤，《路史》卷4引儋子語誤同。道藏《纘義》本「操」作「造」。造，讀為操。

（15）五帝異道而德覆天下，三王殊事而名〔施〕後世

按：顧觀光曰：「《氾論訓》『名』下有『施』字，與上『德覆天下』對文。」《淮南子‧氾論篇》：「故五帝異道而德覆天下，三王殊事而名施後世。」顧說是也，四庫《纘義》本正有「施」字，道藏《纘義》本作「名立後世」。王利器《疏義》本有「施」字，而無說明。《劉子‧法術》：「堯舜異道而德蓋天下，湯武殊治而名施後代。」

（16）譬猶師曠之調五音也，所推移上下，無常尺寸以度，而靡不中者。故通於樂之情者能作音，有本主於中而知規矩鈎繩之所用者能治人

按：王利器《疏義》本「音」作「言」，又屬下句，而無說明。顧觀光曰：「『常』字衍，『以』當作『之』，《氾論訓》並不誤。」王利器曰：「《氾論篇》：『譬猶師曠之施瑟柱也，所推移上下者，無寸尺之度，而靡不中音。故通於禮樂之情者能作，言（原誤『音』，依王念孫說改正）有本主於中，而以知槷襲之所周者也。』李定生等曰：「疑『中者』為『中音』誤。」彭裕商竊取李說。顧、李說是也。「能作音」與「能治人」對文，「音」字不誤。《淮南》「音」字亦不誤，王念孫說非是。《鹽鐵論‧遵道》：「師曠之調五音，不失宮商；聖王之治世，不離仁義。」本於此文。

（17）察陵陸水澤肥墝高下之宜

按：《釋音》：「墝，音墝，同義，瘠也。」王利器曰：「肥墝，《泰族篇》同，《御覽》卷624引作『肥墝』，《修務篇》亦作『肥墝』，音同古通。」《泰

族篇》同此文，《御覽》卷 624 引脫誤作「察陵水澤肥墩」，王氏失檢。《管子·立政》、《荀子·王制》並有「相高下，視肥墝」之語，乃此文所本。

（18）列金木水火土之性

按：王利器曰：「《泰族篇》：『乃澄列金木水火土之性。』許慎注：『澄，清也。』」彭裕商曰：「列，論列、闡述。」彭說非是。澄列，讀為「澂冽」。冽亦清也。

（19）列地而州之，分國而治之

按：王叔岷曰：「《治要》引『國』作『職』，《淮南子》同。」王利器曰：「《泰族篇》：『乃裂地而州之，分職而治之。』列、裂古通。」李定生等曰：「《纘義》作『分職』。」《大戴禮記·王言》：「昔者明王之治民有法，必別地以州之，分屬而治之。」

（20）夫物未嘗有張而不弛、盛而不敗者也，唯聖人可盛而不敗

按：王叔岷曰：「《治要》引下『敗』作『衰』，《淮南子》同。」王利器曰：「《泰族篇》：『夫物未嘗有張而不弛、成而不毀者也，唯聖人能盛而不衰、盈而不虧。』」道藏《纘義》本二「盛」作「成」，下「敗」作「衰」。此文當作「成而不敗」。弛，日本古鈔本《治要》卷 35 引作「施」，天明刊本《治要》引同今本。

（21）至其衰也，流而不反，淫而好色，不顧正法，流及後世，至於亡國

按：王利器曰：「《泰族篇》：『及其衰也，以沉湎淫康，不顧政治，至於滅亡。』「法」是「治」形誤。「正治」即「政治」，指政事。《董子·五行逆順》：「好媱樂飲酒，沈湎縱恣，不顧政治。」《列女傳》卷 5：「昔吾先君莊公淫樂三年，不聽政事。」《吳越春秋·勾踐陰謀外傳》：「吳王淫而好色，惑亂沈湎，不領政事。」《越絕書·外傳春申君》：「君外淫，不顧政事。」

（22）其作囿也，以成宗廟之具

按：顧觀光曰：「『成』字誤，《治要》引作『奉』，與《泰族訓》合。」王利器曰：「《泰族篇》：『湯之初作囿也，以奉宗廟鮮犒之具。』」李定生等曰：「《纘義》作『奉』。」《長短經·反經》引亦作「奉」，《資治通鑑外紀》卷 2 同。

（23）姦人在位，賢者隱處

按：王利器《疏義》本脫「人」字。王利器曰：「《泰族篇》：『姦人在朝，而賢者隱處。』」

（24）天地之道，極則反，益則損

按：王利器曰：「《泰族篇》：『天地之道，極則反，盈則損。』」《說苑・談叢》：「天地之道，極則反，滿則損。」又考本書《符言》：「故動〔而〕有益，則損隨之。」〔註227〕又「故物或益之而損，損之而益」，此即「益則損」之誼。

（25）故聖人治弊而改制，事終而更為

按：王利器曰：「《泰族篇》：『故聖人事窮而更為，法弊而改制。』」李定生等曰：「治弊而改制，整治弊病而改制度。」彭裕商曰：「治，法度。終，窮，指行不通。」李、彭說非是，「治」是「法」形譌，「終」是「窮」音誤，《治要》卷35引已誤。《鹽鐵論・詔聖》：「故衣弊而革裁，法弊而更制。」《魏書・崔玄伯傳》：「譬琴瑟不調，必改而更張；法度不平，亦須蕩而更制。」

（26）其美在和，其失在權

按：王利器曰：「《泰族篇》：『治其美在調，其失在權。』作『和』義勝。」《說文》：「調，和也。」無所謂義勝。

（27）法能殺不孝者，不能使人孝；能刑盜者，不能使人廉

按：王利器曰：「《泰族篇》：『法能殺不孝者，而不能使人為孔、曾之行；法能刑竊盜者，而不能使人為伯夷之廉。』」李定生等曰：「《治要》引『殺』作『教』，誤也。」《長短經・政體》引作「法能殺人，不能使人孝悌；能刑盜者，不能使人有廉恥」，《治要》卷35引「廉」下亦有「恥」字。「盜」下疑脫「竊」字，下文「夫使天下畏刑而不敢盜竊，豈若使無有盜心哉」，即承此而言。《鹽鐵論・申韓》：「法能刑人而不能使人廉，能殺人而不能使人仁。」本於此文。

（28）聖王在上，明好惡以示人

按：王利器曰：「《泰族篇》：『聖王在上，明好惡以示之。』《治要》作『聖

〔註227〕「而」字據《淮南子・繆稱篇》補。

王在位，明好憎以示人』。」《治要》卷 35 引同今本，王氏失檢。《長短經·政體》引「人」作「之」，與《淮南》合。

（29）經非譽以導之

按：王利器《疏義》本「導」誤作「道」。王利器曰：「《泰族篇》：『經誹譽以導之。』《本經篇》：『經誹譽，行賞罰。』」李定生等曰：「經非譽，度量毀譽。」彭裕商曰：「經，治理，也有辨明的意思。」導，各本同，天明刊本《治要》卷 35、《長短經·政體》、《道德真經四子古道集解》卷 3 引同，古鈔本《治要》引作「遵」，景宋本、道藏本《淮南子》作「尊」。「遵（尊）」是「導」形誤，《治要》卷 41 引《淮南》亦作「導」字。經，讀為輕。李、彭說非是。《本經篇》高誘注云「經，書也」，吳承仕謂「書」當作「畫」，別異之稱；于省吾謂經訓分理、程量；馬宗霍謂經訓示，胥失之也〔註228〕。《荀子·富國》：「輕非譽而恬失民。」楊倞注：「恬，安也。言不顧下之毀譽，而安然忘於失民也。」《呂氏春秋·下賢》：「得道之人……假乎其輕俗誹譽也。」皆正作「輕」字。《老子》第 26 章：「重為輕根，靜為躁君。」宋刊本「輕」作「經」。

（30）刑錯而不用，禮義修而任賢德也

徐靈府注：錯，音措。

按：《釋音》：「錯，音措，同義，置也。」王利器曰：「《泰族篇》：『古者，法設而不犯，刑錯而不用……禮義修而任賢德也。』」《治要》卷 35、《長短經·政體》引「錯」作「措」，《治要》卷 41 引《淮南》亦作「措」。賢德，天明刊本《治要》卷 35 引同，古鈔本《治要》引作「賢得」，《長短經·政體》引作「得賢」，《治要》卷 41 引《淮南》亦作「賢得」。作「賢德」是也。《鹽鐵論·世務》：「故正近者不以威，來遠者不以武。德義修而任賢良也。」

（31）故天下之高，以為三公；一州之高，以為九卿

按：王利器《疏義》本脫「下」字。

（32）明於天地之道，通於人情之理

按：王利器《疏義》本「地」誤作「道」。《淮南子·泰族篇》：「明於天道，察於地理，通於人情。」

〔註228〕參見蕭旭《淮南子校補》，花木蘭文化出版社 2014 年版，第 161 頁。

（33）大足以容眾，惠足以懷遠，智足以知權，人英也

按：《淮南子·泰族篇》：「大足以容眾，德足以懷遠，信足以一異，知足以知變者，人之英也。」《長短經·品目》引《鈐經》：「德足以懷遠，信足以一異，識足以鑒古，才足以冠世，此則人之英也。」《黃石公素書·正道章》：「德足以懷遠，信足以一異，義足以得眾，才足以鑒古，明足以照下，此人之俊也。」此文脫「信足以一異」五字，定州漢簡簡0198：「〔信足〕以壹異，知（智）足以知權，彊足以蜀（獨）立，節口（下殘）。」〔註229〕雖脫「信足」二字，尚存「以壹異」三字，恰在「智足以知權」上，與《淮南》合〔註230〕。《玉篇》：「德，惠也。」權亦變也。何志華曰：「『惠』蓋『慧』之形譌，『德』、『慧』古通。」〔註231〕其說非是。

（34）德足以教化，行足以隱義，信足以得眾，明足以照下，人儁也

按：王利器曰：「《禮記·少儀》鄭注：『隱，意也，思也。』隱義者，隱於義而行，所謂念茲在茲也。」李定生等曰：「隱，意也，思也。隱義，倚義。」彭裕商曰：「隱，憑依。隱義，依義而行，即循義而行。」《淮南子·泰族篇》「信」作「仁」，餘同此文。《長短經·品目》引《鈐經》：「法足以成教，行足以修義，仁足以得眾，明足以照下，此則人之俊也。」此文「信」當作「仁」。隱，據也，彭說是也。《鈐經》「修」即「脩」，「循」字形誤，循亦依也。道藏《纘義》本「儁」作「雋」。

（35）行可以為儀表，智足以決嫌疑，信可以守約，廉可以使分財，作事可法，出言可道，人傑也

按：王叔岷曰：「『足』當作『可』。」王利器曰：「《泰族篇》：『行足以為儀表，知足以決嫌疑，廉可以分財，信可使守約，作事可法，出言可道者，人

〔註229〕整理者誤點作「以壹異知足，以知權彊足，以蜀（獨）立節口」，何志華改作上讀，是也。何志華《出土〈文子〉新證》，香港浸會大學《人文中國學報》第5期，1998年出版；其說又見《〈楚辭〉、〈淮南〉、〈文子〉三書楚語探究》，《人文中國學報》第8期，2001年出版；二文並收入《〈文子〉著作年代新證》，香港中文大學2004年版，第64、93頁。

〔註230〕張豐乾已經指出《文子》脫「信足以一異」。張豐乾《竹簡〈文子〉探微》，中國社會科學院研究生院2002年博士學位論文，第66頁。

〔註231〕何志華《〈楚辭〉、〈淮南〉、〈文子〉三書楚語探究》，《人文中國學報》第8期，2001年出版；收入《〈文子〉著作年代新證》，香港中文大學2004年版，第109頁。

之豪也。』《黃石公素書·正道章》：「行足以為儀表，智足以決嫌疑，信可以使守約，廉可以使分財，此人之豪也。」《長短經·品目》引《鈐經》：「身足以為儀表，智足以決嫌疑，操足以厲貪鄙，信足以懷殊俗，此則人之豪也。」此文「傑」、「豪」疑當據諸書互易。

（36）守職不廢，處義不比，見難不苟免，見利不苟得，人豪也

按：王利器曰：「《論語·里仁篇》：『義之與比。』邢疏：『比，親也。』《泰族篇》：『見難不苟免，見利不苟得者，人之傑也。』」李定生等說同王氏。彭裕商曰：「《禮記·曲禮上》：『臨財毋苟得，臨難毋苟免。』」《泰族篇》「見難」上有「守職而不廢，處義而不比」十字，亦當徵引。睡虎地秦簡《為吏之道》：「臨財見利，不取苟富；臨難見死，不取苟免。」《黃石公素書·正道章》：「守職而不廢，處義而不回，見嫌而不苟免，見利而不苟得，此人之傑也。」《長短經·品目》引《鈐經》：「守節而無撓，處義而不怒，見嫌不苟免，見利不苟得，此則人之傑也。」此文「豪」、「傑」疑當據諸書互易〔註232〕。處，與「守」同義對舉，讀為據。比訓親，是也，但引《論語》則非。《論語》之「比」，即比較之義，邢疏非也。

（37）目雖欲之禁以度，心雖樂之節以禮

按：王叔岷曰：「《御覽》卷523引『度』作『法』。」王利器曰：「《精神篇》：『故目雖欲之，禁之以度；心雖樂之，節之以禮。』」道藏《纘義》本上「以」作「其」。

（38）趣翔周旋，屈節卑拜

按：王叔岷曰：「屈節卑拜，《御覽》引作『屈節異儀』。」王利器曰：「《精神篇》：『趨翔周旋，詘節卑拜。』」趣，道藏《纘義》本、四庫本作「趨」，與《淮南》合。《御覽》卷523引作「趍」，俗「趨」字。詘、屈，正、借字。屈節，指屈膝。《淮南子·氾論篇》：「夫君臣之接，屈膝卑拜以相尊禮也。」

（39）肉凝而不食，酒澂而不飲

按：王叔岷曰：「《御覽》引『澂』作『敗』。」王利器曰：「《精神篇》：『肉

〔註232〕張豐乾已經指出《文子》「豪」、「傑」順序顛倒。張豐乾《竹簡〈文子〉探微》，中國社會科學院研究生院2002年博士學位論文，第66頁。

凝而不食，酒澄而不飲。』」澂、澄，正、俗字。作「澂（澄）」是也，《御覽》所引乃臆改，失其誼矣。澂（澄），清也。此文說「為禮者」之事，考《禮記‧聘義》：「故強有力者，將以行禮也，酒清，人渴而不敢飲也。肉乾，人饑而不敢食也。」此其出典。《類聚》卷 74 引魏‧邯鄲淳《投壺賦》：「機設而弗倚，酒澄而弗舉。」亦用此典。《類聚》卷 24 引王孫子《新書》：「廚肉臭而不可食，罇酒敗而不可飲。」〔註233〕文似相類，而別一義也。

（40）外束其形，內愁其德

按：王叔岷曰：「《御覽》引『內』作『中』。」王利器曰：「《精神篇》：『外束其形，內總其德。』王念孫曰：『「總」當為「愁」，「愁」與「揫」同，斂也，束也。《俶真篇》：「內愁五藏，外勞耳目。」義亦與此同。』」王念孫說是也，李定生、彭裕商皆竊取其說。「內愁五藏」亦見本篇上文。德，道藏《纘義》本作「意」，《御覽》卷 523 引同。「意」當作「悳」，古「德」字。

（41）鉗陰陽之和，而迫性命之情

按：王叔岷曰：「《御覽》引『鉗』作『汨』。『鉗』乃『錯』之誤，宋本《淮南子‧精神篇》正作『錯陰陽之和』（今本『錯』亦誤『鉗』）。錯、汨義近。」李定生等曰：「鉗，緘禁，鉗制。」彭裕商竊取李說。王、李說非是，「鉗」、「錯」並「抇」之誤。抇、汨，讀為淈，滑亂也〔註234〕。《小爾雅》：「汨，亂也。」

（42）不本其所以欲，而禁其所欲；不原其所以樂，而防其所樂，是猶圈獸而不塞其垣，〔而〕禁其野心；決江河之流，而壅之以手

按：王利器曰：「《精神篇》：『今夫儒者，不本其所以欲，而禁其所欲；不原其所以樂，而閉其所樂，是猶決江河之源，而障之以手也。』高誘注：『障，蔽也，言不能掩也。』《淮南》以下尚有「夫牧民者，猶畜禽獸也，不塞其囿垣，使有野心，系絆其足，以禁其動」數句，亦當徵引。道藏《纘義》本「禁」上有「而」字，當據補；又「壅」作「雍」。《釋音》：「雍，音壅，塞也。」

〔註233〕《御覽》卷 457、475 引同，《類聚》卷 72、《御覽》卷 845、《事類賦注》卷 17 引「罇」作「樽」，同。

〔註234〕參見蕭旭《淮南子校補》，花木蘭文化出版社 2014 年版，第 153 頁。

《論衡‧非韓》：「法度不明，雖日求奸，決其源，障之以掌也。」《抱朴子外篇‧詰鮑》：「是猶闢滔天之源，激不測之流，塞之以撮壤，障之以指掌也。」周‧庾信《擬連珠》：「是以大廈既焚，不可灑之以淚；長河一決，不可障之以手。」皆用此典，楊明照注《抱朴子》正引此文及《淮南子》〔註235〕，是也。諸家校《論衡》〔註236〕，皆未知其出處。吳兆宜注《擬連珠》引晉‧傅玄《飛塵篇》「河決潰金隄，一手不能障」〔註237〕，未得其源也。

（43）夫禮者遏情閉欲，以義自防

按：王利器曰：「《精神篇》：『直宜迫性閉欲，以義自防也。王念孫曰：『「宜」即「直」之誤而衍者也。』」《精神篇》上文云「此皆迫性拂情而不得其和也」，又「迫性命之情」，此作「迫」字之證。

（44）雖情心咽噎，形性飢渴，以不得已自強，故莫能終其天年

徐靈府注：咽，音菌，咽欲吐也。

按：王利器《疏義》本注「咽」誤作「咽」。道藏《纘義》本「咽」作「咽」，《釋音》又作「咽」，云：「咽，渠隕切，哽，同義。」王利器曰：「《精神篇》：『雖情心鬱殪，形性屈竭，猶不得已自強也，故莫能終其天年。』高誘注：『義以自防，故情心鬱殪不通，形性屈竭也。』《玉篇》：『咽，欲吐貌。』《廣韻》：『咽，吐貌。』」「鬱殪」即「鬱噎」、「鬱抑」、「鬱湮」音轉，倒言則作「抑鬱」、「壹鬱」、「噎鬱」、「綑縕」、「氤氳」、「烟熅」，本字為「壹壹」〔註238〕。此文「咽」或「咽」當是「咽」形誤，「咽」與「壹」、「烟」同音。「咽噎」即「壹壹」倒文。徐注云云，是所見本已誤。「飢渴」疑「屈竭」之誤。

〔註235〕楊明照《抱朴子外篇校箋（下）》，中華書局1997年版，第510頁。

〔註236〕黃暉《論衡校釋》（附劉盼遂《論衡集解》），中華書局1990年版，第447頁。孫人和《論衡舉正》，上海古籍出版社1990年版，第38頁。張宗祥《論衡校注》，上海古籍出版社2013年版，第204頁。吳承仕《論衡校釋》，北京師範大學出版社1986年版，第52頁。馬宗霍《論衡校讀箋識》，中華書局2010年版，第133～138頁。楊寶忠《論衡校箋》，河北教育出版社1999年版，第325頁。

〔註237〕吳兆宜《庾開府集箋注》卷7，收入《四庫全書》第1064冊，臺灣商務印書館1986年初版，第168頁。

〔註238〕參見蕭旭《「抑鬱」考》，收入《群書校補（續）》，花木蘭文化出版社2014年版，第2509～2515頁。

（45）故知其無所用，雖貪者皆辭之；不知其所用，廉者不能讓之

按：王叔岷曰：「『所用』上當有『無』字。『不知其無所用』與上文『知其無所用』對言，《治要》引此正作『不知其無所用』，《淮南子》同。」王利器曰：「《精神篇》：『故知其無所用，貪者能辭之；不知其無所用，廉者不能讓也。』」王叔岷說是也，道藏《纘義》本「不知其」下正有「無」字。「皆」與「不能」對言，皆讀為解，亦猶能也。

（46）夫人之所以亡社稷，身死人手，為天下笑者，未嘗非欲也

按：王利器曰：「《精神篇》：『夫人主之所以殘亡其國家，損棄其社稷，身死於人手，為天下笑，未嘗非為非欲也。』『損』當作『捐』。」此文「夫人」下當據《淮南》補「主」字。

（47）知冬日之扇，夏日之裘，無用於己，萬物變為塵垢矣

按：王利器曰：「《精神篇》：『知冬日之箑，夏日之裘，無用於己，則萬物之變為塵埃矣。』高誘注：『箑，扇也，楚人謂扇為箑。』」四庫本、四庫《纘義》本「知」誤作「如」。《淮南子·說林篇》：「中夏用箑，快之，至冬而不知。」此作「知」字之確證。《治要》卷 35 引「變」上有「之」字，與《淮南》合。《意林》卷 1 引末句作「則生塵垢」，蓋臆改。《呂氏春秋·有度》：「夏不衣裘，非愛裘也，煖有餘也。冬不用箑，非愛箑也，清有餘也。」〔註239〕高誘注：「箑，扇也。清，寒。」《淮南子·俶真篇》：「夫夏日之不被裘者，非愛之也，燠有餘於身也。冬日之不用翣者，非簡之也，清有餘於適也。」高誘注：「翣，扇也。簡，賤也。」亦足參證。「翣（箑、箑）」同「箑」。

（48）性失然後貴仁義，仁義立而道德廢，純樸散而禮樂飾，是非形而百姓眩，珠玉貴而天下爭

按：王利器曰：「《齊俗篇》：『性失然後貴仁，道失然後貴義，是故仁義立而道德遷矣，禮義飾則純樸散矣，是非形則百姓眩矣，珠玉尊則天下爭矣。』」此文有脫文，「性失然後貴仁義」當作「性失然後貴仁，〔道失然後貴〕義」。又「純樸散而禮樂飾」當乙作「禮樂飾而純樸散」，與「仁義立而道德廢」對

〔註239〕《文選·秋興賦》、《遊南亭》李善注引「箑」作「箑」，《文選·答靈運》李善注、道藏本《意林》卷 2（指海本、四庫本同）、《御覽》卷 429 引作「翣」，聚珍本《意林》引作「箑」。

舉。下文云「禮樂飾則生詐偽」，是其誼也。《後漢書・朱穆傳》《崇厚論》：「德性失然後貴仁義，是以仁義起而道德遷，禮法興而淳樸散。」亦是其證。本書《下德》：「及至世之衰，用多而財寡，事力勞而養不足，民貧苦而忿爭生，是以貴仁。人（仁）鄙不齊，比周朋黨，各推其與，懷機械巧詐之心，是以貴義。」〔註240〕又《精誠》：「是故道散而為德，德溢而為仁義，仁義立而道德廢矣。」〔註241〕

（49）夫禮者，所以別尊卑貴賤也

按：王利器曰：「《齊俗篇》：『夫禮者，所以別尊卑異貴賤。』」此文「貴賤」上當據補「異」字，下文云「異貴賤，差賢不肖」，《淮南子・本經篇》同。

（50）故水積則生相食之蟲，土積則生自肉之狩，禮樂飾則生詐偽

按：顧觀光曰：「土積則主自肉之獸，『主』字誤，《齊俗訓》作『生』。」王利器曰：「《齊俗篇》：『夫水積則生相食之魚，土積則生自宂之獸，禮義飾則生偽匿之本（士）。』」《御覽》卷523引《淮南子》「魚」作「蟲」，與《文子》合。「宂」為「肉」之誤。《意林》卷1引《尸子》：「水積則生吞舟之魚，土積則生豫章之木，學積亦有生焉。」〔註242〕下「生」字各本皆同，顧氏自誤耳。自肉，四庫《纘義》本作「自食」。狩，景宋本、道藏《纘義》本、《宛委別藏》本同，四庫本、四庫《纘義》本作「獸」。

（51）皆亂以營，貞信熳爛，人失其性

按：王利器《疏義》本「爛」誤作「斕」。王利器曰：「《齊俗篇》：『皆亂以營，貞信漫瀾，人失其情性。』」李定生等曰：「營，惑亂。」營，讀為熒，惑也。熳爛，景宋本、《宛委別藏》本同，道藏《纘義》本作「爛熳」，四庫本作「漫爛」。

（52）故多欲則事不省，求贍則爭不止

按：顧觀光曰：「句誤，《治要》引作『故物多則欲省，求贍則爭止』，與

〔註240〕《淮南子・本經篇》略同。
〔註241〕《淮南子・俶真篇》同。
〔註242〕《文選・子虛賦》李善注引作「土積則生梗楠豫章」，《御覽》卷607引「章」作「樟」，餘同。

《齊俗訓》合。」王利器曰：「《齊俗篇》：『故物豐則欲省，求澹則爭止。』」《治要》卷41引《淮南》「豐」作「隆」，「澹」作「贍」。顧說是也，《文子》各本皆誤，《長短經・勢運》引作「物多則欲省，求贍則爭止」。《鹽鐵論・授時》：「贍則民爭止。」又《詔聖》：「澹則爭止。」《治要》卷42引「澹」作「贍」。亦其證。

（53）故世治則小人守正而利不能誘也，世亂則君子為姦而法不能禁也

按：王叔岷曰：「《治要》引『誘』作『動』。」王利器曰：「《齊俗篇》：『故世治則小人守政而利不能誘也[註243]，世亂則君子為姦而法弗能禁。』《治要》引『政』作『正』，『法』作『刑』。」《長短經・勢運》引《淮南》同《治要》，景宋本《淮南》「政」作「正」。《後漢書・朱穆傳》《崇厚論》：「故時敦俗美，則小人守正利不能誘也；時否俗薄，雖君子為邪義不能止也。」

（54）擿礲蜃

按：俞樾曰：「『礲』乃『蜄』字之誤，『蜄』即『蜃』字。」王利器曰：「《本經篇》：『擿蜃蜃。』高誘注：『擿，猶開也，開以求珠也。』桂馥曰：『「擿」當為「摘」，《說文》「摘」有拓義。』『礲』當為『硧』或『蟖』，《集韻》：『蜃，或作硧、蟖。』」道藏《纘義》本作「摘硧蜃」，《釋音》：「硧，音蜃，同義。」「礲」同「硧（蜃）」，非誤字，字亦作蠬、蠪、蜂、鮮，音轉又作蚄、方、魵、蠙、玭[註244]。

（55）消銅鐵

按：《淮南子・本經篇》同。道藏《纘義》本「消」作「銷」。

（56）異貴賤，差賢不肖

按：《淮南子・本經篇》同。道藏《纘義》本「差」下衍「殊」字。《董子・楚莊王》：「此其別內外、差賢不肖而等尊卑也。」王念孫謂「肖」字衍文，「賢不」即「賢否」[註245]，則拘於對文，未必然也。

〔註243〕 王氏引脫「利」字，徑據《淮南子》原書補。
〔註244〕 參見蕭旭《韓非子校補》，花木蘭文化出版社2015年版，第275～276頁。
〔註245〕 王念孫《淮南子雜志》，收入《讀書雜志》卷13、15，中國書店1985年版，本卷第47、52頁。

（57）行賞罰

按：王利器曰：「《本經篇》：『經誹譽，行賞罰。』高誘注：『經，書也。誹，惡。譽，善。賞可賞，罰可罰也。』」此文脫「經誹譽」三字。經，讀為輕，高注非是。

（58）發號逆四時

按：《淮南子·覽冥篇》同。道藏《纘義》本「號」下衍「令」字。

（59）人君處位而不安，大夫隱遁而不言

按：王利器曰：「《覽冥篇》：『仁君處位而不安，大夫隱道而不言。』高誘注：『不為民所安。隱仁義之道，不正諫直言也。《論語》曰：「國無道，危行言遜也。」』」仁，讀為人。「道」為「遁」形誤。《說文》：「遁，一曰逃也。」遁亦隱也，避也。高注云云，已誤作「道」。

（60）邪人諂而陰謀邅載

按：王利器《疏義》本脫「陰」字。俞樾曰：「載者，戴之叚字也。」王利器曰：「《覽冥篇》：『邪人參耦比周而陰謀，居君臣父子之間而競載。』《爾雅》：『載，偽也。』郭璞注：『載者，言而不信。』」李定生等說同。道藏《纘義》本作「邅戴」。邅，讀為競，已詳《道德篇》、《上義篇》校補。馬宗霍曰：「載猶事也，又猶生也。此謂邪人居人君臣父子之間而競相生事也。載之訓生，詳本書《原道篇》『嗜欲不載』條。」〔註246〕馬氏載訓生，是也，然當指競生陰謀，非指競相生事。王、李說非是。《小爾雅》：「載，成也。」《釋名》：「載，生物也。」《國語·周語上》：「夫利，百物之所生也，天地之所載也。」韋昭注：「載，成也。」載亦生也，與「成」義相會。載亦可訓行，《小爾雅》：「載，行也。」《淮南》意謂邪人參耦比周，居君臣父子之間而陰謀競載。

（61）悖拔其根，而棄其本

按：王利器曰：「《覽冥篇》：『捽拔其根，蕪棄其本。』《廣雅》：『捽，拔也。』」悖，讀為捽，實為拔，一聲之轉。字亦作敉、勃，《淮南子·俶真篇》：

〔註246〕馬宗霍《墨子閒詁參正》，齊魯書社1984年版，第172頁。《原道篇》校語見第16～17頁。

「夫疾風教木，而不能拔毛髮。」高誘注：「教亦拔也。」《齊民要術·種麻子》：「既放，勃拔去雄。」音轉又作拂，《廣雅》：「拂，拔也。」拂、挬、拔亦一聲之轉也。

（62）子孫相代輔佐，黜讒佞之端，息未辯之說

按：顧觀光曰：「『輔佐』下脫『有能』二字，當依《覽冥訓》補。『未』字誤甚，《覽冥訓》作『巧』。」王利器曰：「《覽冥篇》：『子孫相代，此五帝之所以迎天德也……輔佐有能，黜讒佞之端，息巧辯之說。』」李定生等曰：「相代輔佐，世代遞相輔助。息未辯之說，禁止膚淺而無本的辯說，即邪說也。」顧說是也，道藏《纘義》本「未」作「末」，亦誤。

（63）屏流言之迹，塞朋黨之門

按：《淮南子·覽冥篇》同，《戰國策·趙策二》亦同。

（64）消智能，循大常

按：王利器曰：「《覽冥篇》：『消知能，脩太常。』」《淮南》當據此訂正。大常，指大常之道。「脩」是「循」形譌。

（65）隳枝體，黜聰明

按：王利器曰：「《覽冥篇》：『隳肢體，絀聰明。』《莊子·大宗師篇》：『隳肢體，黜聰明。』」世德堂本《莊子》作「墮枝體」，《意林》卷2引作「隳肢體」，《御覽》卷490引作「隳支體」。道藏《纘義》本《文子》「枝」作「肢」。《淮南子·道應篇》：「隳支體，黜聰明。」

（66）夫聖人非能生時，時至而不失也

按：王利器曰：「《覽冥篇》：『夫聖人者，不能生時，時至而弗失也。』」《戰國策·秦策三》：「聖人不能為時，時至而弗失。」〔註247〕《管子·霸言》：「聖人能輔時，不能違時。」《呂氏春秋·召類》：「聖人不能為時，而能以事適時。」《後漢紀》卷1引古人言：「聖人不得違時，時〔至〕亦不可失也。」

〔註247〕馬王堆帛書《戰國縱橫家書》「而」作「亦」。

（67）酆水之深十仞，而不受塵垢，金石在中，形見於外

按：王叔岷曰：「《治要》、《御覽》卷62引『金石』並作『金鐵』，《淮南子》同。」王利器曰：「日本兩《治要》本『酆』作『豐』，《御覽》卷62引亦作『豐』，《淮南子·道應篇》作『灃』，異體字也。日本兩《治要》本『金石』作『金鐵』。《道應篇》：『灃水之深，千仞而不受塵垢，投金鐵鍼焉，則形見於外。』王念孫以為『鍼』衍。」日本兩《治要》本卷35引仍作「酆」，王利器失檢。景宋本、道藏本《淮南》亦作「豐」。《御覽》卷62引「金石」作「金鐵」，同「金鐵」。《御覽》卷813引《淮南》作「豐水水之深十仞，不受塵埃，投金鐵焉，則形見於水」，《貞觀政要·公平》引《淮南》作「豐水之深十仞，金鐵在焉，則形見於外」。

（68）非不深且清也，魚鱉蛟龍莫之歸也

按：王利器曰：「《道應篇》：『非不深且清也，魚鱉龍蛇莫之肯歸也。』日本兩《治要》本無『龍蛇』二字。」《治要》卷35引此文無「蛟龍」二字，王氏失記。《貞觀政要·公平》引《淮南》作「而魚鱉莫之歸也」，無「龍蛇」二字。

（69）石上不生五穀，禿山不遊麋鹿，無所蔭蔽也

按：王利器曰：「《道應篇》：『是故石上不生五穀，禿山不遊麋鹿，無所蔭蔽隱也。』王念孫曰：『「隱」蓋「蔽」字之注而誤入正文者。』《金樓子·立言上》：『夫石田不生五穀，構山不游麋鹿，何哉？以其無所因也。』構山，蓋指人造之山。」構，讀為确、磽，堅石也，王說非是。

（70）故為政以苛為察，以切為明，以刻下為忠，以計多為功，
　　　如此者，譬猶廣革者也，大敗大，裂之道也

按：顧觀光曰：「《道應訓》云『大即大矣，裂之道也』，此脫誤不可讀。」孫詒讓曰：「『廣』當作『擴』，『擴』與『廓』音義略同。『敗』當作『則』，『大』下又挩『矣』字。」王叔岷曰：「顧說是也，《治要》引此作『大即大矣』，與《淮南子》合。」王利器曰：「計謂出入之數，若今計賬。《道應篇》：『其為政也，以苛為察，以切為明，以刻下為忠，以計多為功，譬之猶廓革者也，廓之，大則大矣，裂之道也。』《新序·雜事一》：『中行氏之為政也，以苛為察，以欺為明，以刻為忠，以計多為善，以聚斂為良，譬之其猶鞹革者

也，大則大矣，裂之道也。」廣、廓、鞟同聲通用。」石光瑛曰：「善，計多為善，謂尚詐不尚德。『廓』當作『彍』，『鞟』同音叚借字。『廣』即俗『擴』字，亦當作『彍』。『敗』乃『則』形近之誤。」〔註248〕《淮南子》各本皆作「大則大矣」，無作「即」者，顧氏失記。孫、石說「敗」是「則」形譌，是也，《道德真經四子古道集解》卷8引正作「則」。此文「大敗大」，道藏《纘義》本作「大即大」，《治要》卷35引作「大即大矣」。「則」與「即」同義。王利器說「計」是也，「計」指收賦稅。何寧據《貞觀政要》卷5引校「計」作「訐」〔註249〕，非是。廣、擴、廓、鞟，並讀為彍，石說是也。《說文》：「彍，滿弩也。」《廣雅》：「彍，張也。」阜陽漢簡「說」類殘簡有「為政也，以苛為察」之殘文〔註250〕。《漢書·景帝紀》：「以苛為察，以刻為明。」《後漢書·章帝紀》：「夫以苛為察，以刻為明，以輕為德，以重為威。」《申鑒·政體》：「以苛為密〔註251〕，以利為公，以割下為能，以附上為忠，此叛國之風也。」皆可互證。

（71）同莫足以相治，故以異為奇。奇靜為躁，奇治為亂，奇飽為飢，奇逸為勞。奇正之相應，若水火金木之相伐也，何往而不勝

按：王利器曰：「《兵略篇》：『同莫足以相治也，故以異為奇。故靜為躁奇，治為亂奇，飽為飢奇，佚為勞奇。奇正之相應，若水火金木之代為雌雄也。』『代為雌雄』與『相伐』義相比也。」彭裕商曰：「相伐，猶言相克。亦可能是『相代』之誤。」銀雀山漢簡（二）《奇正》：「同不足以相勝也，故以異為奇。是以靜為動奇，失（佚）為勞奇，飽為饑奇，治為亂奇，眾為寡奇。」〔註252〕顧觀光指出此文「靜」上「奇」字衍文，「勞」下脫「奇」字，「『靜為躁奇』以下並於『奇』字絕句」，是也。蔡偉及余舊說皆同顧氏〔註253〕，失於

〔註248〕 石光瑛《新序校釋》，中華書局2001年版，第144～145頁。
〔註249〕 何寧《淮南子集釋》，中華書局1998年版，第903頁。
〔註250〕 韓自強《阜陽漢簡〈周易〉研究——附〈儒家者言〉章題、〈春秋事語〉章題及相關竹簡》附錄二，上海古籍出版社2004年版，第199頁。
〔註251〕 《長短經·理亂》「密」作「察」。
〔註252〕 《銀雀山漢墓竹簡〔貳〕》，銀雀山漢墓竹簡整理小組，文物出版社2010年版，第155頁。
〔註253〕 蔡偉《據漢簡校讀〈文子〉一則》，《中華文史論叢》2011年第1期，第90頁。蕭旭《淮南子校補》，花木蘭文化出版社2014年版，第494～495頁。

檢點也。王利器、李定生、彭裕商皆未得其讀。「伐」當作「代」，字之誤也，彭氏後說是。代，遞也，更也，猶今言輪流。

本稿卷 1～5 的主要內容以《文子解詁三十四則》為題發表於《文津學志》第 10 輯，北京圖書館出版社 2017 年 8 月出版，第 101～112 頁。卷 6～12 的主要內容以《文子解詁四十八則》為題發表於《文津學志》第 11 輯，北京圖書館出版社 2018 年 8 月出版，第 122～135 頁。

《老子指歸》校補

　　西漢嚴遵（本名莊遵）《老子指歸》，又稱作《道德指歸論》。今存二個版本系統，一是胡震亨氏秘冊彙函本（存卷1～6），津逮秘書本、學津討原本均出自彙函本；二是正統道藏本（存卷7～13），有谷神子舊注。所存皆《德經》部分的內容。

　　清人唐鴻學著有《道德真經指歸注校》[註1]，余未見此書。今人整理本有二：王德有點校本《老子指歸》[註2]，樊波成《老子指歸校箋》[註3]。二書均自稱以道藏本作底本。茲據樊君《校箋》作校補焉。

　　樊君《校箋》自稱以道藏本作底本，據我粗略考察，《校箋》並不完全忠實於道藏本。我見到二個《道藏》的電子檢索數據庫[註4]，樊君《校箋》中有的文字居然是從電子數據庫複製，根本沒有核對道藏本。如《校箋》第175頁「壞邑者爵，降城者封」，各本「壞」都作「壞」[註5]，電子數據庫誤錄作「壞」，樊君誤同。《校箋》第220頁「捐知棄偽，復歸太古」，道藏本「捐」作「損」，電子數據庫誤錄作「捐」，樊君誤同[註6]。《校箋》引用文獻，也有逕據電子數據庫引錄的情況，沒有核對原書。如《校箋》第166頁引陳景

〔註1〕唐鴻學《道德真經指歸注校》，怡蘭堂叢書本；又《無求備齋老子集成續編》影印。

〔註2〕王德有《老子指歸》，中華書局1994年版。

〔註3〕樊波成《老子指歸校箋》，上海古籍出版社2013年版。

〔註4〕一是《瀚堂典藏數據庫系統》，一是《道藏續道藏全文檢索系統》，二者文字基本相同，想必是同一個來源。

〔註5〕「各本」指道藏本、秘冊彙函本、津逮秘書本、學津討原本。怡蘭堂叢書本余未見。

〔註6〕底本「損」是「捐」形誤，此當據底本作「損」，再出校。

元《纂微篇》卷 9「鑽崖潰山」，道藏本「潰」作「漬」，電子數據庫誤錄作「潰」，樊君誤同。又如《校箋》第 176 頁引強思齊《纂疏》卷 18「恐人財殫力屈」，道藏本「殫」作「殫」，電子數據庫誤錄作「禪」，樊君誤同。「壞邑」、「財殫」都不辭，稍加留心，這類錯誤根本就不應該發生。至於王德有點校本的文字錯誤，《校箋》後出，本來應該後出轉精，訂正其誤，但《校箋》承襲其誤，很多沒有改正，具詳正文，這裏不再舉例。《校箋》如果重版，應該以真正的道藏本逐字覆核，而不是王德有本。

樊君《校箋》，其箋釋的部分不是很多，偶見 5、6 條精義；大多數的箋釋有待商榷，訓詁非樊君所長也。如《校箋》第 259 頁謂《老子》「循之不得名曰微」之「循」是「尋」聲訓，而不知「循」是「揗」之常見通借字〔註7〕。第 272 頁謂《老子》「自伐者無功，自矜者不長」之「伐」字「為『征伐』之意，與『伐其功』之『伐』不同」，經文明明「矜」、「伐」對舉同義，何得解作「征伐」？《老子》又云「不自伐，故有功；不自矜，故長」，亦同。樊君《校箋》中箋釋的按語，我發現其意見出自王念孫（或錢繹，錢氏也是襲王說）、汪繼培、孫詒讓說各 1 條，高亨說 2 條（具詳正文），這些意見都當改作引用為宜。

樊君《校箋》失校誤校頗多，具詳正文。

道藏本中的杜光庭《道德真經廣聖義》、強思齊《道德真經玄德纂疏》、陳景元《道德真經藏室纂微篇》、劉惟永《道德真經集義》，本文引用分別省稱作《廣聖義》、《纂疏》、《纂微篇》、《集義》。

一、《老子指歸・德經》校補

《老子指歸》卷一

《上德不德章》第一

（1）兼愛萬物，博施無窮，謂之仁人

按：博，宋陳景元《纂微篇》卷 6 引誤作「搏」。

〔註7〕帛書甲、乙本《老子》作「揗」，《淮南子・原道篇》、《列子・天瑞篇》引作「循」。《說文》：「揗，撫也，一曰摹也。」又「揗，摩也。」《廣雅》：「揗，循也。」音轉亦作抁，《說文》：「抁，撫持也。」《淮南子・俶真篇》云「抁之不可得也」。

（2）趨務舛馳

按：四字亦見《不出戶章》。務，讀為鶩，亂馳也。《生也柔弱章》「天犇地馳而不能及，陰騁陽鶩而不能逮」，正作本字。《名身孰親章》「夙夜趨務」，亦同。樊波成曰：「趨務，王德有云：『繁忙貌。』案：即『趣務』，追求與職責。趨務舛馳，即司職與追求不同。」（P67）其說不知所云。

（3）〔或〕廓然昭昭而稱王，或遠通參差而稱伯

按：杜光庭《廣聖義》卷31：「或廓然昭顯而稱王，或通達參錯而稱霸。」本於《指歸》。此文「遠」當作「達」。「達通」是本書成語，誼同「通達」。《天下有始章》：「道德之明不蔽，而天地之慮達通。」《民不畏死章》：「是以使雄英豪達通之人，不敢作福，不敢起威。」《天之道章》：「孰能損有餘明達通也，而奉天下福並生也？」均其例。《行於大道章》「負達抱通，提聰挈明」，即「負抱達通，提挈聰明」，此其變例。樊波成已引《廣聖義》之文，而失校本文誤字，亦已疏矣。

（4）夫易姓而王，封於太山，禪於梁父者，七十有二義

樊波成曰：義，胡本系統作「君」。唐鴻學曰：「《華陽國志》云：君平『授《老》《莊》，著《指歸》，為道書之宗，揚雄少師之，稱其德。』故其稱引悉遵師說，如『禪於梁父者七十有二義』，他書或作『家』，作『君』，作『代』。惟《漢書·揚雄傳·羽獵賦》云：『泰山之封，烏得七十而有二儀？』儀、義古通。」謹按：「山」、「言」古音皆在元部，「義」古音在歌部。劉昭《續漢書·祭祀志》引莊子曰：「易姓而王，封於泰山，禪於梁父者，七十有二代。」「代」與「義（儀）」形近而誤，可證唐說。（P13）

按：①《續漢書·祭祀志》劉昭注引莊子云云（非正文所引），即指莊遵，非莊周也，《路史》卷2引作「莊周之說」，又卷32引作「莊書」，《困學紀聞》卷10輯作「莊子逸篇」，王叔岷《莊子校釋》輯作「莊子逸文」〔註8〕，欒貴明《莊子集》卷34輯作《莊子新輯》〔註9〕，殊誤。本篇下文云：「何以明之？莊子曰：『夫天地之應因於事，事應於變……』」《不出戶章》：「何以言之？莊子曰：『一人之身，俱生父母……同體故也。』」《道生一章》：

〔註8〕王叔岷《莊子校釋》附錄《莊子逸文》，臺灣商務印書館1993年版，第4～5頁。
〔註9〕欒貴明《莊子集》卷34《莊子新輯》，新世界出版社2014年版，第269頁。

「何以明之？莊子曰：『夫人形腐（臠）……孰者為之？』《聖人無常心章》：「何以明之？莊子曰：『我之所以為我者，豈我也哉……道使然也。』」《道生章》：「何以明之？道德包萬天也。莊子曰：『夫天地有類，而道德無形……』」《行於大道章》：「何以明之？莊子曰：『道之所生，天之所興……』」《以正治國章》：「何以明之？莊子曰：『夫起福生利，成功遂事……』」《治大國章》：「何以明之？莊子曰：『夫飢而倍食，渴而大飲……』」《其安易持章》：「何以效之？莊子曰：『任車未虧，僮子行之……』」《善為道者章》：「何以明之？莊子曰：『夫天地不知道德之所為，故可為然也……』」《天下謂我章》：「何以效之？莊子曰：『日月之出入也同明，人之死生也同形……』」《用兵章》：「何以效之？莊子曰：『夫陰而不陽，萬物不生；陽而不陰，萬物不成……』」《民不畏威章》：「何以明之？莊子曰：『天地之道，始必有終，終必有始……』」《民不畏死章》：「何以明之？莊子曰：『夫嬰兒未知而忠信於仇讎……』」莊子非莊周，皆莊遵自稱。②唐鴻學說「儀、義古通」，是也，但未釋其誼。義（儀），讀作家，歌、魚旁轉在漢代是普遍現象〔註10〕。義從我得聲，家從豭省聲，豭從叚得聲，古音我、叚相通。《詩·維天之命》「假以溢我」，《說文》「諴」字條引「假」作「諴」。《管子·地數》「封於泰山，禪於梁父，封禪之王七十二家」，又《封禪》「古者封泰山禪梁父者七十二家」〔註11〕，此作本字。七十二家猶言七十二人〔註12〕，《董子·堯舜不擅移湯武不專殺》：「故封太山之上，禪梁父之下，易姓而王，德如堯舜者七十二人。」③「代」與「義（儀）」字形不近，樊君說誤也。作「代」作「君」者〔註13〕，皆易字屬文。《續漢書·祭祀志》：「曾謂泰山不如林放，何事汙七十二代之編錄？」正文作「代」字，故劉昭注引莊子易作「代」，改字從正文也。《說文解字序》：「以迄五帝三王之世，改易殊體，封於泰山者七十有二代，靡有同焉。」此「代」字不誤之證。

〔註10〕 章太炎《文始》卷5指出「魚亦旁轉歌」，收入《章太炎全集》（七），上海人民出版社1999年版，第278頁。他家亦有論述，不復徵引。

〔註11〕 《史記·封禪書》引同。

〔註12〕 「家」、「人」同義，參見王利器《「家」、「人」對文解》，收入《曉傳書齋集》，華東師範大學出版社1997年版，第136～161頁。

〔註13〕 《孔叢子·執節》引晏子之書：「吾聞泰山之上封禪者七十有二君。」《御覽》卷536引《河圖真紀鈎》：「王者封太山，禪梁父，易姓奉度，繼興崇功者七十二君。」此作「君」字者。

（5）其有形兆圻堮髣髴不可識者，不可稱言

　　樊波成曰：圻堮，為痕跡或邊緣。圻，亦作「垠」，《說文》：「垠，或從斤。」故劉昭《續漢書‧祭祀志》引作「垠堮」。（P13）

　　按：圻堮，《路史》卷2《前紀二》引作「整堮」，又卷32《發揮一》引作「墊堮」。「整」是「墊」形誤。墊讀作圻（垠），字亦作埑。《說文》：「㹕，讀又若銀。」《淮南子‧兵略篇》「不見朕墊」，《覽冥篇》作「朕垠」；又《俶真篇》「通於無墊」，又「通於無圻」。是其證也。

（6）是故上德之君，體道而存，神與化倫，德動玄冥，天下王之，
　　　莫有見聞，德歸萬物，皆曰自然。

　　按：杜光庭《廣聖義》卷30引「倫」作「淪」，「王」作「歸」。王，讀作往，歸往也。《天下謂我章》「故不施而天下往」，則作本字。「淪」當作「倫」，謂循其理也，順也，合也。《廣雅》：「倫，順也。」本篇下文云「動作倫於太和，取捨合乎天心」，倫亦合也。《廣聖義》卷32：「動作順於太和，取舍合於天理。」即本此文，正易作「順」字，得其誼矣。樊波成已引《廣聖義》之文，而於異文未作判定。

（7）神無所思，志無所慮，聰明玄遠，寂泊空虛

　　按：「遠」當作「達」。「玄達」是《老子》語〔註14〕。《萬物之奧章》：「玄達萬事，以歸無名。」《淮南子‧精神篇》：「使耳目精明玄達而無誘慕，氣志虛靜恬愉而省嗜慾，五藏定寧充盈而不泄，精神內守形骸而不外越，則望於往世之前，而視於來事之後，猶未足為也。」《文子‧九守》略同。「聰明玄達」即「耳目精明玄達」，「聰明」指耳聰目明。

（8）知不足以倫其化，言不足以導其俗

　　樊波成曰：倫其化，王德有謂「條理風化」。按：疑為「化其倫」之倒文。王褒《洞簫賦》：「感陰陽之和，化風俗之倫。」（P15）

　　按：樊說非是。此文與《洞簫賦》無涉，原文不誤。此承上文「神與化倫」而言，「倫」是動詞，順也。下文「蒙其化」承此，則「其化」必非倒文。

―――――――――――

〔註14〕郭店楚簡《老子》甲本「古之善為士者，必微妙玄達」，馬王堆帛書《老子》
　　　　乙本、北大漢簡本同，王弼本第15章作「玄通」。

（9）天下咮咮喁喁，皆蒙其化而被其和

樊波成曰：咮咮喁喁，又見《至柔章》：「天下惘惘，咮咮喁喁。」喁，《說文》謂「魚口上見」，引申為眾口一致，隨聲附和。咮咮，或為「喁喁」之聲轉，兩字古音皆在侯部；且「喁喁」為魚口上見，「咮咮」為鳥口，其義相去不遠。（P15）

按：「咮咮」與「喁喁」不得聲轉，且「喁喁」為魚口上見貌，是形容詞；若「咮咮」為鳥口，則是名詞。二者相去遠矣，不得牽合。咮咮，讀為「啁啁」〔註15〕，俗語轉作「叨叨」，鳥鳴繁雜之聲。《禽經》：「鸐雀啁啁，下齊眾庶。」本書以鳥之咮咮、魚之喁喁狀天下人民仰慕其上。

（10）託神於太虛，隱根於玄冥；動反柔弱，靜歸和平

按：杜光庭《廣聖義》卷31：「夫上德之君，託神太虛，隱貌玄冥，動反柔弱，靜歸和平。」即本《指歸》。「根」當據校作「貌」〔註16〕，與「神」對文。隱貌，猶言隱形。《廣聖義》卷32：「有道之君，託神太漠，隱貌玄冥。」亦其證也。也稱作「遁貌」，《民不畏威章》：「竄端匿迹，遁貌逃情。反於虛無，歸於玄冥。」〔註17〕考《鬼谷子·摩》：「是謂塞窌匿端，隱貌逃情而人不知，故成其事而無患。」是「隱貌」、「遁貌」固道家語也。《大成若缺章》「及至解心釋意，託神清靜，形捐四海之外，游志無有之內，心平氣和，涼有餘矣。」與此文可以互證，「託神清靜」即「託神於太虛」也，「形捐四海之外」即「隱貌於玄冥」也。樊波成已引《廣聖義》卷31，而於異文未作判定。

（11）方地隨天，與化為常

樊波成曰：方，讀仿，即《春秋繁露·如天之為》「是故志意隨天地，緩急仿陰陽」之意。（P16）

按：樊說非是。方地指大地。「方地隨天」承上文「載（戴）規履矩」而

〔註15〕相通之例參見蕭旭《馬王堆帛書〈木人占〉校補》。

〔註16〕「貌」俗字作「𤞤」、「狠」，故形誤作「根」。S.516《歷代法寶記》「大師容𤞤端嚴」，「𤞤」即「狠（貌）」。P.2313V《歡施主女》「芳年始茂，玉𤞤初鮮」，甘博14《大般涅槃經》卷12「是女端正顏𤞤瑱麗」，「𤞤」即「貌」，與「狠（hen）」是同形字。

〔註17〕秘冊彙函本、津逮秘書本、學津討原本「貌」誤作「類」。

言。「戴規履矩」諸書亦作「戴圓履矩」（《廣成集》卷2）、「戴圓履方」（《淮南子・本經篇》）。古人認為天圓地方，故戴圓冠以象天，履方屢以法地。規指圓冠，矩指方屢。《莊子・田子方》：「儒者冠圜冠者知天時，履句屢者知地形。」《釋文》：「圜，音圓。句，音矩，徐其俱反，李云：『方也。』」李頤訓句為方，是也。《荀子・哀公》作「絢屢」。句、絢，並讀為矩，故訓方也。方履、絢（句）履，指履頭有矩形之飾也。

（12）其務損而不益，其事修而不作

按：杜光庭《廣聖義》卷32：「務其損而不益，其事然而不作。」「務其」當據此文乙作「其務」。「修」當作「循」，猶言遵循、因循、順應。「然」亦誤。「循而不作」即《不出戶章》「因而不作」也，亦作「因而不為」，謂因循自然而無所作為。《呂氏春秋・知度》：「故有道之主，因而不為。」《淮南子・齊俗篇》：「故先王之法籍，非所作也，其所因也；其禁誅，非所為也，其所守也。」《文子・自然》同，又《文子・道原》「故先王之法，非所作也，所因也；其禁誅，非所為也，所守也。故能因即大，作即細；能守即固，為即敗。」《子華子・晏子》：「昔先主之制法也……因而弗作，守而弗為。」亦謂之「循而不作」，《墨子・非儒下》：「儒者又曰：『君子循而不作。』應之曰：『古者羿作弓，杼作甲，奚仲作車，巧垂作舟，然則今之鮑函車匠皆君子也，而羿、杼、奚仲、巧垂皆小人邪？且其所循，人必或作之，然則其所循皆小人道也？』」孫詒讓引顧廣圻曰：「《廣雅》『循，述也』。《論語》曰：『君子述而不作。』」〔註18〕《說文》：「述，循也。」儒家「述而不作」即「循而不作」，與道家同旨。墨子駁儒說，所舉作弓、甲、車、舟者，皆因循自然之物而製作器物。墨子與孔子同時，所釋乃《論語》古義；後人解作「祖述」、「傳述」，失其真矣。《鹽鐵論・刺復》：「夫舉規矩而知宜，吹律而知變，上也；因循而不作，以俟其人，次也。」均其證也。《人之飢章》「因道修德，順天之則」，「修」亦當作「循」。

（13）所為者寡，所守者約

按：《淮南子・主術篇》：「夫聖人之智固已多矣，其所守者有（『有』衍文）約，故舉而必榮；愚人之智固已少矣，其所事者多，故動而必窮矣。」

〔註18〕孫詒讓《墨子閒詁》，中華書局2001年版，第293頁。

（14）主如天地，民如草木，被道合德，恬淡無欲

按：「主如天地」亦見《至柔章》、《善為道者章》，杜光庭《廣聖義》卷32「主」誤作「王」。「合」當是「含」形誤。《得一章》「故能體道合德，與天同則」亦同，《含德之厚章》「故能被道含德，與天地同」，是其確證。「含德」語出《老子》第55章「含德之厚者，比於赤子」。「被道含德」是本書成語，《以正治國章》：「被道含德，無思無求，無令無法，萬民自化。」〔註19〕下文云：「大丈夫之為化也，體道抱德，太虛通洞。」《淮南子・本經篇》：「今至人生亂世之中，含德懷道。」又《繆稱篇》：「含德履道，而上下相樂也。」《文子・精誠》：「故至人之治，含德抱道。」含亦懷也，抱也。傅奕《上廢省佛僧表》：「乃有守道含德，無欲無求。」都是其證。

（15）嘉禾朱草勺藥而生，神龍鳳凰與人相託

樊波成曰：而，胡本系統作「並」，疑是。（P16）

按：「而」字是。「嘉禾朱草」與「神龍鳳凰」對舉，皆祥瑞之物。「勺藥」是形容詞，非名詞。勺藥，讀作「灼爍」，字亦作「灼爚」、「焯爍」，光彩鮮明貌。

（16）昭物遭變，響應影隨

按：昭，讀作照。《天下有始章》：「故能響應影隨，照物不窮。」

（17）積思重厚，以招殊方

樊波成曰：思，王德有謂「疑作『恩』」。（P17）

按：王說是也。《民不畏威章》有「積德重厚」語，《淮南子・俶真篇》有「積惠重厚」語。「恩」指恩德、恩惠。「積恩重厚，以招殊方」語本《老子》第55章：「早復謂之重積德。重積德，則無不克；無不克，則莫知其極。」莫知其極，言無遠不至也。

（18）人有玄孫，黃髮兒齒

按：兒，讀作齯，指老人齒落更生之細齒。

〔註19〕秘冊彙函本「含」誤作「舍」。

（19）兼聽萬國，折之以中，威而不暴，和而不淫，嚴而不酷，
察而不刻

按：和，和柔。淫，讀為流。《荀子‧勸學》：「昔者瓠巴鼓瑟，而流魚出
聽。」《淮南子‧說山篇》「流」作「淫」。《禮記‧中庸》：「故君子和而不流。」
鄭玄注：「流，猶移也。」《荀子‧樂論》：「樂中平，則民和而不流。」又考
《荀子‧不苟》：「君子……察而不激……柔從而不流，恭敬謹慎而容。」「察
而不刻」即「察而不激」，「和而不淫」即「柔從而不流」也。

（20）事與務變，禮與俗化

按：《淮南子‧氾論篇》：「故聖人法與時變，禮與俗化。」《文子‧上義》同。

（21）廷正以慎道，顯善以發姦

樊波成曰：廷，胡本系統作「延」。（P17）

按：陳才指出「廷」是「延」形誤〔註20〕，是也。延，迎也，進也。慎，
讀為順。

（22）便民不苟

按：「便」當作「使」，役使也。

（23）承弊通變，存亡接絕

按：《史記‧平準書》：「湯武承弊易變，使民不倦。」又《太史公自序》：
「天人之際，承敝（弊）通變，作《八書》。」《漢書‧黃霸傳》：「漢家承敝
（弊）通變，造起律令。」可知「承弊通變」是漢人成語。《江海章》「故能極
弊通變，救衰匡亂，以至太平」，「極」乃「拯」形誤，讀作承。樊波成校「極
弊」作「極數」，以傅會《易‧繫辭》（P166），殊誤。

（24）優遊強梁，包裹風俗

按：優遊，讀作「優柔」，柔弱義，與「強梁」對舉。《淮南子‧原道篇》
「優遊委縱」，又《本經篇》「優柔委從」，是其確證。此「優遊」與《上士聞
道章》「優游太清之中」、《為無為章》「翱翔玄冥，優游太素」之「優游」表示

〔註20〕陳才《傳承中有所創新的一種校箋新體式——評樊波成〈老子指歸校箋〉》，
《中華讀書報》2015 年 8 月 5 日第 16 版。

閒暇義不同。「包裹風俗」語出《淮南子‧本經篇》。

（25）末降而本衰

樊波成曰：降，怡蘭堂叢書本、胡本系統作「隆」，陳景元《纂微篇》亦引「隆」，據改。古書多「隆」、「殺（衰）」相對。（P19）

按：「降」是其舊本。古書「隆」多借「降」為之，《漢語大字典》已列之，焉能盡改？杜光庭《廣聖義》卷30亦作「隆」，易作正字。

（26）夫天地之應因於事，事應於變。變無常時，是以事不可預設，而變不可先圖，猶痛不可先摩，而癢不可先折，五味不可以升斗和，琴瑟不可以尺寸調也

按：《漢紀》卷2：「故曰：權不可預設，變不可先圖，與時遷移，應物變化，設策之機也。」

（27）損心棄意，不見威儀

按：《玄都律文‧虛無善惡律》、《無上祕要》卷65、《雲笈七籤》卷91引同。「損」當作「捐」，亦棄也，去也。《上士聞道章》「是以捐聰明，棄智慮，反歸真朴，遊於太素」〔註21〕，又「棄捐天下」，《天下有道章》「捐棄萬物」，《大成若缺章》「棄捐戰伐，無所不克」，《不出戶章》「捐棄知故」，均「捐」、「棄」對舉或連文。《至柔章》「損聰以聽無音，棄明以視無形」，《知者不言章》「是故得道之士損聰棄明，不視不聽，若無見聞」，《知不知章》「以其損聰棄智、廢為而任道也」，此三「損」字當作「捐」，《上士聞道章》正作「捐」；陳景元《纂微篇》卷3引《指歸》「抱真履素，捐棄聰明」，亦作「捐」。《莊子‧秋水》郭象注「故捐聰明，棄知慮，魄然忘其為而任其自動」，國圖藏宋刻本、《古逸叢書》覆宋本、《續古逸叢書》南宋本、南宋蜀刻趙諫議本、《纂圖互注》元刻本、明世德堂本都作「捐」，褚伯秀《南華真經義海纂微》卷54引同，道藏《注疏》本誤作「損」。《得一章》「去聰去明，虛無自應」，《淮南子‧精神篇》「清目而不以視，靜耳而不以聽，鉗口而不以言，委心而不以慮，棄聰明而反太素，休精神而棄知故」，又《俶真篇》「棄聰明，反無識」，亦足為佐證。《淮南子‧覽冥篇》「絀聰明」，又《道應篇》「黜聰明，離形去知」，又《要略篇》「所以使人黜耳目之聰明」，黜（絀）亦去也，除也。《人之飢章》「此古人之所

〔註21〕陳景元《纂微篇》卷6引「捐」同，「棄」作「廢」。

以棄損形骸、飢寒困窮者」，又「損精棄神」，《小國寡民章》「損知棄偽，復歸
太古」，《出生入死章》「損形於無境，浮神於無內」，《以正治國章》「藏奇損智，
忠信為務」，諸「損」字亦均當作「捐」。《淮南子·原道篇》「去其誘慕，除其
嗜欲，損其思慮」，王念孫曰：「『損』當為『捐』，字之誤也。『捐』與『去』、
『除』同意，作『損』則非其指矣。《文子·道原篇》正作『捐其思慮』。又《精
神篇》『忘其五藏，損其形骸』，『損』亦當為『捐』，『捐』與『忘』意相近。又
下文『殘亡其國家，損棄其社稷』，案：社稷可言棄，不可言損，當亦是『捐』
字之誤。」〔註22〕王說俱是也，本書「棄損形骸」必是「棄捐形骸」之誤，「棄
捐」同義連文，亦足證《淮南》「損其形骸」之「損」是誤字。

《得一章》第二

（1）繩繩忽忽，無端無緒

樊波成曰：繩繩，讀作「冥冥」。忽忽，讀作「吻吻」。「繩繩」即《老子》
「繩繩不可名」，梁武帝、顧歡謂「無涯際」、「無窮」。又《說文》：「𪏆，冥
也，從冥黽聲，讀若黽蛙之黽。」冥冥，懵懂無知之貌。「忽忽」本字蓋作「吻」，
《說文》：「吻，尚冥也。」（P23～24）

按：①《老子》第14章「繩繩不可名」，高亨曰：「『繩繩』疑本作『𪏆
𪏆』，形近而譌。《說文》：『𪏆，冥也，從冥黽聲，讀若黽蛙之黽。』則『𪏆
𪏆』猶『冥冥』矣，謂其不可見也。不可見自不可名，故曰『𪏆𪏆不可名』。
《釋文》：『繩，食陵反，又民忍反。』食陵反乃『繩』字之音，而民忍反乃
『𪏆』字之音，此《老子》古本有作『𪏆𪏆』之證。又陸云『河上本作繩』，
此王本原非作『繩』之證。疑王本原作『𪏆𪏆』，讀民忍反；俗本依河上改作
『繩繩』，讀食陵反也。」〔註23〕樊說乃本於高氏〔註24〕，自當稱引為宜。
樊君又以此說在論文單獨發表，仍然不提高說〔註25〕。馬王堆帛書本《老子》
甲、乙本「繩繩」均作「尋尋」，P.2329、李榮本作「乘乘」，P.2255、P.2370、
P.2584、S.798、S.6825V《想爾注》本、BD14633、Дx.11964、遂州碑本作「蠅

〔註22〕王念孫《淮南子雜志》，收入《讀書雜志》卷12，中國書店1985年版，本卷
　　　　第70頁。
〔註23〕高亨《老子正詁》，中國書店1988年版，第36頁。
〔註24〕樊波成《老子指歸校箋》第417頁附錄《引用書目》列有高亨《老子正詁》。
〔註25〕樊波成《〈老子指歸〉同義複詞考釋》，《傳統中國研究集刊》第11輯，2013
　　　　年版，第65～66頁。

蠅」。「乘乘」是「繩繩」轉語，「繩繩」、「蠅蠅」並讀為「盲盲」，音轉作「濛濛」、「瞢瞢」、「茫茫」，「盲盲」又音轉作「冥冥」，幽冥茫昧之貌，亦幽深精微之貌，用以狀「一」（即道所生者），故云「不可名也」。帛書作「尋尋」者，當讀為「覃覃」，深邃貌〔註26〕。②「忽」就是本字，言荒忽也。「㫚」是名詞，是「忽」分別字，言日尚冥暗之時，故易作日旁也。

（2）合囊變化，負包分理

按：「合」當作「含」。《至柔章》：「清濁太和，至柔無形，包裹天地，含囊陰陽，經紀萬物，無不維綱。」《抱朴子內篇·塞難》：「天地雖含囊萬物，而萬物非天地之所為也。」「含囊」亦是「包裹」之誼。《淮南子·原道篇》「懷囊天地，為道關門」，「含囊」即「懷囊」也。《含德之厚章》「天不能裹，地不能囊」，囊亦裹也。《道生一章》「懷壞空虛，包裹未有」，胡本系統「壞」作「襄」。樊波成謂「懷襄」取自《書·堯典》「懷山襄陵」，「懷」、「襄」皆包裹之義（P39）。樊說「襄」訓包裹，余稽之六書，未見理據；徧考經傳，未見用例。樊君殊為臆說。「壞（襄）」當讀為「囊」（囊從襄省聲）。負包，讀作「負抱」。《行於大道章》「負達抱通，提聰挈明」，即「負抱達通，提挈聰明」也。「分理」者，讀作「文（紋）理」，指天文地理，蓋代指天地。《上德不德章》云「經天之分，明地之理」，即指天文地理，正讀分為文。《為無為章》「在於皮毛，湯熨去之；入於分理，微箴取之；在於藏府，百藥除之；入於骨髓，天地不能憂，而造化不能治」，「分理」指皮膚之文理。《韓子·喻老》扁鵲曰：「疾在腠理，湯熨之所及也；在肌膚，鍼石之所及也；在腸胃，火齊之所及也；在骨髓，司命之所屬無奈何也。」《史記·扁鵲傳》、《新序·雜事二》略同，可以取證，「腠理」正指皮膚之文理。

（3）潰爾舒與，皓然鋅生

按：舒與，讀作「猶與」，又轉作「容與」、「夷與」，猶徜徉也。「鋅生」不詳，當有誤字。

（4）陰陽謬戾，綱弛紀絕

按：謬戾，也作「繆戾」、「繆盭」，是「膠戾」、「膠盭」、「絞剌」、「交戾」

〔註26〕參見蕭旭《馬王堆帛書〈老子〉甲本校疏（六則）》，收入復旦大學《出土文獻與傳世典籍的詮釋》，中西書局 2019 年版，第 182～185 頁。

轉語，猶言乖戾〔註27〕。

（5）變化失序，締滯消竭

按：締，讀作底。《國語・楚語下》：「夫民氣，縱則底，底則滯。」韋昭注：「底，著也。」猶言積留。「底滯」是漢魏成語。《淮南子・要略篇》：「使之無凝竭底滯。」

（6）夫工之造輿也，為圓為方，為短為長，為曲為直，為縱為橫，終身挈挈，卒不為輿

按：挈挈，讀作「屑屑」，勞苦貌，憂苦貌。亦作「契契」、「栔栔」，《詩・大東》「契契寤歎」，毛傳：「契契，憂苦也。」《廣雅》：「栔栔，憂也。」

（7）變化由反，和纖為常

按：《生也柔弱章》：「清靜不改，以存其常，和淖纖微，變化無方。」《萬物之奧章》：「所謂道者，萬物之奧。善人得之，以翕以張，清淨柔弱，默默沌沌，仁宛和淖，潤澤虛平，大小周密，纖微無形，玄達萬事，以歸無名。」「和纖」當是「和淖纖微」之省文。

《上士聞道章》第三

（1）道德天地，各有所章，物有高下，氣有短長……取舍歿繆，畏喜殊方

樊波成曰：歿，胡本系統作「殊」。（P30）

按：「歿」當作「殊」。《以正治國章》：「道德變化，無所不生。物有高下，指嚮不同。趨舍殊繆，或西或東。」是其確證。「趨舍」即「取舍」也。

（2）故鷰鶌高飛，終日馳騖，而志在乎蒿苗

按：道藏本「苗」形誤作「苗」。苗，讀作茅，一聲之轉，陳景元《纂微篇》卷6引正作「茅」。《潛夫論・交際》：「鷰鶌群遊，終日不休，亂舉聚跱，不離蒿茆。」汪繼培讀茆為茅〔註28〕。

〔註27〕參見蕭旭《史記校補・司馬相如傳》「蜿灗膠戾」條，花木蘭文化出版社2021年版，第401頁。
〔註28〕汪繼培、彭鐸《潛夫論箋校正》，中華書局1985年版，第344頁。

（3）三代之遺風，褐儒墨之流文，誦《詩》《書》，修禮節，
歌《雅》《頌》，彈琴瑟，崇仁義，祖潔白

樊波成曰：胡本系統無「褐」字，王德有以為道藏本衍。（P30）

按：梁僧祐《弘明集》卷1牟子《理惑論》：「觀三代之遺風，覽乎儒墨之道術。誦《詩》《書》，修禮節，崇仁義，視清潔。」本於《指歸》。「褐」字未必衍文，疑「通」字形誤。「三代之遺風」上脫「觀」字，下文云「追觀往古，通明術數」，「觀」、「通」二字承此而言。《上清道寶經》卷3：「反真歸朴，遊於太素，觀三代之遺風，內懷金玉。」《理惑論》「視」是「祖」形誤。祖亦崇尚之誼。

（4）變是定非，已經得失

按：變，讀為辨，分辨。已，讀作「以」，介詞。經，讀為解，判也，引申為曉喻、明白。《老子》第53章「大道甚夷，而民好徑」，帛書甲本「徑」作「解」，帛書乙本作「儌」。《上德不德章》「先識來事，以明得失」，《信言不美章》「察近知遠，觀覆覩反，聞名識實，見始知卒，聽聲見形，以喻得失」，文例並同。

（5）中士之所道，上士之所廢也

按：道，讀作蹈，踐也。下文云「此下士之所履，而中士之所棄」，履亦蹈也。《釋名》：「道，蹈也。」又「蹈，道也。」二字互為聲訓。《韓詩外傳》卷6「故明君不道也」，《荀子·富國》同，《外傳》卷3、《荀子·王制》「道」作「蹈」。

（6）趨翔進退，升降跪集

按：「跪集」不辭。集，讀作揖。跪揖，指跪拜揖讓。《淮南子·詮言篇》：「升降揖讓，趨翔周遊（旋）。」又《精神篇》：「趨翔周旋，詘節卑拜。」

（7）抱德含和，帥然反化

按：帥然，讀作「率然」，即《論語》之「率爾」，輕舉貌。

（8）聖人之道，深微浩遠，魁魁忽忽，冥冥昭昭

樊波成曰：魁魁，疑即「儡儡」。「儡儡兮，若無所歸」，一本作「魁魁兮」。

魁魁、儽儽皆無所歸之貌，與「忽忽」義近。（P32）

按：樊說非是。「儽儽」是失志憊困貌，非其誼。此「魁魁」當讀作「昧昧」，均微部字，魁從鬼得聲，本是見母；昧明母，明母可以轉作見母。「魁魁忽忽」即「昧昧忽忽」，昏昧貌。杜光庭《廣聖義》卷32：「忽忽昧昧而不苛察。」明母亦可以轉作曉母，「昧昧」轉作曉母物部即是「忽忽」。孟蓬生指出「魁魁」可能是「魅魅」形誤，亦可備一說，「魅魅」亦是讀作「昧昧」。

（9）德交造化，與天下為友，出白入黑，不為美好，逐功逃名，乃長昭昭

按：《老子》第2章言「功成而弗居」，「逐功」非道家語也。《天之道章》：「通天之經，達地之理，成功不居，德流不有。逃名遁勢，玄冥是處。」「逐」當是「遯」或「逡」脫誤，即「遁」字，遁亦逃也，避也。《集韻》：「遯，《說文》：『逃也。』或作逡，古作遯，通作遁。」強思齊《纂疏》卷1引嚴君平曰：「遁功逃名，深隱玄域。」當是《指歸》逸文，是《指歸》自有「遁功逃名」之語。《名身孰親章》「此謂遯名而名我隨，逃利而利我追者也」，秘冊彙函本、津逮秘書本「遯」作「遁」；《信言不美章》「逃實遁名」，正「遁」、「逃」對文。《為學日益章》「遁名亡身，保我精神」，「遁」、「亡」對文，亡亦逃也。《道生一章》「光耀玄冥，無嚮無存，包裹天地，莫覩其元，不可逐以聲，不可逃以形，謂之神明」，又「故賢君聖主，以至尊之位，強大之勢，處孤寡，居不穀，逐所求，逃所欲，去大為小，安卑樂損」，「逐」亦疑「遁」誤。「不可遁以聲，不可逃以形」即下文「有形鸞可因循者，有聲色可見聞」之誼，謂其形、聲皆可以把握，無所逃遁，乃謂之神明也。《太上老君內觀經》：「所以謂之神明者，眼見耳聞，意知心覺，分別物理，細微悉知，由神以明，故曰神明也。」

《老子指歸》卷二

《道生一章》第四

（1）夫人形腐（鸞），何所取之？聰明感應，何所得之？變化終始，孰者為之？

樊波成曰：夫，疑當作「天」。「天人」不僅與上文「使天為天者，非天也；使人為人者，非人也」相應，亦與下文「聰明」、「變化」相駢。形腐，諸

本皆如此，王德有曰：「腐，當作『臠』，形近而誤。下文言『有形臠可因循者，有聲色可見聞者，謂之萬物』可證。」據王說改。波成謹案：臠，即「臠」，俱假借字，本字或當作「埒」。《漢書・司馬相如傳》顏師古注云：「埒，字與臠同。」本義為垣，引申為涯際。（P38、40）

按：王德有校「腐」作「臠」，是也。下文「形臠」，道藏本本作「臠」，樊波成作異體字「臠」，又說「即臠」，直是蛇足。《鶡冠子・泰錄》：「微者天地之始也，不見形臠而天下歸美焉。」〔註29〕陸佃注：「臠，肉也。」孫詒讓曰：「『形臠』即『形埒』也。《史記・司馬相如傳》《子虛賦》『埒割輪焠』，《集解》引郭璞曰：『埒音臠。』《漢書・司馬相如傳》顏注云：『埒字與臠同。』（《呂氏春秋・察今篇》『嘗一埒肉』，《意林》引作『臠』。）『埒』、『埒』聲同，故『形埒』亦謂之『形臠』。陸注失之。」黃懷信從孫說〔註30〕。樊波成說當本於孫氏〔註31〕，自當稱引為宜。孫說是也。《知不知章》：「人物皆愚，歸於寂寞，動無形臠（臠），靜無坼（坼）埒。」「形臠」與「坼埒」對舉同義，正讀作「形埒」，《淮南子・俶真篇》「未有形埒垠堮」，是其確證也。

（2）由此觀之，有生於無，實生於虛，亦以明矣

按：「有生於無」是《老子》第40章語。《淮南子・原道篇》：「是故有生於無，實出於虛。」《文子・道原》：「故有生於無，實生於虛。」

（3）因物變化，滑淖無形

樊波成曰：滑淖，王德有曰：「泥爛無形的樣子。」案：即《柔弱於水章》「和淖潤滑」，水潤滑柔和之貌。《指歸》「滑淖」三見，皆此義，亦見《淮南子》「夫能滑淖精微，貫金石，窮至遠，放乎九天之上，蟠乎黃盧之下，唯無形者也」。滑淖，即《淮南子・原道訓》之「淖溺（弱）潤滑」。滑，即潤滑。淖，或作「綽」、「婥」，柔和也。淖、柔、約音義俱近。（P39～40）

按：樊說非是。樊君所引《淮南子》出《兵略篇》，又《修務篇》：「且夫

〔註29〕《永樂大典》卷19743引「美」作「矣」。

〔註30〕孫詒讓《札迻》卷6，中華書局1989年版，第178頁。黃懷信《鶡冠子彙校集注》，中華書局2004年版，第254頁。

〔註31〕樊波成《老子指歸校箋》附錄《引用書目》雖未列孫氏《札迻》，但第419頁列有黃懷信《鶡冠子彙校集注》。

精神滑淖纖微，倐忽變化，與物推移，雲蒸風行，在所設施。」滑，古音骨，古忽切，讀為淈。不是戶八切「滑利」之「滑」。《說文》：「淈，濁也，一曰滒泥。」又「淖，泥也。」《廣雅》：「淖，濁也。」《淮南子・泰族篇》：「水之性淖以清。」淖即濁也。「滑淖」即混濁之誼。「滑淖」雙聲音轉則為「淈淖」（皆見母，韻則物、歌旁轉，《說文》「淈」、「淖」是聲訓），《淮南子・兵略篇》：「道之浸洽，淈淖纖微，無所不在。」又《原道篇》：「夫道者……甚淖而滒，甚纖而微。」高誘注：「滒亦淖也。」以《淮南子》自證，「滑淖纖微」與「淈淖纖微」同出，則「滑淖」即「淈淖」，固無可疑矣。又音轉作「和淖」，《生也柔弱章》：「清靜不改，以存其常，和淖纖微，變化無方，與物糅和，而生乎三，為天地始，陰陽祖宗。」「和淖纖微」即「淈淖纖微」，亦無可疑也。

（4）動與道舛，靜與天迕；神明潰濁，眾事並興

按：「潰」當作「清」，謂神明之有清濁也，故云「眾事並興」也。《上德不德篇》：「天地所由，物類所以；道為之元，德為之始。神明為宗，太和為祖。道有深微，德有厚薄，神有清濁，和有高下。清者為天，濁者為地，陽者為男，陰者為女。」《名身孰親章》：「道德神明，長生不死；清濁太和，變化無窮。」《不出戶章》：「神明文（交），清濁分，太和行乎蕩蕩之野、纖妙之中，而萬物生焉。」《出生入死章》：「道德神明、清濁太和渾同，淪而為體，萬物以形。」《含德之厚章》：「道德虛無，神明寂泊，清濁深微，太和滑淖。」《善為道者章》：「道德神明，清濁太和，天地人物，若末若根。」又「是以昔之帝王經道德、紀神明、總清濁、領太和者，非以生知起事，開世導俗，務以明民也。」《天下謂我章》：「神明為經，太和為紀，清濁為家，萬物為子，三光為佐，四時為輔。」皆其證。《用兵章》「和氣潰濁，變化不通」，亦當作「清濁」，指和氣、清氣、濁氣三氣。《天之道章》云「有物參立，一濁一清，清上濁下，和在中央。三者俱起，天地以成，陰陽以交，而萬物以生」，即謂和、清、濁三氣。

《至柔章》第五

（1）風馳電騁，經極日月，周流上下，過飄歷忽，安固翱翔，淪於無物

按：「經極」不辭，疑「經歷」之誤。飄，讀為標，字亦作藨、秒、翻，與「忽」皆數之極小者。《隋書・律曆志》：「十忽為秒，十秒為豪。」淪，入也。《生也柔弱章》：「動極無窮，靜極恍惚，大無不包，小無不入，周流無

物之外，經歷有有之內。」與此文可以參證，「過秒歷忽，淪於無物」即所謂「小無不入」也。

（2）諸侯執服，靡不懸命

按：執，讀為慴，亦服也。《為學日益章》「威執三軍」，亦然。

（3）出入無外而無垠，經歷珠玉而無眹

按：「眹」同「朕」，形迹也。垠，秘冊彙函本、津逮秘書本、學津討原本、四庫本作「圻」，樊波成失校（P44）。王德有本以道藏本作底本，字改作「圻」（P21），卻不作校記，殊失其真。作「圻」是也，字亦作「垠」。《上士聞道章》「無圻無堮」，《淮南子・俶真篇》「通於無垠」。「無垠」與「無眹」相對舉，《道生一章》「未有形眹圻堮」，《天下有始章》「眹圻未判」，《淮南子・覽冥篇》「不見朕垠」，則是近義連文者。

（4）閔閔輓輓，性命有餘

樊波成曰：王德有注：「閔閔，紛亂貌。輓輓，拉扯貌。」案：閔閔輓輓，皆昏昏、冥冥之貌，「閔」、「輓」聲韻亦近。輓，讀作悗，即昏昏之義。輓輓，即「悗悗」，或作「慢慢」。（P47）

按：汪維懋曰：「閔閔挽挽，謂勤勉不息。」又「挽挽，猶勉勉。」〔註32〕樊說是也。「輓輓」與「閔閔」音轉複詞，《以正治國章》「故人主之正（政）……閔閔緡緡，萬民悶輓，墨墨倩倩」，樊君亦指出「閔閔緡緡」即「閔閔輓輓」音轉（P124）。《老子》第20章「俗人察察，我獨悶悶」，帛書甲本「悶悶」同，傅奕本、范應元本作「閔閔」，北大漢簡本作「昏昏」，帛書乙本作「閩閩」。《老子》第58章「其政悶悶，其民淳淳」，傅奕本、范應元本「悶悶」作「閔閔」，北大漢簡本作「昏昏」，景宋本《淮南子・道應篇》引作「惛惛」（道藏本仍作「悶悶」）。諸詞並一聲之轉，「惛惛」是正字，俗作「惽惽」。《信言不美章》：「輓輓而成，默默而信。」強思齊《纂疏》卷3引嚴君平曰：「福起於天，德生於地，然默默輓輓，萬物齊均。其德玄冥，莫之見聞也。」（今本《指歸》佚）「閔閔」亦作「忞忞」、「汶汶」，或省作「文文」。《廣雅》：「惽惽、忞忞，亂也。」《新序・節士》：「汶汶嘿嘿，以是為非，以清為濁。」《易

〔註32〕汪維懋《漢語重言詞詞典》，軍事誼文出版社1999年版，第398、408頁。汪氏「輓輓」作「挽挽」。

林‧明夷之蠱》：「文文墨墨，禍福相雜。」《法言‧問神》：「彌綸天下之事，記久明遠，著古昔之唔唔，傳千里之忞忞者，莫如書。」「輓輓默默」即「文文墨墨」、「汶汶嘿嘿」、「閔閔墨墨」也。

《名身孰親章》第六

（1）天地之數，一陰一陽，分為四時，離為五行

樊波成曰：行，胡本系統作「形」。（P50）

按：作「五行」是，與「四時」、「陰陽」對應。《指歸》有許多內證，不需他求。《勇敢章》「夫天地之道，一陰一陽，分為四時，離為五行」，《道生章》「四時以變化，五行以相勝」，《治大國章》「四時所歸，五行所監」，《大國章》「天地並起，陰陽俱生，四時共本，五行同根」。

（2）萬物之性，各有分度，不得相干

樊波成曰：干，津逮秘書本作「于」。（P50）

按：王德有云作「于」疑誤（P25），樊書後出，卻不作判斷。「于」明顯是「干」形誤，學津討原本誤同。干，犯也。

（3）則是為福以亡福，求利以去利

樊波成曰：求，怡蘭堂叢書本、胡本系統作「來」。（P51）

按：王德有據諸本改「求」作「來」（P25），非是。為亦求也，對舉同義。

《大成若缺章》第七

（1）或無根而生，或無足而走，或無耳而聽，或無口而鳴，殊類異倫，皆與之市

按：《淮南子‧說林篇》：「兔絲無根而生，蛇無足而行，魚無耳而聽，蟬無口而鳴，有然之者也。」為此文所本。

（2）萬物青青，春生夏長，秋成冬熟，皆歸於土

按：此文本於《老子》第51章「長之育之，成之熟之」，「成之熟之」據河上公本，馬王堆帛書本、王本作「亭之毒之」，北大漢簡本作「亭之孰之」。萬物無「冬熟」之理。孰（熟）、毒，並讀為蓄，積藏也。《易‧小畜》之「畜」，馬王堆帛書本作「薂」，是其音轉之證。《出生入死章》、《以正治國章》、《人

之飢章》并云「春生夏長，秋收冬藏」，此是古書習語。《管子‧版法解》：「春生於左，秋殺於右，夏長於前，冬藏於後。」《禮記‧樂記》：「春作夏長，仁也；秋斂冬藏，義也。」《鹽鐵論‧論菑》：「故春生，仁；夏長，德；秋成，義；冬藏，禮。」又《吳越春秋‧勾踐陰謀外傳》計研曰：「春種八穀，夏長而養，秋成而聚，冬畜而藏。」「畜（蓄）」與「藏」義相因，故「冬藏」亦云「冬蓄」也。《潛夫論‧夢列》：「春夢發生，夏夢高明，秋冬夢熟藏。」熟亦讀為蓄，與「藏」同義連文。

（3）窅然蕩蕩，昭曠獨存，髣髴輓逮，其事素真，其用不弊，莫之見聞

樊波成曰：輓逮，未知何意。王德有釋曰：「輓，即『晚』。」輓逮，即晚到。案：或為《善為道者章》「輓遁」之誤。輓遁，即大水茫茫之「漫沌」。（P54）

按：「輓逮」疑「輓遯」形誤，即「輓遁」，讀作「漫溷」，猶言混亂。另詳《善為道者章》校補。

（4）化襲萬物，無所不為

按：襲，讀為遝，及也。

（5）厲度四海，周流六虛

按：厲，讀為趲、趰、迣，亦度也，超踰也，逾越也。度，越也。「厲度四海」猶《孟子‧梁惠王上》言「超北海」也。

（6）魚鱉蟄伏

按：蟄，讀作蟄，陳景元《纂微篇》卷6引正作「蟄」（樊波成第57頁引其文誤作「蟄」）。蟄謂蟲之下伏。

（7）涼有餘矣

按：與上文「暖有餘身矣」對文，「餘」下當據《纂微篇》卷6引補「身」字。

（8）猶響應言，影不離形

按：「言」是「音」形誤。音，聲也。「響之應聲」是古書習語。《太平經》

卷97「何故使響隨人音為吉凶」，亦作「音」字。

《天下有道章》第八

（1）徼捍之人，無所效其言；果壯之士，無所施其功

樊波成曰：王德有釋「徼」為「攔截」，釋「捍」為「悍」。案：徼捍，讀作「獥悍」、「趬悍」，獥、悍皆勇也。《漢書・霍去病傳》「誅獥悍」，顏師古曰：「獥，健行而輕貌也，字或作趬。悍，勇也。」（P59）

按：「獥」取行疾為義。余讀「徼捍」為「憢悍」，「憢」取性行急悍為義。《淮南子・兵略篇》「憢悍遂過」，許慎注：「憢，勇急也。」二義相因，而所指不同。

（2）聰明辯智，隨澤而耕，騏驥驊騮，嬰輿而作

樊波成曰：嬰輿，讀作「纓輿」。纓，革製之馬套。（P59）

按：嬰，讀作纓，係也。言騏驥驊騮係於輿駕而役作。

（3）輕車梟騎，興敵相當

按：「興」當作「與」。

（4）士卒雙頭結踵，骸骨暴露，流離於中野者，不可勝計

樊波成曰：雙，胡本系統作「椎」。（P61）

按：「雙頭」不辭，「雙」是「椎」形誤。椎頭，謂紮如椎形的頭髻。《史記・陸賈傳》「尉佗魋結（髻）箕踞」，《集解》引服虔曰：「魋音椎，今兵士椎頭結（髻）。」《索隱》：「魋，直追反。結音計。謂為髻一撮，似椎而結之。」結踵，猶言繫踵。

（5）總苗為旌，穿地為鼓

按：苗，讀為旄，亦作茅。謂結旄牛尾於旗竿的旌旗。《新序・雜事四》「左執旄旌，右執鸞刀」，《公羊傳・宣公十二年》作「茅旌」。「穿地為鼓」謂製作土鼓。《周禮・春官・宗伯》：「籥章掌土鼓豳籥。」鄭玄注引杜子春曰：「土鼓，以瓦為匡，以革為兩面，可擊也。」《禮記・禮運》：「蕢桴而土鼓。」鄭玄注：「蕢，讀為由，聲之誤也。由，塯也。謂搏土為桴也。土鼓，築土為鼓也。」

（6）布衣麤裘，而天下以為好；蔬食藜羹，而天下謂之美

　　按：《抱朴子外篇・君道》：「遵放勛之麤裘，准衛文之大帛。」「麤裘」當作「鹿裘」，指貧者所服鹿皮之裘。俗字「麤」省寫為「鹿」上加一點或二點（表示重疊字形），作「𪋿」「𪋰」「𪋶」等形（隸作「麁」）〔註33〕，因而形近致誤。《人之飢章》：「蔬食藜羹，可以長厭；布衣鹿裘，可以長好。」《小國寡民章》：「蔬食藜羹，無味為甘；布衣鹿裘，無文為好。」此乃內證。《六韜・文韜・盈虛》：「（帝堯）鹿裘禦寒，布衣掩形。」《淮南子・精神篇》：「堯布衣揜形，鹿裘禦寒。」外證尤多，姑舉二例耳。沈濤曰：「鹿裘乃裘之麤者，非以鹿為裘也。」〔註34〕沈說非是。

（7）上觀自然之法式，下察古將之得失

　　按：「古將」即「古今」，侵部字「今」旁轉為陽部字「將」。《不出戶章》：「稽之天地，驗之古今。」《漢書・敘傳》：「歷古今之得失，驗行事之成敗。」

　　《不出戶章》第九

（1）危寧利害反於〔己。故明〕死生之說，察於是非之理，通於利害之元，達於治亂之本

　　樊波成曰：各本原作「危寧利害。反於死生之說」，似不成文，今據陳景元《纂微篇》補「己故明」三字。（P65）
　　按：當據陳景元《纂微篇》卷7補「己故明於」四字。

（2）審內以知外，原小以知大，因我以然彼，明近以喻遠也
　　按：然，明也，知也，喻也。

《老子指歸》卷三

　　《為學日益章》第十

（1）開導稟授，無所不存，功成遂事，無所不然
　　按：「遂事」當乙作「事遂」，與「功成」為偶。「功成事遂」出《老子》

〔註33〕字形參見黃征《敦煌俗字典》，上海教育出版社2005年版，第67～68頁。
〔註34〕沈濤《銅熨斗齋隨筆》卷8，收入《清人考訂筆記（七種）》，中華書局2004
　　　　年版，第829頁。

第 17 章。

（2）凡此數者，神明所因，天地所歸，玄聖所道，處士所傳也

按：強思齊《纂疏》卷 13 引「歸」形誤作「師」。《名身孰親章》：「我性之所稟而為我者，道德也；其所假而生者，神明也；其所因而成者，太和也；其所託而形者，天地也。」「歸」謂歸依，與「託」義近。

（3）綱紀天地，經緯陰陽

樊波成曰：地，胡本系統作「下」。（P71）

按：作「天地」是，與「陰陽」對文。

（4）夫何故哉？飾文益事，務以相序也

按：《知不知章》：「損彼益此，務以相厚。」「序」為「厚」形誤。《呂氏春秋・孝行》「此五者，代進而厚用之」，王引之曰：「『厚』當作『序』，隸書形近而譌也。」〔註35〕《史記・商君傳》「序有功，尊有德」，敦煌寫卷 P.5523《春秋後語》「序」作「厚」。《家語・五刑解》「生於長幼無序」，S.1891《家語》「序」作「厚」。《申鑒・政體》「篤序無彊」，《治要》卷 46 引「序」作「厚」。此其相訛之例。

（5）行步蹎蹎，瞻視顛顛

谷神子注：蹎蹎，直實也。顛顛，高達也。

樊波成曰：讀作「行步填填，瞻視顛顛」，《淮南子・覽冥訓》「其行蹎蹎」高注：「蹎，讀填實之填。」是與《莊子・馬蹄》「其行填填，其視顛顛」同。郭注云：「此自足於內，無所求及之貌。」按《釋文》引崔譔所見本《淮南子》作「其行莫莫，其視瞑瞑」，是用訓詁詞代替，則「蹎蹎」、「顛顛」皆為「莫莫」、「瞑瞑」無知無識之義。惟崔譔釋「填填」為「重遲」，「顛顛」為「專一」。（P73）

按：注文「高達」，樊波成誤錄作「高遠」。樊君說「莫莫」、「瞑瞑」是「蹎蹎」、「顛顛」訓詁詞，殊疏，無此訓詁法，沒有理據可尋。高誘注「蹎讀填實之填」，乃擬其音耳。《莊子釋文》：「填填，徐音田，又徒偃反，質重貌。崔云：『重遲也。』一云詳徐貌。《淮南》作『莫莫』。顛顛，丁田反。崔

〔註35〕王引之說轉引自王念孫《呂氏春秋雜志》，收入《讀書雜志》卷 16《餘編》上，中國書店 1985 年版，本卷第 39 頁。

云：『專一也。』《淮南》作『瞑瞑』。」①《淮南子‧覽冥篇》：「其行蹎蹎，其視瞑瞑。」《文子‧精誠》：「其民童蒙，不知西東，視瞑瞑，行蹎蹎。」又《道原》：「古者民童蒙，不知西東，行蹎蹎，視瞑瞑。」默希子注：「行蹎蹎，詳徐之貌。視瞑瞑，音縣，若嬰兒之視也。」《子華子‧神氣》：「伏羲、神農之世，其民童蒙，瞑瞑蹎蹎，不知所以然而然。」諸文並可互證。②「蹎蹎」狀行步，亦作「趁趁」。《說文》：「趁，走頓也。讀若顛。」又「蹎，跋也。」趁謂行步之顛頓，猶今言跌跌倒倒。「蹎」是「趁」異體字，「填填」是借字。崔譔解作「重遲」，義不相違也。《荀子‧正論》：「蹎跌碎折，不待頃矣。」楊注：「蹎，與顛同，躓也。」《漢書‧貢禹傳》：「誠恐一旦蹎仆，氣竭不復自還。」顏師古注：「蹎，音顛，蹷躓也。仆，音赴，仆頓也。」《玄應音義》卷 20：「蹎蹷：又作傎、趁二形，同。蹎蹷，猶頓仆也。」字亦借「顛」為之，《淮南子‧道應篇》「趨則頓，走則顛」，又《要略篇》「則終身顛頓乎混溟之中」，「顛」、「頓」同義對舉或連文。《釋文》所見《淮南子》作「莫莫」者，王叔岷曰：「『莫』蓋『真』之形誤，『真』又『蹎』之壞字也。『蹎蹎』與『填填』同，謂其形重遲也。」〔註 36〕其說是也。③「顛顛」狀瞻視，當據《淮南子》、《文子》、《子華子》作「瞑瞑」，視不審貌。《道德真經廣聖義》卷 16、50 引《莊子》已誤。「瞑瞑」轉語作「眠眠」，《釋名》「瞽，鼓也，瞑瞑然目平合如鼓皮也。」《玄應音義》卷 1、2、3、21、22、23 引作「眠眠」。王叔岷曰：「『瞑瞑』當作『瞋瞋』，《莊子》作『顛顛』，顛亦借為瞋。其視瞋瞋，謂其視專一也。」〔註 37〕其說慎矣。④「行步蹎蹎，瞻視瞑瞑」者，謂其行顛頓，其視迷茫，故《文子》云「其民童蒙，不知西東」。《莊子‧則陽》：「顛冥乎富貴之地。」《釋文》：「冥音眠。司馬云：『顛冥，猶迷惑也。』」「顛冥」即「蹎蹎瞑瞑」之單言詞，以《莊》證《莊》，亦足證「顛顛」是誤文。

（6）晝見星於天，夜見魚於淵

樊波成曰：淵，學津討原本作「烏」，誤。（P74）

按：學津討原本仍作「淵」，樊君誤校。下文「力什烏獲」，王德有曰：「烏，學津本作『鳥』，誤。」（P39）樊君蓋看錯王校而誤植於此，亦云疏矣。

〔註 36〕王叔岷《莊子校詮》，中華書局 2007 年版，第 333 頁。
〔註 37〕王叔岷《莊子校詮》，中華書局 2007 年版，第 334 頁。

其實學津討原本仍作「烏獲」不誤，王氏也是誤校。

（7）耳比八風之調，目領群獸之毛

按：《淮南子‧原道篇》：「離朱之明，察箴末於百步之外，而不能見淵中之魚；師曠之聰，合八風之調，而不能聽十里之外。」合、比同義，猶言和協、協調。《弘明集》卷 3 晉‧孫綽《喻道論》：「光邁日月，聲協八風。」《淮南子‧俶真篇》：「目數千羊之群，耳分八風之調。」「分」為「合」字形誤。北大漢簡（四）《反淫》：「合蒲苴之數，察逆順之風。」尤為確證。

（8）是故以知知，與天相離；以為為，與天相奇

按：奇，讀作佹，字亦作佹、詭。《廣雅》：「佹，反也。」與「離」對文，均為背戾、違反之誼。

《聖人無常心章》第十一

（1）上含道德之化，下包萬民之心

樊波成曰：含，強思齊《纂疏》引作「舍」。（P78）
按：《纂疏》卷 13 引仍作「含」，樊君誤校。

（2）載之如地，覆之如天，明之如日，化之為神

按：各本都作「化之如神」，王德有本「如」誤作「為」（P40），樊波成承其誤（P77）。樊君稱以道藏本作底本，不知何故作「為」字？

（3）物無大小，視之如身

按：道藏本作「小大」，秘冊彙函本、津逮秘書本、學津討原本作「大小」，王德有本（P40）、樊波成（P77）稱以道藏本作底本，與底本不合。

（4）民無賦役，主無職負

樊波成曰：負，怡蘭堂叢書本、胡本系統作「員」。（P78）
按：道藏本作「負」，其上是尖口「厶」，俗書尖口（「厶」）與方口（「口」）相混，則「負」是「負」，俗「員」字。《說文》「悁」異體作「恖」，道藏本《善為道者章》「涓」作「㳙」，亦是從尖口「厶」。《人之飢章》「臣下之所以守負也」，S.5454《千字文》「紈扇貟潔」，「負」、「貟」是「員」字。敦煌

寫卷《抱朴子內篇・論仙》「入無綺紈之**娛**」〔註38〕，「**娛**」是「娛」字。甘博 054《維摩詰經》卷下「弘」作「**和**」，則是誤尖口作方口。至於「負」字，從「人」、「貝」會意字，俗書「人」近於「刀」形。《行於大道章》「負達抱通」之「負」，道藏本作「**負**」形；《善建章》「官無留負」之「負」，道藏本作「**負**」形；《大國章》「雖負眾強」之「負」，道藏本作「**負**」形。皆其例也。

（5）不言而天下應，不為而萬物存

按：「存」當作「成」，指化成。《莊子・天地》：「無為而萬物化。」《老子》第 43 章「吾以是知無為之有益」，河上公注：「吾見道無為而萬物自化成，是以知無為之有益於人也。」《呂氏春秋・精諭》「故至言去言，至為無為」，高誘注：「至德之人，為乃無為。無為因天無為，天無為而萬物成，乃有為也。」

（6）信者大信，至於無私；為者情變，日以至誠

按：為者情變，秘冊彙函本、津逮秘書本、學津討原本、四庫本作「偽者性變」，王德有本徑改「為」作「偽」（P40），與底本不合；樊波成失校（P78）。為，讀作偽。「性」涉上文「惡者性變」而誤。

（7）與天進退，與道周流

按：「周流」與「進退」對文，當作「周旋」。《國語・楚語上》：「故進退周旋，唯道之從。」《後漢書・文苑列傳》：「進退周旋，唯道是務。」

（8）非迫禁而去惡，非拘教而後移也

樊波成曰：教，胡本系統作「散」。拘教，拘於禮教之化。（P80）

按：「散」是「教」形誤。「教」是動詞，樊君理解作名詞，非是。秘冊彙函本、津逮秘書本、學津討原本、四庫本「移」誤作「遺」，王德有、樊波成均失校（P40、P79）。

（9）詳於玄妙，務自隱匿

按：詳，讀為翔。《天下有始章》：「翔於未元，集於玄妙。」《為無為章》：

〔註38〕 敦煌原卷已毀於 1923 年日本關東地震，田中慶太郎《古寫本〈抱朴子〉》有影印，文求堂書店大正 12 年（1923）出版，《子藏・道家部・抱朴子卷》第 1 冊複影印文求堂本，國家圖書館出版社 2016 年版，第 27 頁。

「翱翔玄冥，優遊太素。」

（10）萬物紛紛，皆汪（注）其耳目；世主無為，渙如儼容（客）

樊波成曰：容，怡蘭堂叢書本、胡本系統作「客」。案：作「客」者是。「客」在鐸部，「目」在覺部，「容」在東部，鐸部和覺部漢代韻文中常見通押。強思齊《纂疏》釋「儼兮其若容」（引者按：五字當作「儼若客」）引嚴遵云：「客者，因應而不創，順道從天，常如儼客，不為主人易堂宇、改妻妾爾。」則嚴君平本《老子》當作「儼兮其若客」。（P80）

按：樊說是也。王本等《老子》作「容」，清人畢沅、王昶早指出當作「客」〔註39〕。馬王堆帛書乙本、北大漢簡本、S.6825V《想爾》本、河上公本、傅本都作「客」。《知不知章》「溷若濁流，煥若儼客」，亦作「客」。

《出生入死章》第十二

（1）獨往獨來，體和襲順，辭讓於人，不與時爭

按：《善建章》：「體和襲弱，履地戴天。」《用兵章》：「體和服弱，括囊大威。」「和順」與「和弱」同義，故「襲順」亦與「襲弱」同義。三文可以合觀。體，讀為履。「履和」出《易·繫辭下》。《得一章》「抱神履和，包裹萬物。」《天下謂我章》：「執道履和，物無不理。」襲，從龖省聲，本作「襲」（見《說文》），讀為儾，字亦作儡、慹、譬（讋），又省作執。《說文》：「儾，心服也。」又「儾，一曰服也。」《用兵章》作「服弱」，是其確詁。

（2）導引翔步，動搖百節

樊波成曰：導引，導氣引體之術。翔步，未詳……或即所謂「鳥伸」，猶五禽戲之類。《導引圖》有「鶴口、口伸」、「龍登」圖，兩臂外展如飛翔，或即此文之「翔步」。（P84）

按：翔步，指張拱兩臂而趨行，非五禽戲之類。《禮記·曲禮上》「室中不翔」，又「父母有疾，冠者不櫛，行不翔」，鄭玄注：「不翔，為其迫也。行而張拱曰翔。」「行不翔」謂行步不張拱兩臂。《三國志·秦宓傳》：「此乃承平之翔步，非亂世之急務也。」俗字作跰，《玉篇》：「跰，趨行也。」

〔註39〕畢沅《老子道德經考異》，收入《叢書集成初編》第 541 冊，中華書局 1985年影印，第 12 頁。王昶《元（玄）宗御注道德經校勘記》，收入《金石萃編》卷 83，《續修四庫全書》第 888 冊，上海古籍出版社 2002 年版，第 544 頁。

（3）吐故納新，吹煦呼吸

樊波成曰：煦，王德有釋作「溫暖」。案：煦，讀作呴。《玉篇》：「呴，亦噓，吹之也。」即《老子》「或呴或吹」。此句即《莊子·刻意》「吹呴呼吸，吐故納新」。（P84）

按：樊說是也，但仍未得本字。本字為欨，《說文》：「欨，吹也。」指吹氣使溫暖也。欲暖者欨之（出氣緩），欲涼者吹之（出氣急）。《老子》河上公本作「呴」，馬王堆甲、乙本及北大漢簡本作「炅（熱）」，S.6825V《想爾注》本、王弼本等作「歔」，S.792 作「煦」。《莊子釋文》：「呴，亦作煦。」P.2508 作「煦」，《御覽》卷 720 引同。

《道生章》第十三

（1）督以自然，無所不通；因循效象，無所不竭

按：督，讀為導，幽、覺對轉，與下「因循」義相會。《言甚易知章》「養以無欲，導以自然」，《信言不美章》「隱知藏善，導以自然」，《言甚易知章》「歸於自然，無所不導」，正作「導」字。《信言不美章》：「開以天心，督以自然。」督讀為導，亦開也。《民不畏死章》「前後左右，各有所任，因應以督，安其成功」，督疑亦讀為導，「因應」猶言順應，與「因循」同義。

（2）生之形之，設而成之，品而流之，停而就之，終而始之，
　　先而後之

按：停，讀為成。「就」當作「孰」，古「熟」字。《風俗通·聲音》「商者，章也，物成熟，可章度也」，《意林》卷 4 引「熟」作「就」，「就」是「孰」形誤，「孰」是「熟」古字，《漢書·律曆志》正作「孰」。《真誥·稽神樞》「西出通句容、湖就」，《史記·建元已來王子侯者年表》有「湖孰」，《後漢書·郡國志》有「湖熟」，「就」亦是「孰」形誤。均其相譌之例。「停而孰之」即河上公本《老子》第 51 章「成之熟之」，北大漢簡本作「亭之孰之」，馬王堆帛書本、王本作「亭之毒之」。

（3）猶瓜瓠之瓣，不睹區蔓之有鄰也；蟣虱藏於裘褐，不知都邑之
　　多人也

按：區，田埂劃分的地域，俗字音轉作丘、坵。蔓，讀為畔，田界也。

《天下有始章》第十四

（1）且（王）道人事，與時化轉，因之修之，終而復始

按：秘冊彙函本、津逮秘書本、學津討原本「修」作「脩」，當是「循」形誤。

（2）非時不動，非和不然

按：《雲笈七籤》卷90引《七部語要‧連珠》有此二語，惟「然」作「言」；《上清道寶經》卷1作「非善不動，非和不言」。「非和不言」與上文「關之以舌」、下文「不言之化，與天同德」對應。二漢時疑母的「言」聲轉作日母的「然」，《詩‧大東》「睠言顧之」，《後漢書‧劉陶傳》引「言」作「然」，亦其例也。「時」、「和」《出生入死章》所說的十三個「生之徒」中的二個，「和」指中和。

（3）動羅天網，靜陷地殃

樊波成曰：羅，胡本系統作「罹」，據改。（P97）

按：羅、罹一聲之轉，是古籍常見通借字。樊君改之，殊為無謂。

（4）積柔體弱，反於無識

按：「體」亦當作「積」。《含德之厚章》：「積柔集弱，唯德是修。」《至柔章》：「累柔積弱，常在民後。」

（5）故人能入道，道亦入人，我道相入，淪而為一

按：強思齊《纂疏》卷14引「淪」作「渾」，當據校正。

（6）守靜至虛，我為道室

按：強思齊《纂疏》卷14引「室」作「宗」，當據校正。《無上祕要》卷100引《昇元經》：「空無寂靜，為道宗也。」

（7）復歸其內，神明不耗，槃積固畜，不敢以為

樊波成曰：王德有讀「槃」為「盤」，謂「一點點地積累」。波成謹案：槃，亦可讀為胖、伴、般，《方言》卷1：「般，大也。」槃積，多積。固畜，厚畜。（P98）

按：《廣雅》「般，大也」，王念孫指出字或作「胖、槃、伴」，錢繹全襲王說〔註40〕，樊君取王說而不注明〔註41〕，殊為不宜。然用此說未得，王說亦誤。「槃積固畜」是「槃固積畜」變例；《行於大道章》「負達抱通，提聰挈明」即「負抱達通，提挈聰明」，《知者不言章》「心狐志疑」即「心志狐疑」，《萬物之奧章》「發道揚德」即「發揚道德」，均其例也。「槃固」亦作「盤固」、「磐固」，當以「磐」為正字，「磐固」謂如磐石之堅固。《大國章》「固於磐石」（秘冊彙函本「磐」作「盤」），《小國寡民章》「磐石之固」，均其證也。宋本《太玄‧堅》：「磐石固內，不化貞。測曰：磐固內中，不可化也。」揚雄《城門校尉箴》：「磐石唐芒，襲險重固。」《琴操》卷下：「匹夫結志，固如盤石。」《後漢書‧周磐傳》周磐字堅伯。亦足證其誼。因之「磐」亦有「固」義，《柔弱於水章》「澤及蒼天之上，槃積黃壤之下」，單言「槃積」，亦謂槃固積畜也。

《行於大道章》第十五

（1）天地釋自然而為知巧，則身不能自生，而何變化之所包，何萬物之所能全

按：「包」上脫「能」字，「萬物」上「何」衍文。上文「道釋自然而為知巧，則身不能自存，而何天地之所能造，陰陽之所能然也」，文例同。

（2）如影之與形，響之應聲

樊波成曰：與，胡本系統作「於」。（P101）

按：作「與」是。與，猶言隨從也。

（3）冰紈綺縠，靡麗輝光

樊波成曰：《漢書‧地理志》「織作冰紈綺繡純麗之物」，臣瓚注：「冰紈，紈細密堅如冰者也。」顏師古曰：「冰，謂布帛之細，其色鮮潔如冰者也。紈，素也。」波成謹案：臣瓚、小顏說或未是。冰，當讀作綾，聲之誤也。《老子》

〔註40〕王念孫《廣雅疏證》「般，大也」條，收入徐復主編《廣雅詁林》，江蘇古籍出版社1992年版，第5頁。錢繹《方言箋疏》，上海古籍出版社1984年版，第56～57頁。

〔註41〕樊波成《老子指歸校箋》第419頁附錄《引用書目》列有王念孫《廣雅疏證》，第423頁附錄列有華學誠《揚雄〈方言〉校釋匯證》。華氏第39頁亦已引王說。

「渙兮若冰之將釋」，帛書本「冰」作「凌」。綾、紈皆布帛之輕密者。《說文》：「東齊謂布帛之細曰綾。」《六韜》「紂時婦女以文綺為席，衣以綾紈者三千人」。《韓詩外傳》亦曰「綾紈綺縠，靡麗於堂」，與此文相近，亦可佐「冰」讀作「綾」。（P103）

按：《潛夫論·浮侈》「細緻綺縠，冰紈錦繡」，汪繼培曰：「《漢書·地理志》云：『齊地織作冰紈綺繡純麗之物』，臣瓚曰：『冰紈，紈細密，堅如冰者也。』顏師古曰：『如說非也。冰，謂布帛之細，其色鮮絜如冰者也。紈，素也。』」按『冰』蓋即『綾』之古文。《類聚》卷69引《六韜》云：『桀、紂之時，婦女坐以文綺之席，衣以綾紈之衣。』《韓詩外傳》卷7：『陳饒曰：綾紈綺縠，靡麗於堂，從風而弊。』『綾紈』即『冰紈』也。《方言》云：『東齊言布帛之細者曰綾。』《釋名》云：『綾，凌也。其文望之如冰凌之理也。』」〔註42〕樊君說當是本於汪繼培，惟補充了帛書的證據，又所引《六韜》與汪氏有異文者，汪氏引自《類聚》，樊君改引從《文選·石闕銘》李善注耳；又汪氏引《方言》，樊君易作《說文》同文〔註43〕。樊君又以此說在論文單獨發表〔註44〕，仍然不提汪說。

（4）居常醉飽，取求不厭

樊波成曰：厭，胡本系統作「取」。「厭」在談部，與侵部字「心」相諧。（P103）

按：胡氏秘冊彙函本仍作「厭」，津逮秘書本、學津討原本、四庫本誤作「取」，不得說「胡本系統作『取』」。

《善建章》第十六

（1）建道抱德，攝精畜神

樊波成曰：精，胡本系統作「情」。（P105）

按：「精」與「神」對舉，「情」則與「性」對舉，作「精」是。

〔註42〕汪繼培、彭鐸《潛夫論箋校正》，中華書局1985年版，第131頁。

〔註43〕樊波成《老子指歸校箋》附錄《引用書目》雖未列汪繼培《潛夫論箋》，但汪著是子部常見書，不容不見；且《故訓匯纂》第208頁已錄汪說結論（商務印書館2003年版），一檢即得。

〔註44〕樊波成《〈老子指歸〉同義複詞考釋》，《傳統中國研究集刊》第11輯，2013年版，第62頁。

（2）遠人懷慕，天下同風

按：當據《無上祕要》卷42引《妙真經》校「同」作「向」，形近致誤。《柔弱於水章》「向風仰化，靡不蒙澤」，《以正治國章》「主有所欲，天下嚮風」，「向」借作「嚮」。樊波成已引《無上祕要》之文，而失校本文誤字。

《老子指歸》卷四
《含德之厚章》第十七

（1）陶冶稟授，萬天以作，群物得之，滋滋啞啞

樊波成曰：滋滋啞啞，繁衍、歡愉。滋滋，即「孳孳」、「孜孜」、「茲茲」。《說文》：「孳孳，伋伋生也。」啞啞，《廣雅》云：「笑也。」（P110）

按：樊君說「啞啞」訓歡愉，近是；但解「滋滋」為繁衍則不允。「滋滋」同「孳孳」，仰望貌。賈誼《旱雲賦》：「孳孳望之，其可悼也。」

（2）夫赤子之為物也，知而未發，通而未達，能而未動，巧而居拙

按：當據陳景元《纂微篇》卷8引校「居」作「若」，本於《老子》第45章「大巧若拙」。樊波成已引《纂微篇》之文（P111），而失校本文誤字。

（3）既不思慮，又無障截，神氣不作，聰明無識

按：陳景元《纂微篇》卷8引「截」誤作「載」，「作」誤作「依」。截，阻止也。「神氣不作」謂神氣和順。

（4）啼號不嗄，可謂志和

樊波成曰：嗄，當作「嚘」。道藏本經文「終日嗥而嗌不嗄」，范應元等本同。《莊子‧庚桑楚》「終日嗥而嗌不嗄」《釋文》：「不嗄，於邁反。本又作嚘，徐音憂。司馬云：『楚人謂啼極無聲為嗄。』」《玉篇》引《老子》及傅奕本亦作「不嚘（歔）」。而馬王堆帛書本亦作「嚘」，郭店簡本作「憂」，可知《老子》經文本當作「嚘」。又《太玄‧夷》：「柔，嬰兒于號，三日不嚘。測曰：嬰兒于號，中心和也。」「嚘」與「和」相關，而嚴遵《老子注》以「音聲和」釋「終日嗥而嗌不嚘」，《指歸》亦曰「可謂志和」，則嚴遵本《老子》亦當作「嚘」無疑。（P108、112）

按：樊說非是。樊君始終未解釋「嚘」字何義，不知「嚘」與「和」相

關，怎麼就當作「嗄」無疑？江有誥指出《老子》「螫、據、搏、固、作、嗄」諸字魚部為韻〔註45〕，朱駿聲、易順鼎、鄧廷楨、繆篆、奚侗、勞健說同〔註46〕。嗌，咽喉也。「嗄」音於介反，崔譔本《莊子》作「喝」是本字，音轉又作「啞」，聲嘶破也。《老子》說嬰兒「終日號而嗌不嗄，和之至也」，是說嬰兒整天號哭卻喉嚨不嘶啞，是因為其心中和之至也。作「嗄」既不合韻，又不合義。簡帛用字，不盡可據，不必過分迷信簡帛本〔註47〕。

（5）執之守之，時曰聰明

樊波成曰：時曰，意不明，疑為「時日」之誤。（P113）

按：樊說非是。「時曰」不誤，「時」讀作「是」，指示代詞。

《知者不言章》第十八

（1）和氣易動，若病在人，陽泄神越，惡默好言

樊波成曰：越讀作散，與「泄」同義。《左傳·昭公四年》杜注、《淮南子·俶真訓》高誘注並曰：「越，散也。」「越」古音在月部，「散」在元部，陽入對轉。（P116）

按：樊說是也，然猶未盡。「散」本訓是雜肉，非本字。越、散並㩦聲轉，㩦亦月部字；「瀎泧」轉語作「抹撖」〔註48〕，是其例也。《說文》：「㩦，㩻㩦，散之也。」亦省作殺，《集韻》：「殺，散貌。」「㩻㩦」轉語則作「屑越」、「薛越」、「泄越」、「歇越」。

〔註45〕江有誥《老子韻讀》，《江氏音學十書·先秦韻讀》，收入《續修四庫全書》第248 冊，第 161 頁。

〔註46〕朱駿聲《說文通訓定聲》，武漢市古籍書店 1983 年版，第 395、404、412、450 頁。易順鼎《讀老札記》，收入《琴志樓叢書》第 2 冊，光緒年間刻本，無頁碼。鄧廷楨《雙硯齋筆記》卷 3，光緒丙申本，無頁碼。繆篆《老子古微》，《制言》第 47 期，1937 年版，本文第 9 頁。奚侗《老子集解》，收入《老子注三種》，黃山書社 1994 年版，第 124 頁。勞健《老子古本考》，1941 年影印手稿本，無頁碼。

〔註47〕參見蕭旭《帛書〈老子〉解詁（七則）》，收入上海大學《考證與釋義：出土四古本〈老子〉綜合研究》，中西書局 2019 年出版，第 255～263 頁。

〔註48〕參見段玉裁《說文解字注》「㦤」、「瀎」字條，上海古籍出版社 1981 年版，第 358、560 頁。朱駿聲《說文通訓定聲》「㩦」字條，武漢市古籍書店 1983 年版，第 589 頁。

（2）動與化鄰，靜與然交

按：「然」與「化」對文，疑「德」形誤。上文云「神與化遊，志與德運」。

《以正治國章》第十九

（1）正名以覆實，審實以督名

樊波成曰：覆，胡本系統作「覈」。作「覆」於意似亦可通，惟古書檢校「名實」皆用「覈」，《尸子・分》「正名去偽，以實覈名」，《漢書・魏相傳》「核名實」。（P118）

按：樊說非是。《爾雅》：「覆、察，審也。」《周禮・考工記》鄭玄注：「覆，猶察也。」是「覆」有審察義，《指歸》「覆實」、「審實」同義互出，《呂氏春秋・知度》云「督名審實」。《後漢書・律曆志》：「事下永安台覆實，皆不如恂、誠等言。」此漢人用「覆實」辭例。且樊君所引《尸子》例，《治要》卷 36 引作「覆」〔註49〕，《尸子》下文「夫用賢使能，不勞而治；正名覆實，不罰而威」，亦是「覆」字。《尸子》久佚，清人有據《治要》輯本，孫星衍輯本二「覆」字不誤〔註50〕；汪繼培輯本上字誤錄作「覈」，下字不誤〔註51〕。樊君引書，既不據《治要》原始材料，偏據誤輯本立說，亦疏甚矣。《指歸》「正名以覆實」語正出自《尸子》「正名覆實」，《指歸》舊本作「覆」，無庸疑也。

（2）名之與實，若月若日；一名正而國家昌，一名奇而國家役

按：「役」與「昌」對文，當作「沒」，猶言滅亡。《小爾雅》：「沒，滅也。」「沒」與上句「日」合韻，「役」字則失韻。

（3）拘迫慘怛，信者馳謾

按：馳，讀作訑，字亦作忚、詑、訑，上古音余母（即喻四）歸於定母，皆歌部字。《廣雅》：「忚、謾、譠、詐、偽、訑，欺也。」「訑謾」猶言欺詐，字或作「詑謾」。《楚辭・九章・惜往日》「或訑謾而不疑」，《玉篇殘卷》「訑」字條引作「詑謾」。《民不畏死章》「不知而忠信，有知而誕謾」，「誕謾」與「忠信」對舉，與本文同，亦是「訑謾」音轉。倒言則作「謾訑」、「謾詑」、「慢

〔註49〕古鈔本、天明刊本均如此。
〔註50〕《尸子》（孫星衍輯本），平津館刊本，第 8 頁。
〔註51〕《尸子》（汪繼培輯本），上海古籍出版社 1989 年影浙江書局本，第 8 頁。

訑」、「謾他」、「謾誕」、「漫誕」、「慢誕」。

（4）人主誠〔能〕為無為之為，則天下之心皆無所之，被道含德，無思無求，無令無法，萬民自化

按：含，秘冊彙函本誤作「舍」，王德有（P64）、樊波成（P123）失校。

（5）故道德之所生，無欲無求，不創不作，無為無事，無載無章，反初歸樸，海內自寧

按：章，讀為彰，顯明也。載，與「彰」對舉，猶言藏也。《上士聞道章》「動於不為，覽於玄妙，精神平靜，無所彰載」，正作本字「彰」。

（6）動而反止，靜而歸足

樊波成曰：止，胡本系統作「正」。（P124）

按：「止」、「足」對舉，作「正」誤。《名身孰親章》「不足不止，利心常起」，又「是以知足之人，體道同德……知止之人，貴為天子」，《天下有道章》「建心於足，遊志於止」，《行於大道章》「常於止足，歸乎無名」，《萬物之奧章》「謙虛止足，卑損自牧」，均出於《老子》第44章：「故知足不辱，知止不殆，可以長久。」

（7）墨墨倞倞

樊波成曰：墨墨倞倞，讀作「默默惇惇」，靜默敦愨。墨墨，或作「嘿嘿」、「嘿嘿」、「默默」。默，不言貌。「倞倞」當讀作「敦敦」（即「惇惇」），《說文》：「惇，厚也。」王弼本經文即作「其民淳淳」，高明讀作「惇惇」，是也。（P125）

按：王弼本《老子》第58章「其民淳淳」，其「淳淳」二字，唐玄宗《御疏》本、陸希聲本、李約本同（《文子·上禮》、《意林》卷1、《通典》卷165、《御覽》卷624引同），帛書乙本作「屯屯」，北大漢簡本作「春春」，《指歸》本、傅奕本、范應元本作「倞倞」，P.2347、P.2420、P.2639、S.189、S.2060、S.3926、張虹藏敦煌殘卷、河上公本、景福本、景龍碑本、顧歡本、張君相本、林希逸本作「醇醇」（《治要》卷34引同），P.2375、唐無名氏《次解》本、遂州本作「蠢蠢」，P.2417、S.6453作「𧏾𧏾」（「𧏾」即「蠢」省），《淮南子·道應篇》引作「純純」。樊君從高明說讀為「惇惇」，是也；但此說非高明首

創，蔣錫昌、高亨、馬敘倫早已提出此說〔註52〕。

（8）惶惶儀儀

樊波成曰：讀作「惶惶慘慘」，惶恐憂心。《爾雅》：「慘，憂也。」（P125）

按：樊說近是。但本字當作「憯」，「慘」亦借字耳。《說文》：「憯，痛也。」憂痛之義。字亦作暜，《方言》卷1：「暜，憂也，宋、衛或曰暜。」〔註53〕

（9）知偽缺缺

樊波成曰：經文「其政察察，其民缺缺」。缺缺，帛書本作「狭狭」。波成謹案：《指歸》謂「知偽缺缺」，是以「知」訓「缺」。缺缺，即「狭狭」、「獪獪」，狡猾多智也。（P117）

按：王弼本《老子》第58章「其政察察，其民缺缺」，其「缺缺」二字，嚴遵本、傅奕本、范應元本、S.3926河上公本（道藏本河上公本同）、張虹藏敦煌殘卷、唐無名氏《次解》本、景龍碑本、遂州碑本同（《淮南子·道應篇》、《文子·上禮》、《治要》卷34〔註54〕、《意林》卷1引同），帛書甲本、北大漢簡本作「夬夬」，P.2255、P.2347、P.2375、P.2420、P.2639、S.189、S.2060、S.6453、宋刊河上公本作「缺缺」（《御覽》卷624引同）。高亨曰：「缺疑借為獪，狡獪也，詐也。獪亦作狭。」高明從其說〔註55〕。樊說本於高氏，不當不作引用。《指歸》以「缺缺」狀「知（智）偽」，非以「知」訓「缺」，樊說殊為無據。然經文「缺缺」與「察察」對文，高亨說實不可從。河上公注：「政教急，民不聊生，故缺缺日以疏薄。」其說可取。

《方而不割章》第二十

（1）人主獨立，臣下雙身，養主之意，阿主之心，塞主之聽，蔽主之明

樊波成曰：雙身，王德有釋為「雙重身份，在君之下，處民之上」。案：

〔註52〕蔣錫昌《老子校詁》，（上海）商務印書館1937年初版，第356頁。馬敘倫《老子校詁》，中華書局1974年版，第506頁。高亨《老子正詁》，開明書店1948年版，第121頁。

〔註53〕參見錢繹《方言箋疏》卷1，上海古籍出版社1984年版，第44頁。

〔註54〕《治要》據天明刊本，古鈔本引「缺缺」作「缺缺」。

〔註55〕高亨《老子正詁》，開明書店1948年版，第121頁。高明《帛書〈老子〉校注》，中華書局1996年版，第109頁。

雙，讀作「慄」，即「悚」。《說文》：「悚，懼也。」（P128）

按：《知不知章》「錄內略外，雙身為友，損彼益此，務以相厚」，「雙身」指內外二種身份。《廣雅》：「養，樂也。」

（2）非不劌也，善廉美讓，章含顯盜，而辯無藏也

樊波成曰：章含，王德有釋作「彰明隱事」。案：章含顯盜，疑為「彰貪顯盜」之誤，正與上文「貪叨者息，潔白自生」相應。（P130）

按：王說是，樊說非也。含，謂藏而不露。盜，讀作燾，亦作幬，覆也。章含顯燾，謂彰顯其覆藏者，故下云「無藏也」。

（3）無形影，無根朕，仿佛渾沌，莫知所以

按：「根」各本同，當是「垠」形誤。

《治大國章》第二十一

（1）而犀象虎豹之糜骸者

樊波成曰：槾，爛也。（P132）

按：各本均作「麋」，樊君誤作「槾」。「麋」是「麋（麋）」省文。《說文》：「麋，爛也。」

（2）山陵崩弛

按：弛，讀作陊，字亦作阤、陁、陀。《說文》：「陊，落也。」又「阤，小崩也。」《方言》卷6：「阤，壞也。」《淮南子·繆稱篇》「城峭者必崩，岸崝者必陀」，景宋本作「阤」，《說苑·政理》同。許慎注：「陀，落也。」《說苑·立節》：「城為之阤，而隅為之崩。」《用兵章》、《天下有道章》「宗廟崩弛」，亦同。

（3）夫飢而倍食，渴而大飲，熱而投水，寒而入火，所苦雖除，其身必死。

按：本文化自《淮南子·詮言篇》：「渴而飲水，非不快也；飢而大殮，非不贍也；然而弗為者，害於性也。」《劉子·利害》：「饑而倍食，渴而大飲，熱而投水，寒而投火，雖暫怡性，必為後患。」一本「投火」作「入火」。楊

明照引《淮南子》為證，王叔岷、傅亞庶均從楊說〔註56〕，而失引本文。《劉子》下文云云，亦多本此文，不復徵引。

（4）胸中有瘕不可鑿，喉中有疾不可剋也

按：本文化自《淮南子‧氾論篇》：「故目中有疵，不害於視，不可灼也；喉中有病，無害於息，不可鑿也。」

（5）蟲蚤著面不可射也，蟣虱著身不可斫也

按：身，秘冊彙函本、津逮秘書本、學津討原本、四庫本作「膚」，王德有（P68）、樊波成（P132）均失校。

（6）寂如無君，怕如無鬼

樊波成曰：怕，胡本系統作「泊」，據改。（P133）

按：《說文》：「怕，無為也。」「怕」是淡泊義本字，不當遽改。

（7）是故天之所胞，地之所函

按：「胞」當作「包」。

（8）交歸萬物，若性自然，流道沉德，洽和同真

按：流，讀為浮。《民不畏威章》：「秉道操德，與物浮沉。」

《大國章》第二十二

（1）膏腴之府，強大之尸，權勢之主

樊波成曰：尸，學津討原本作「戶」。（P137）

按：學津討原本仍作「尸」，各本均同。王德有據學津討原本改作「戶」（P72），樊波成未檢原書，承王氏誤校，疏矣。「尸」字不誤，尸亦主也。

（2）偕不測之固，要阨狹之口

按：偕，讀作階，猶言登臨。

〔註56〕楊明照《劉子校注》（陳應鷺增訂），巴蜀書社 2008 年版，第 676 頁。王叔岷《劉子集證》，中華書局 2007 年版，第 207 頁。傅亞庶《劉子校釋》，中華書局 1998 年版，第 452 頁。

（3）辱身厚體，竭誠懸命

按：陳景元《纂微篇》卷 8 引「體」同，當讀作「禮」。

《老子指歸》卷五

《萬物之奧章》第二十三

（1）吾是以知道以無有之形、無狀之容，開虛無，導神通，天地和，陰陽寧，調四時，決萬方，殊形異類，皆得以成

按：強思齊《纂疏》卷 16 引作「……開虛無，導神明，通天地，達陰陽，流四時，決萬方」。本書習以「神明」與「天地」對舉，今本「導神」下當據《纂疏》補「明」字，「通」下屬為句，讀作：「開虛無，導神〔明〕，通天地，和陰陽，寧（疑衍文）調四時，決萬方。」《善為道者章》「和道德，導神明，含萬國，總無方」，《用兵章》「皆有神明之德通於天地」，亦足證當是「導神明，通天地」也。「和陰陽，調四時」語見《鹽鐵論·相刺》，《淮南子·原道篇》「其德優天地而和陰陽，節四時而調五行」，亦可助校證。

（2）彊大終小，不禍自生

樊波成曰：不，疑當作「患」。（P144）

按：「不」、「患」形聲俱遠，無緣致誤。上文云「終始反覆，萬福自生」，此乃對文，「不」當是「万（俗萬字）」形誤。

（3）上比牛馬，下列犬羊

按：《集韻》：「列，比也。」列讀作例，《說文》：「例，比也。」

（4）是以君子之立身也，如暗如聾，若樸若質

按：各本「暗」作「喑」，讀為瘖。王德有本誤作「暗」（P75），樊波成誤同（P144），其云依道藏本作底本，妄也。

《為無為章》第二十四

（1）天地不能憂，而造化不能治

按：陳景元《纂微篇》卷 8、彭耜《太上道德真經集註》卷 15 引「憂」作「變」，是也。變讀為辯，亦治也。

《其安易持章》第二十五

（1）卵之未剖也，一指摩之，及其為飛鴻也，奮翼凌雲，矰繳不能連也

樊波成曰：摩，胡本系統作「麾」。《方言》卷13：「摩，滅也。」（P152）

按：《淮南子‧人間篇》：「夫鴻鵠之未孚於卵也，一指蔑之，則靡而無形矣。及至其筋骨之已就，而羽翮之所成也，則奮翼揮㩵，凌乎浮雲，背負青天，膺摩赤霄，翺翔乎忽荒之上，析惕乎虹蜺之間，雖有勁弩利矰微繳，蒲沮之子巧，亦弗能加也。」此《指歸》所本。「麾」是「摩」形誤，陳景元《纂微篇》卷9引作「摩」，《淮南》「靡」亦「摩」借字。又《纂微篇》引「剖」作「掊」，則誤。剖讀為孚，《淮南》正作本字。俗作孵，音轉亦作抱、菢、勽、伏、抱、菢、勹、包、附〔註57〕。「連」謂以矰繳牽連之。《列子‧湯問》：「蒲且子之弋也，弱弓纖繳，乘風振之，連雙鶬於青雲之際。」《淮南子‧覽冥篇》：「故蒲且子之連鳥於百仞之上。」《史記‧司馬相如傳》《子虛賦》：「微矰出，纖繳施，弋白鵠，連駕鵝。」三文「連」字義同。

（2）及至人君失道，大臣怨懟，鄰國不市，百官衰廢

樊波成曰：懟，胡本系統作「懟」。懟、懟，《說文》皆曰「怨也」。（P153）

按：《集韻》：「懟，《說文》『怨也』，引《周書》『凡民罔不懟』。古作懟，或作譈、懟，亦書作憝。」段玉裁曰：「懟，今與『懟』音義皆同，謂為一字。許不爾者，敦聲古在十三部。」〔註58〕黃侃曰：「『懟』同『懟』。」又「『懟』同『懟』。」〔註59〕謂怨怒，都是「敦」分化字。《說文》：「敦，怒也。」

（3）及至人君失正，大臣謀誤，鄰國怨恨，百姓猶豫，患禍已起，根本未據，姦雄將興，未得人助

按：「未」當作「未」，王德有本徑改作「未」（P80），卻未作校記。據，謂木根盤錯交結。下文「夫太山之木，本據於陰，末託於陽」，《鹽鐵論‧繇役》「華葉茂而本根據」，並同。

〔註57〕參見蕭旭《淮南子校補》，花木蘭文化出版社2014年版，第16～18頁。

〔註58〕段玉裁《說文解字注》，上海古籍出版社1981年版，第512頁。

〔註59〕黃侃《說文同文》，收入《說文箋識》，中華書局2006年版，第74頁。

（4）當此之時，尊賢下眾，折肝膽，聽微諫，求過於己

按：「折」各本同，當作「析」。《史記·鄒陽傳》《獄中上書自明》：「兩主二臣，剖心析肝相信。」《文選·詣建平王上書》李善注、宋刊《記纂淵海》卷 131 引「析」同，《漢書》、《文選》亦同；景祐本、黃善夫本、紹興本、乾道本《史記》作「拆」（《永樂大典》卷 3004 引同），淳熙本、慶長本、中統本、游本、殿本作「折」（《御覽》卷 475、宋刊《記纂淵海》卷 165 引同），金陵書局本「坼」。古鈔本《治要》卷 17 引《漢書》作「折」，天明刊本作「析」。宋本《新序·雜事三》作「折」，明刊本作「析」。當以「析」為正字，與「剖」同義對舉。

（5）是故聖人化之以道，教之以身，為之未有，治之未然

按：本書習以「道」、「德」對舉，「身」疑「德」之誤。《知不知章》：「道德之教，自然是也。」

（6）教以无教，導以无名，知以无知，狀无無形

按：狀无無形，各本作「狀以无形」。

（7）唯能鍊情易性，變化心意，安無欲之欲，樂無事之事者，道與德也

按：鍊，讀為簡，亦易也。簡情易性，猶言簡易其性情。《上士聞道章》云「簡情易性」，《善建章》云「性簡情易」，並其證也。

《善為道者章》第二十六

（1）事始則坊名作，功名作則忿爭起

樊波成曰：坊，王德有改為「功」，是也。（P159）

按：王德有說「據下文『功名作』改」（P84），樊君從其說。秘冊彙函本、津逮秘書本、學津討原本、四庫本「坊」均作「功」，字甚明晰，王氏失校，未見樊君能後出轉精也。

（2）奢淫不止，邪枉纖纖

樊波成曰：纖纖，王德有釋為「細小貌」。案：纖纖，讀作「槮槮」，木長貌，此處比喻邪枉滋長。《續漢志·五行一》載漢桓帝時童謠「茅田一頃中有

井，四方纖纖不可整」，司馬彪按曰：「言姦慝大熾不可整理。」是亦以草木之盛喻姦慝之多。（P159）

按：樊說非是。《續漢志》「纖纖」同「孅孅」，狀田四方尖細貌，非狀草木長貌。此文「纖纖」，讀作「漸漸」，又侵、談旁轉作「浸浸」，又轉作「浸淫」、「侵淫」、「侵尋」、「浸尋」、「浸潯」等形。《為學日益章》「是以天下騷騷，不遑其親；追習纖纖，務順其君」，亦同。

（3）恍恍不可安，易易不可全

按：「易易」與「恍恍」對文，「易」非「容易」之「易」，當是「吻」移位異體字。「吻吻」同「忽忽」、「惚惚」，轉語則作「昧昧」。

（4）翔風嗊嗊

樊波成曰：翔風，即「祥風」。嗊嗊，王德有釋作「細細」。嗊嗊，讀作「祈祈」（祁祁），風雨徐和貌。班固《靈臺詩》「習習祥風，祁祁甘雨」，劉良注：「習習祁祁，風雨和貌。」（P160）

按：汪維懋曰：「嗊，或為『暅』之誤字。暅暅，風和暖貌。」〔註60〕樊君說「翔風」即「祥風」，是也。王德有釋「嗊嗊」作「細細」純是臆說，毫無根據。樊君讀作「祈祈（祁祁）」，音理可通，但古書「祈祈（祁祁）」狀雨，無狀風者。汪維懋疑「嗊」為「暅」誤，然「暅」是名詞，專指日之氣，其說亦未得。嗊嗊，讀作「愊愊」，安靜和協貌。《爾雅》：「愊，靜也。」音轉亦作瘱，或省作㥶。《說文》：「瘱，靜也。」《太玄·廓》「陰氣瘱而愊之」，范望注：「瘱，猶協也。愊，猶合也。言是時陰氣和協而合同。」明刊翻宋本「瘱」作「㥶」，《集韻》「㥶」、「愊」二字條引同。

（5）醴泉涓湏

樊波成曰：涓湏，怡蘭堂叢書本、王德有本作「涓涓」。案：涓湏，即「涓潤」或「涓涗」，水流貌。湏，見《說文》古文與《正始石經》，係「沫」字古文「頮」之省，讀作「潤」。《集韻》：「潤、湏：水皃，或從頁。」《說文》：「潤，水流涗涗皃。」段玉裁以為「潤」即「涗」之本字。與「小流」之「涓」義相近。（P161）

〔註60〕汪維懋《漢語重言詞詞典》，軍事誼文出版社1999年版，第502頁。

按：秘冊彙函本、津逮秘書本、學津討原本、四庫本都作「涓涓」，不知樊君何故不加檢校？樊君亂說通假，必不可信。上下文「嚘嚘」、「漠漠」、「榮榮」皆重言，此當作「涓涓」，是本書習語。陶潛《歸去來兮辭》「木欣欣以向榮，泉涓涓而始流」，正可與此文「醴泉涓涓，朱草榮榮」印證。《易林·明夷之既濟》：「涌泉涓涓，南流不絕。」潘岳《射雉賦》：「天泱泱以垂雲，泉涓涓而吐溜。」亦足佐證。

（6）甘露漠漠，朱草榮榮

樊波成曰：漠漠，王德有釋作「密布貌」。案：漠漠，讀作「濛濛」，迷蒙之貌。王嘉《拾遺記》「甘露濛濛似霧著」。（P161）

按：《拾遺記》卷 10「甘露濛濛似霧，著草木則滴瀝如珠」，《說郛》卷 66 引同，「著」字當屬下句，樊君沒有讀通原文，竟屬上句。今本《拾遺記》有誤，《御覽》卷 10 引《拾遺記》作「甘雨濛濛似露，委草木則滴瀝雨也」，《事類賦注》卷 3 引同〔註61〕。此文「漠漠」疑「渼渼」形誤，《高士傳》卷中「莫莫高山」，《書鈔》卷 106、《御覽》卷 507、573、《事類賦注》卷 11 引同，《御覽》卷 168 引《帝王世紀》、《太平寰宇記》卷 141 引《四皓歌》作「英英」，《樂府詩集》卷 58 作「漠漠」，此其相謁之例。「渼渼」同「央央」、「英英」，鮮明貌。《出生入死章》：「形之所託，英英榮榮，不覩其字，號之曰生。」亦以「英英」與「榮榮」連文，可證也。

（7）玄德之淪，罔蕩軷遁，恍惚無形

樊波成曰：罔蕩，王德有釋作「迷惑貌」、「放浪不羈」。案：罔蕩，即「莽蕩」、「荒唐」，皆曠遠廣大之貌。軷遁，王德有釋為「遲鈍」、「隱匿」。案：軷遁，讀作「漫沌」，為大水茫茫之貌。（P162）

按：樊君說「罔蕩」是也，字亦作「莽黨」、「潊瀁」、「潊漾」、「潊蕩」、「潒蕩」、「潒瀁」等形。軷遁，四庫本誤作「軼遁」。《以正治國章》「萬民恩軷」，《民不畏威章》「憂於溷軷，畏於無形」，溷（恩）軷，樊波成讀作「混冥」（P125、191）。余謂「軷遁」是「溷（恩）軷」轉語，并讀作「溷漫」，猶言混亂。《弘明集》卷 8 釋玄光《辯惑論·合氣釋罪三逆》「士女溷漫，不

〔註61〕齊治平《拾遺記校注》失校，中華書局 1981 年版，第 221 頁。

異禽獸」,《慧琳音義》卷96:「溷漫:上魂困反。《古今正字》云:『溷,亂也。』下蠻諫反。」

《江海章》第二十七

(1) 道德不生萬物,而萬物自生焉;天地不舍群類,而群類自託焉

樊波成曰:舍,胡本系統、怡蘭堂叢書本作「含」。案:道藏本不誤,「不舍群類」與「群類自託」相應,「託」、「舍」互訓。託,《說文》云「寄也」,與「舍」義相關。(P164)

按:樊君說是。杜光庭《廣聖義》卷44引作「天地不舍群類,群類舍之眾物」。

(2) 自然之物不求為王,而物自王焉

按:下「王」讀作往,杜光庭《廣聖義》卷44引正作「往」。下文「不為物主,而物自歸焉」,「歸」是其誼也。

(3) 眾陽赫赫,而天王之;陰氣漻漻,而地王之

按:杜光庭《廣聖義》卷44引作「陽氣赫赫,而天為之王;陰氣肅肅,而地為之王」。「漻漻」音轉作「肅肅」,來母與心母相通,幽、覺對轉。《詩·江有汜》「其嘯也歌」,「嘯」亦作「歗」,安大簡(一)作「歗」。《莊子·田子方》:「至陰肅肅,至陽赫赫。肅肅出乎天,赫赫發乎地。」《淮南子·覽冥篇》「肅肅」作「飂飂」。《白虎通·禮樂》:「簫者,中之氣,萬物生於無聲,見於無形,傮也,肅也,故謂之簫。」「簫,傮也」是聲訓。是其音轉之證。《莊子》即本文所本。「肅肅」又作「飂飂」、「飀飀」,音轉又作「蕭蕭」、「飂飂」、「謖謖」,清冷貌。《世說新語·賞譽篇》「謖謖如勁松下風」,劉孝標注引《李氏家傳》「飂飂如行松柏之下」,《御覽》卷495引袁山松《後漢書》「飂飂」作「肅肅」。

(4) 倮者穴處,而聖人王之

按:杜光庭《廣聖義》卷44引作「生靈億兆,而聖人為王」。

(5) 無有法式而物自治焉

樊波成曰:法,胡本系統作「海」。法式,法令制度。(P164)

按：胡氏秘冊彙函本仍作「法式」，津逮秘書本、學津討原本、四庫本誤作「海式」，不是胡本系統全誤作「海」，樊君未檢胡本，但據王德有校語「津逮本、學津本作『海』」（P87）而妄說耳。四庫本杜光庭《廣聖義》卷44引作「不施法式而物自理之」，「理」是避諱改字。

（6）不為仁義而物自附焉

按：杜光庭《廣聖義》卷44引「仁」作「信」，「焉」作「之」；又此句下復有「不為仁愛而物自親之」一句，疑今本脫。

（7）體道合和，無以物為而物自為之化

按：杜光庭《廣聖義》卷44引作「體道合德，委仕（任）自然而物自宗之」。「合和」當校作「含和」，「合德」當校作「含德」，《上士聞道章》云「抱德含和」。《天之道章》「履道合和，常與物友」，「合」亦當作「含」。「含和」習見於《淮南子》，謂含和氣也。

（8）又非拘禁束教、有界道、畫東西而趨之也

按：界道，陳景元《纂微篇》卷9所引讀作「介導」，音近而誤。

（9）故能極弊通變，救衰匡亂，以至太平

樊波成曰：蔽（弊），胡本系統作「敝」。「敝」、「蔽（弊）」義皆難通，疑為「數」字之誤。「極數通變」語出《易·繫辭上》「極數知來之謂占，通變之謂事」。（P166～167）

按：「極」乃「拯」形誤，讀作承。另詳《上德不德章》校補。

（10）淪唐唐，含冥冥，馳天地，騁陰陽

樊波成曰：唐唐，王德有釋為「廣大明敞」。案：唐唐，讀作「茫茫」、「芒芒」、「荒荒」、「莽莽」，廣漠不清貌。（P167）

按：樊君說是。「含」當作「合」。《內經素問·至真要大論》、《陰陽類論》並有「上合昭昭，下合冥冥」語。《靈寶無量度人上品妙經》卷33：「杳杳變化，混合冥冥。」

《天下謂我章》第二十八

（1）眩燿結構

按：秘冊彙函本、津逮秘書本、學津討原本「燿」作「耀」，「構」作「搆」，樊波成失校（P169）。

（2）動權生變，竊乘盛勢

樊波成曰：動，胡本系統作「勤」。（P170）

按：「勤」是「動」形誤〔註62〕。《以正治國章》有「起權生變」語。《莊子·天道》「天下奮棅而不與之偕」，《釋文》引司馬彪曰：「棅，威權也。」成玄英疏：「棅，權也。趨世之人，奮動權棅。必靜而自守，不與並逐也。」

（3）眾俗迷妄，浸以相導

樊波成曰：浸，胡本系統作「漫」。（P170）

按：「漫」是「浸」形誤。浸，猶言漸也。《聖人無常心章》「惡者性變，浸以平和」，文例同。

（4）檢形促容，歸於微纖

樊波成曰：檢，即經文讀「儉」之意。「儉形」亦可與下「促容」相對。（P171）

按：樊說非是。「檢形促容」即「檢促形容」，謂修整形容。檢，讀作斂。《書·伊訓》「檢身若不及」，孔疏：「檢，謂自攝斂也。」《文選·三國名臣序贊》「神和形檢」，劉良注：「檢，整也。言其形兒嚴整。」《類聚》卷45引「檢」作「撿」，亦借字。促，讀作琞、娖，齊整也。

（5）是以不爭不求，以得民意，以順民心，秉其要忌

按：「要忌」不辭。忌，讀為紀。《勇敢章》「故知生而不知殺者，逆天之紀也；知殺而不知生者，反地之要也」，《治大國章》「引總紀綱，舉大要而求之於己」，皆可助校。要紀，猶言綱要。《洞神八帝元變經》「總收大略之要紀」，是其例。亦可讀忌為極，猶言準則。《天下有始章》「統無窮之極，秉自然之

〔註62〕二字相訛例可以參看王念孫《讀書雜志》卷1、7、12，中國書店1985年版，分別見本卷第54、93、32、59頁。

要」，二字對文。《莊子・秋水》「反要而語極」，郭象注：「知雖落天地，事雖接萬物，而常不失其要極，故天人之道全也。」《內經素問・移精變氣論》：「治之要極，無失色脉。」

《老子指歸》卷六

《用兵章》第二十九

（1）雕琢宮室，盈飾狗馬

按：盈，讀作瑩，字亦作瑩，亦飾也。《慧苑音義》卷1引《切韻》：「瑩，飾也。」《慧琳音義》卷34：「磨瑩：《廣雅》云：『瑩，磨也。』謂磨拭珠玉使發光明也。《集訓》云：『瑩，飾也。』或作瑩。」又卷38：「塗瑩：《廣雅》：『瑩，飾也。』或從金，或從玉，並通。」又卷94：「瑩飾：《博雅》云：『瑩謂之飾。』《蒼頡篇》云：『治也。』」《廣韻》：「瑩，瑩飾也。」《大唐西域記》卷1《音釋》：「瑩，紆定反，瑩飾也。」字亦作營，《太平廣記》卷374引《錄異記》：「營飾服裝。」

（2）改過自新，變容易則

按：「則」是「節」借字。強思齊《纂疏》卷4引《指歸》「不為夷狄變則，不為中國改容」，亦同。《鄧析子・無厚》：「不為秦、楚緩節，不為胡、越改容。」《淮南子・主術篇》「緩」作「變」，餘同；此《指歸》所本。又或「則」是「色」音誤。「變容易色」語出《莊子・盜跖》，又《戰國策・秦策三》、《史記・范雎傳》「變色易容」。

（3）是以喻我豪俊，說我士卒，卷甲釋兵，且令休息，激役心移，幸於反覆

按：「激役」不辭。疑「激」當作「徼」，同「僥」，亦幸也。

（4）前無留敵，計謀不喪，敵雖眾多，與我搆因，兩軍相距，前若無人

按：「搆因」不辭。疑「因」是「兵」形誤。「構（搆）兵」是秦漢成語。

（5）去家越境，若眾趣市

按：趣，祕冊彙函本、津逮祕書本、學津討原本、四庫本作「趨」。王德有本徑作「趨」（P93），而無校記；樊君則失校異文（P176）。

（6）疾耕力織，暮休早起，奇入模列，不敢獨有，以供師徒，如奉父母

按：「奇入模列」各本同。模，疑讀作明，明母雙聲，魚、陽對轉。「奇入模列」云云謂別的途徑的收入都公開陳列出來充作軍費。

（7）天地〔所〕覆載，日月所照覩，皇皇莫莫，各安其土

樊波成曰：皇皇莫莫，王德有釋為「廣大」、「繁盛茂密貌」。案：皇皇莫莫，即《勇敢章》「瀇（潢）漠」，原始蒙昧之貌。皇，可讀作「汪」或「潢」，皆為大水之貌，引申為原始蒙昧之貌。莫，即「漠」字，亦以大水貌引申為原始狀態。（P177）

按：樊說非是。皇皇、莫莫，皆是廣大貌。《莊子・知北遊》：「其來無迹，其往無崖，無門無房，四達之皇皇也。」成玄英疏：「皇，大也。」《小爾雅》：「莫，大也。」「天地所覆載，日月所照覩」正描寫廣大，故以「皇皇莫莫」形容之也。《淮南子・齊俗篇》：「乃至天地之所覆載，日月之照認，使各便其性，安其居，處其宜，為其能。」《文子・自然》：「老子曰：『天之所覆，地之所載，日月之所照，形殊性異，各有所安。』」此《指歸》所本。

《言甚易知章》第三十

（1）神氣相傳，感動相報

按：「傳」疑「通」形誤，《出生入死章》、《用兵章》並有「神氣相通」語。

（2）不覩太道，不識自然

按：太，當據祕冊彙函本、津逮祕書本、學津討原本、四庫本作「大」，樊君失校（P179）。

（3）明若無見，聽若無聞，通而似塞，達而似窮

按：聽，陳景元《纂微篇》卷9引作「聰」，當據校正。「聰」與「明」對文。下文云「故其明不我能見，聰不我能聞」，《知者不言章》「是故得道之

士，損（捐）聰棄明，不視不聽，若無見聞」，均其證也。

（4）皎然昭昭，莫覩其情；頽然默默，魁然獨存

樊波成曰：頽然，王德有釋作「衰敗」。案：頽然默默，清靜柔順也。頽然，柔順也。頽，字當作「穨」，從貴聲，讀與「隤」同。（P182）

按：頽然，讀作「憒然」，無知無識貌。魁然，讀作「巋然」，高峻獨立貌。《天之道章》、《以正治國》並有「魁然獨立」語，亦同。字亦作「塊然」、「傀然」，《小國寡民章》云「塊然獨安」。

《知不知章》第三十一

（1）凡事有形聲，取舍有影響

按：取，讀作趣，亦作趨。下文云「是故趨舍廢置，王道之形聲也；吉兇存亡，趨舍之影響也」，正作「趨」字。

（2）夫形動不生形而生影，聲動不生聲而生響，無不生無而生有，覆不生覆而生反

按：《列子・天瑞》引《黃帝書》：「形動不生形而生影，聲動不生聲而生響，無動不生無而生有。」此《指歸》所本。此文上「無」字下當據補「動」字，作「無動不生無而生有」；上「覆」字下亦脫「動」。

（3）民俯而無放，仰而無效，敦愨忠正，各守醇性，惘惘洋洋，皆終天命

樊波成曰：惘惘洋洋，王德有釋為「若有所失」、「舒緩」。案：惘惘洋洋，大水廣闊貌，引申為無知之貌。惘惘，又作「茫茫」、「汪汪」、「芒芒」、「洸洸」、「潢潢」、「瀇瀇」、「沆沆」、「滉滉」；「洋洋」或作「泱泱」、「瀁瀁」、「漾漾」，皆為大水光麥。（P185）

按：「惘惘洋洋」是「惘洋」重言。「惘洋」是「潤瀁」、「罔養」、「罔罥」、「罔寏」、「罔闐」、「莽罥」、「汪洋」、「汪漾」、「莽洋」、「溰瀁」、「溿蕩」、「莽瀁」、「济瀁」轉語，虛空之貌。

（4）動無形彎，靜無圻埒

樊波成曰：彎，胡本系統作「彎」。（P185）

按：秘冊彙函本作「彎」，津逮秘書本、學津討原本仍作「彎」，不得謂胡本系統都作「彎」。「彎」是「彎」形誤。形彎，讀作「形坮」，已詳《道生一章》校補。

（5）封疆畫界，治邑屋，州鄉里

樊波成曰：州鄉里，王德有釋為「聚」。案：疑「州」當作「巡」。（P186）

按：樊說非是。當「治邑屋州鄉里」六字作一句讀。「邑屋州鄉里」五者皆「治」的賓語。

（6）身不降席而萬國自備

按：備，讀作服。

《民不畏威章》第三十二

（1）驕奢恣睢，自專損己

按：恣睢，縱恣也。《說文》作「姿娷」，亦作「次睢」、「姿廈」。

（2）忠信所愛，欺殆父母

按：殆，讀作詒，亦欺也。《說文》：「詒，相欺詒也。」字亦借「紿」、「怠」為之。《民不畏死章》「欺殆兄嫂」，亦同。

（3）將順情欲，以違天道

樊波成曰：違，胡本系統作「達」。（P189）

按：將亦順也。「達」是「違」形誤。「違」與「將順」對文。

（4）樂高喜大，負威任勢，忘憂失畏

按：陳景元《纂微篇》卷9引「喜」作「安」。失，讀為詄。《說文》：「詄，忘也。」字亦作佚，《說文》：「佚，一曰忽也。」

（5）順於小者不懼於大，誠於近者不悔於遠

按：陳景元《纂微篇》卷9引「順」作「慎」，正字。

（6）陽氣安於潛龍，故能鑠金；陰氣寧於履霜，故能凝冰

樊波成曰：冰，胡本系統作「水」，涉「冰」字而誤。（P191）

按：秘冊彙函本、津逮秘書本、學津討原本都作「冰」，不作「水」，樊君誤校。

（7）木善秋毫，故能百尋

樊波成曰：木，胡本系統作「未」。（P191）

按：胡氏秘冊彙函本誤作「未」，津逮秘書本、學津討原本都作「木」不誤，不得謂胡本系統都作「未」。

（8）水樂涓涓，故能成海

樊波成曰：涓涓，王德有本作「滑滑」。（P191）

按：王德有本仍作「涓涓」（P100），校書鹵莽率如此，校如不校。

（9）飛禽逸於卵㲉，故能高翔；群獸預於胎㹑，故能遠走

按：逸，樂也。預，讀作忬，字或作豫，亦樂也。《說文》：「忬，喜也。」

（10）秉道操德

樊波成曰：秉，胡本系統作「東」。（P191）

按：秘冊彙函本、津逮秘書本、學津討原本都作「秉」不誤，樊君胡說一通。

（11）故禍不能禍而患不能患，福不能逃而德不能遁

按：道藏本脫「不能禍」三字，王德有曰：「據怡蘭本、津逮本、學津本補。」（P101）秘冊彙函本亦有此三字。樊君補字，卻又不作校記，毫無章法。

（12）非道有和（私）而天地偏也

樊波成曰：和，胡本系統作「私」，據改。（P191）

按：《勇敢章》「玄默無私」，秘冊彙函本、津逮秘書本、學津討原本「私」作「和」。此亦方口、尖口不別例，「和」非「和平」之「和（he）」，乃「私」俗譌字。《後漢書·任延傳》「臣聞忠臣不私，私臣不忠」，唐·王志愔《應正論》、《御覽》卷259引同，古鈔本《治要》卷24、《御覽》卷427、《通鑑》卷43引「私」作「和」（《治要》「和」旁注「私」字，天明刊本作「私」）；《通鑑

考異》卷 2：「《延傳》作『忠臣不私，私臣不忠』。按《高峻小史》作『忠臣不和，和臣不忠』，意思為長，又與上語相應，今從之。」亦其例〔註63〕。

《勇敢章》第三十三

（1）執德體正

按：體，讀作履。《大成若缺章》「是以聖人柄和履正，治之無形」，正作本字。

（2）故剛毅質直，操擊深酷，疾邪養正，勇敢先失

按：操擊，謂撻擊、笞擊，代指刑罰。

（3）長忿美快

按：「快」疑當作「映」，讀作悁，音轉又作恚，亦忿也。

（4）凡此二功，勇敵敢均，計策桀馳，射身相非，與天異意，與地異心

樊波成曰：桀馳，王德有讀作「磔」，釋作「車裂，即相背而馳」。案：「桀」當為「舛」字之誤，互也。舛馳，交互。（P195）

按：樊說是也。陳景元《纂微篇》卷 10 引作「外馳」，「外」亦「舛」形誤。但「舛馳」非「交互」之誼，當訓背馳。敵，當也，與「均」同義對舉。「射身」不詳。

（5）或以千乘變為亡虜，或以匹夫化為君王

樊波成曰：乘，胡本系統作「桀」，與「乘」形近而誤。（P195）

按：樊說是也。陳景元《纂微篇》卷 10 引作「乘」，又「化」作「轉」。

（6）為善者自賞，造惡者自刑

樊波成曰：造，《雲笈七籤·七部語要》同。胡本系統作「為」，《御覽·道部》所引《真誥》同。（P196）

按：《上清道寶經》卷 1 亦作「造」，又「賞」形誤作「覺」。

〔註63〕《後漢書》及《御覽》例承龔元華博士檢示，謹致謝忱！

（7）惚恍之羅設，而無狀之網施，汎淫瀇漠，遼遠留遲

樊波成曰：汎，怡蘭堂叢書本作「汛」。瀇，胡本系統作「潢」。汎淫瀇漠，王德有分別釋為「廣垠」、「深廣寂靜」。汎、淫、瀇、漠皆大也。「汎淫」為廣大無邊。瀇漠，即「廣漠」、「廣莫」。（P196～197）

按：樊說「瀇漠」是，但說「汎淫」則誤。汎淫，疊韻連語（汎古音馮），漂浮貌。《詩・柏舟》：「汎彼柏舟，在彼中河；髧彼兩髦，實維我儀。」「髧」從尤得聲，古音淫。「汎」、「髧」對文，即是「汎淫」分言。

《民不畏死章》第三十四

（1）欺殆兄嫂

樊波成曰：殆，學津討原本、焦竑《讀莊子》作「紿」。（P198）

按：王德有曰：「殆，學津本作『紿』。」（P106）學津討原本仍作「殆」，樊君未檢原書，誤信王說也。《困學紀聞》卷 10 引亦作「紿」。

（2）作福者身死，竊威者宗亡

按：強思齊《纂疏》卷 19 引「福」誤作「禍」。此承上文「不敢作福，不敢起威」而言。

《老子指歸》卷七

《人之飢章》第三十五

（1）日月更代

按：代，讀作迭。《說文》：「迭，更迭也。」《荀子・禮論》「情文代勝」，《史記・禮書》同，《索隱》引《大戴禮》作「迭興」，今本《大戴禮・禮三本》作「佚興」，李笠即指出「代、迭一聲之轉也」[註64]。《史記・樂書》「代相為經」，《說苑・修文》同，《禮記・樂記》「代」作「迭」。《史記・曆書》「雌雄代興」，《大戴禮記・誥志》「代」作「迭」。「更迭」俗音轉作「更替」。

（2）弊欺之路飾，滅危之患生

按：弊，讀為蔽。

〔註64〕李笠《廣史記訂補》，復旦大學出版社 2001 年版，第 63 頁。

（3）或傷腸析肝

樊波成曰：析，怡蘭堂叢書本作「折」，王德有本據改。案：析，剖也。「析肝」文獻常見。（P205）

按：王氏改字是也，「折」與「傷」同義對舉，《柔弱於水章》、《至柔章》並有「角齒傷折」，則是同義連文。文獻「析肝」與「剖心」對文，自當作「析」，與此不同，樊君不辨其異。

《生也柔弱章》第三十六

（1）為道先倡，物以疏糶

按：疏糶，布散貌。也倒作「糶疎」、「欋疏」、「欋楝」，《集韻》：「欋，欋疎，枝葉敷布皃。」北大漢簡（四）《反淫》：「根欋疏而分離。」尹灣漢簡《神烏傳（賦）》：「絕繫有餘，紈樹欋楝。」陳劍說「欋楝」即「欋疏」〔註65〕，是也。《太玄·進》：「進以欋疏，制於尊也。」范望注：「欋疏，附離（麗）也。」均是「枎疏」、「扶疏」、「扶疋」、「扶胥」轉語〔註66〕，同屬魚部字，幫母和見母可以通轉。郭店楚簡《窮達以時》「河匩」讀為「河浦」〔註67〕，清華簡（六）《鄭文公問太伯（甲）》「故其腹心」讀為「布其腹心」〔註68〕，清華簡（七）《越公其事》「江沽」讀為「江浦」〔註69〕，「簠（医）」異體字作「匝」〔註70〕，都是幫母、見母通轉之例。《說文》：「枎，枎疏，四布也。」枎之言敷也，布也；疏亦布陳也。增旁字作「荴蓲」，東魏《李仲琁修孔廟碑》：「瑤光及彩，赫弈於上齡，若水（木）嘉祥，荴蓲於季葉。」又音轉作「扶

〔註65〕陳劍說轉引自方勇《讀北大漢簡札記》，《魯東大學學報》2013 年第 2 期，第 65 頁。

〔註66〕參見桂馥《說文解字義證》，齊魯書社 1987 年版，第 485 頁。

〔註67〕參見袁國華《郭店楚簡文字考釋十一則》，《中國文字》新 24 期，1998 年版，第 141 頁。李家浩《讀〈郭店楚墓竹簡〉瑣議》，《中國哲學》第 20 輯《郭店楚簡研究》，遼寧教育出版社 1999 年版，第 354 頁。劉釗《郭店楚簡校釋》，福建人民出版社 2005 年版，第 170 頁。

〔註68〕參見白于藍《簡帛古書通假字大系》引某氏說，福建人民出版社 2017 年版，第 341 頁。

〔註69〕參見陳偉《清華簡七〈越公其事〉校釋》，《出土文獻與傳世典籍的詮釋國際學術研討會會議論文集》，復旦大學 2017 年 10 月 14～15 日，第 31～32 頁。

〔註70〕參見胡吉宣《玉篇校釋》，上海古籍出版社 1989 年版，第 3070、3081 頁。龍宇純《說簠匝書匼及其相關問題》，《中央研究院歷史語言研究所集刊》第 64 本第 4 分，1993 年版，第 1025～1046 頁。

於」、「扶輿」、「扶與」。四齒杷名曰「渠疏」、「渠挐」、「渠如」者,亦是「欙疏」轉語,取布散為義。《淮南子·說林篇》「木大者根欙,山高者基扶」,《山海經·海內經》郭璞注引「欙」作「欋」,《文子·上德》作「瞿」。「扶」、「欋（欙、瞿）」變音異字作對文,其義一也。北大漢簡《蒼頡篇》簡 34「枉橈枝柫」,「柫」字單用。

（2）其衰也,華葉黃悴,物色焦殃

按:《廣雅》:「殃,敗也。」

（3）陽氣之所居,木可卷而草可結也;陽氣之所去,氣可凝而冰可折也

按:陳景元《纂微篇》卷 10、李霖《道德真經取善集》卷 12 引「氣可」作「水可」,當據校正。《類聚》卷 88 引《六韜》:「冬冰可折,夏條可結。」《淮南子·說林篇》:「冬冰可折,夏木可結。」為《指歸》所本。折,讀為𥬲,折取、開採〔註71〕。

（4）賞功養善,師於天士

按:《漢書·李尋傳》「拔擢天士,任以大職」,顏師古注引李奇曰:「天士,知天道者也。」又引晉灼曰:「嚴君平言『師於天士』。天士,應宿台鼎之臣也。」師古曰:「李說是也。」宋祁引「賞功養善」誤作「賞公養士」。

《天之道章》第三十七

（1）故鱗者無毛,毛者無羽;躆者無牙,角者無齒

樊波成曰:躆,王德有逕據改為「觸」,於音轉似亦通,惟「觸者」與後「角者」無異。案:躆,字書謂同「𧿕」(引者按:當作『𧿬』),即「距」。距,雞距,即「鉤篏芒距」倒刺之類。「躆者無牙」疑為豪豬之屬。(P211)

按:《淮南子·墜形篇》:「介鱗者夏食而冬蟄……四足者無羽翼,戴角者無上齒。」與本文可以互證。王德有妄改,不足據。樊君疑為「倒刺之類」、「豪豬之屬」亦是臆說。《慧琳音義》卷 56:「鱗𧿬:又作躆、距二形,同。雞足距也。」「躆者」指長有雞足距的禽類動物,這類動物無牙。

〔註71〕參見蕭旭《淮南子校補》,花木蘭文化出版社 2014 年版,第 586 頁。

《柔弱於水章》第三十八

（1）微積集少，以成江海

按：依文例，「微積」當乙作「積微」。《其安易持章》「積微之善，以至吉祥」，即有「積微」一詞。

（2）動靜待時

按：待，讀為得，一聲之轉。《列子·天瑞》「處常得終」，《類聚》卷44、《御覽》卷468引「得」作「待」，《說苑·雜言》同。《史記·平原君虞卿列傳》「故爭相傾以待士」，《集解》引徐廣曰：「待，一作得。」

（3）故有德之主，將欲有為，必稽之天，將欲有行，必驗符信

按：稽亦驗也，強思齊《纂疏》卷20引作「契」，語之轉耳。

《小國寡民章》第三十九

（1）故地廣民眾，將勇主嚴，不足以為強；甲堅士練，城高池深，不足以為安

按：《淮南子·兵略篇》：「地廣人眾，不足以為強；堅甲利兵，不足以為勝；高城深地，不足以為固。」《文子·下德》：「地廣民眾，不足以為強；甲堅兵利，不可以恃勝；城高池深，不足以為固。」此《指歸》所本。

（2）敬順遜辭，以褒其神

按：褒，讀為保。

《信言不美章》第四十

（1）因其本，修其無，開以天心，督以自然

按：「修」當作「循」，亦因也。督讀為導，亦開也。另詳《道生章》校補。

（2）赴水火，之危亡，死不旋踵而民不恨者，信也

按：當「赴水火之危亡」六字作一句讀。樊君承王德有本（P119）之誤。下文「嫌於天道，疑於人事，之謂不知」，亦是承王本（P120）之誤，當讀作「嫌於天道、疑於人事之謂不知」。

（3）輓輓而成，默默而信，故能成善

樊波成曰：輓輓，讀作「玄玄」，不言之貌。（P224）

按：強思齊《纂疏》卷 3 引嚴君平曰「默默輓輓，萬物齊均」，樊說同（P250），非是。輓輓，讀作「閔閔」、「忞忞」、「汶汶」，惛亂貌。另詳《至柔章》校補。

（4）不識元首，不睹根本，誣天誣地，誣人誣鬼

按：誣，讀為侮，輕侮。《無上祕要》卷 7 引《妙真經》：「不識元首，不睹本根，詐天輕地，罔鬼欺神。」當出本文（樊君已及）。《淮南子·兵略篇》「傲天侮鬼」，《文子·上義》「逆天地，侮鬼神」，亦足佐證。

二、《老子指歸·道經（輯佚）》校補

樊波成撰《老子指歸·道經（輯佚）》，在蒙文通、嚴靈峰、王德有三家輯佚的基礎上，有所補訂。茲據樊輯本作校補。

《道經》第一章

（1）故度之所度者知，而數之可數者少

按：此據《雲笈七籤》卷 1 引文輯佚。《雲笈七籤》「可」作「所」。王德有誤作「可」（P122），樊君照鈔（P231），而未檢原書。

（2）微妙窮理，非智之所能測

按：《雲笈七籤》卷 1「智」作「知」。王德有誤作「智」（P122），樊君亦照鈔（P231）。

（3）登丘陵而盼八方，覽參辰而見日月

按：盼，《重刊道藏輯要》本、四庫本《雲笈七籤》卷 1 同，道藏本《雲笈七籤》作「眄」。「盼」、「眄」均「眄」形譌。《說文》：「眄，一曰衺視也，秦語。」

（4）心如金石，形如枯木，默默隅隅

按：此據陳景元《纂微篇》卷 1、劉惟永《集義》卷 3 輯佚。「隅隅」是

「愚愚」轉語，恍惚貌，愚昧無知貌。《太上洞玄靈寶業報因緣經》卷5:「天下愚愚，豈能自覺。」《真誥》卷8:「靈豈無感，愚愚相隨。」也作「惆惆」，《說苑·脩文》:「惆惆憧憧，專一想親之容貌彷彿，此孝子之誠也。」「惆惆」、「憧憧」均訓愚貌。《史記·三王世家》:「愚憧而不逮事。」「惆惆憧憧」是「愚憧」亦即「愚惷（蠢）」之重言。盧文弨曰:「『惆』當與『顒』同。」向宗魯從其說〔註72〕。據盧說，則「惆惆」是仰望貌，非其誼也。

《道經》第二章

（1）昭昭不常存，冥冥不常然。榮華扶疏，始於仲春；薺麥陽物，生於秋分；冬至之日，萬物滋滋；夏至之日，萬物愁悲

樊波成曰:陳景元《纂微篇》、劉惟永《集義》引。「萬物愁悲」此句下文有「謂其盛必有衰，美必有惡，陰陽尚爾，況於人乎？斯戒其矜誇美善者也。」蒙輯引之至「況於人乎」，嚴輯引之至「斯戒其矜誇美善者也」。案:「謂其……者也」似為陳景元之語。（P236～237）

按:陳景元《纂微篇》卷1引莊子曰:「是非吾所謂情也。吾所謂無情，〔萬〕物愁悲，謂其盛必有衰，美必有惡，陰陽尚爾，況於人乎？斯戒其矜夸美善者也。」「莊子」即指莊遵《指歸》，非指莊周。顯然「謂其……者也」是《指歸》語。陳景元未引「昭昭……愁悲」，所輯出自劉惟永《集義》卷6。王德有誤記出處作「陳景元《纂微篇》」（P125），樊波成不檢原書，竟說出處是陳、劉二書，疏甚矣。

《道經》第四章

（1）沖以虛為宅，和以無為家

樊波成曰:下「以」，陳景元《纂微篇》、呂知常《道德經講義》作「以」，劉惟永《集義》作「者」。（P241）

按:陳景元《纂微篇》卷1引作「者」，樊君誤校。危大有《道德真經集義》卷1引作「以」。

〔註72〕向宗魯《說苑校證》，中華書局1987年版，第497頁。

《道經》第五章

（1）天高而清明，地厚而順寧

按：此據陳景元《纂微篇》卷 1、劉惟永《集義》卷 10 輯佚。強思齊《纂疏》卷 2 引作「天以高而清明，地以厚而潤寧」。「潤」是「順」音誤。《得一章》：「地之性得一之寧，而地之所為非寧也。無知無識，無為無事，以順其性。無度無數，無愛無利，以保其命。是以山川自起，剛柔自正。故能信順柔弱……無不成載。」此作「順寧」之確證。陳景元《纂微篇》卷 3 引《指歸》「志寧氣順」，亦「順寧」連文左證。天為乾，地為坤。《易·說卦》：「坤，順也。」《釋名》：「地，《易》謂之坤。坤，順也，上順乾也。」故云「地厚而順寧」。

（2）泊然無為

按：此據陳景元《纂微篇》卷 1、劉惟永《集義》卷 10 輯佚。道藏本《纂微篇》引作「怕」，《集義》引作「泊」，強思齊《纂疏》卷 2 引作「洦」。「洦」是「泊」形誤，「怕」是「泊」本字。王德有逕改「怕」作「泊」（P127），樊君亦照鈔（P242）。

（3）聖人非竭智盡能，擾心滑志，損精費神，不釋思慮，徨徨顯顯，仁生事利，領理萬人而有以為也

樊波成曰：徨徨顯顯，王德有釋作「忙亂不定貌」和「盛明貌」。案：徨徨顯顯，光明貌。徨徨，即「皇皇」、「煌煌」。《廣雅》：「顯顯，明也。」（P242～243）

按：此據陳景元《纂微篇》卷 1、劉惟永《集義》卷 10 輯佚。陳、劉原文「萬人」作「萬民」。王德有逕改作「人」（P127），樊君亦照鈔（P242）。強思齊《纂疏》卷 2 引「不釋思慮，徨徨顯顯」作「豈不釋思慮，惶以顯仁愛乎」，恐是臆改。徨徨，王說近是。徨，讀作惶。惶惶，惶惑貌，慌亂憂懼貌。也作「偟偟」，《雲笈七籤》卷 1 引《指歸》：「天下偟偟迷惑，馳騁是非之境，失其自然之節。」也作「皇皇」、「遑遑」，例略。顯，讀作㸒，亦作燃，《集韻》「顯」、「㸒」同音呼典切，二字同元部，蓋日母「㸒」後易讀疑母，與曉母「顯」相通。《玉篇》：「㸒，《說文》云：『意䏿也。』一曰意急而懼也，一曰難也。」P.2011 王仁昫《刊謬補缺切韻》：「㸒，意難。」《集

韻》：「儽、儽，《說文》：『意膬也。』一曰意急而懼。或從心。」又「燃，
燃燃，意難也。」「難」是「戁」省文，亦「燃」轉語〔註73〕，恐懼也，《爾
雅》：「戁，懼也。」《詩‧長發》毛傳：「戁，恐也。」「顯顯」即「燃燃」，
亦恐懼貌。

（4）操有分之制以授無窮之勢，其不相贍，由川竭而益之以洰也

樊波成曰：洰，讀為涸。（P243）

按：樊君妄說耳。陳景元《纂微篇》卷1作「洰」，劉惟永《集義》卷10
作「泣」。王德有據《纂微篇》輯佚，逕改作「泣」（P127），而無說明。「洰」
是「泣」形譌。由，讀為猶。《淮南子‧詮言篇》：「以數雜（匝）之壽，憂天
下之亂，猶憂河水之少，泣而益之也。」《文子‧符言》「少」作「涸」。此《指
歸》所本，足證字當作「泣」。

《道經》第七章

（1）聖人威震八表，聰明四達，委慮於無欲，歸計於不為，卑身以尊天，後己以安人

按：此據強思齊《纂疏》卷2輯佚。梁‧陶弘景《養生延命錄》卷上引
《指歸》：「游心於虛靜，結志於微妙，委慮於無欲，歸計於無為，故能達生延
命，與道為久。」《雲笈七籤》卷32引「歸計」作「歸指」。「指」是「計」聲
轉，計亦慮也。

《道經》第八章

（1）人者，體柔守弱，去高處下，受辱如地，含垢如海，言順人心，身在人後。人之所惡，常獨處之，恬若無心，蕩若無己，變動無常，與道流止

按：此據強思齊《纂疏》卷2輯佚。《無上祕要》卷65引《妙真經》：
「是故聖人去耳去目，歸志於水，體柔守雌，去高就下，去好就醜，受辱如
地，含垢如海，恬澹無心，蕩若無己，變動無常，故能與天地終始。」蓋亦

〔註73〕王引之曰：「燃之言難也。」王筠曰：「燃、戁同人善切，蓋二字通。」王引
之《經義述聞》卷22《春秋名字解詁》，江蘇古籍出版社1985年版，第547
頁。王筠《說文解字句讀》，中華書局1988年版，第300頁。

本於《指歸》。

《道經》第九章

（1）富貴之於我也，猶登山而長望也；名勢之於我，猶奔電之忽過也

按：此據陳景元《纂微篇》卷 2 輯佚。原文上「於我」下無「也」字，王德有輯本誤衍「也」字（P130），樊君照鈔（P248），根本未檢原書。

《道經》第十二章

（1）淫於五色之變，視不見禍福之形；失於五音之變，聽不聞吉凶之聲；失於五味之變，言不中是非之情

樊波成曰：下「失」，《無上祕要》卷 7 如此。案：似當從強思齊《纂疏》作「佚（泆）」。（P254）

按：強思齊《纂疏》卷 3 引作「淫於五色之變，視不見禍福之形色者，陷目之錐也；佚於五音之變者，聽不聞吉凶之聲者，塞耳之椎也；美於五味之變者，口不中是非之情味者，斬舌之器也」。是上「失」作「佚」，下「失」作「美」。樊君校書疏如此。且「失」借作「佚」，是常見通假字，不煩校改。

（2）是故五色者，陷目之錐；五音者，塞耳之槌；五味者，截舌之斧；財貨者，射身之矢，害本之物矣

樊波成曰：截舌之斧，《無上祕要》引《妙真經》與《雲笈七籤·七部語要》如此；陳景元《纂微篇》引作「鐖」，強思齊《纂疏》引作「器」，蒙輯引作「鉞」。案：「錐」、「槌」、「帥」、「矢（引者按：當作『矢』）」、「物」皆為脂部字（含微、物），「鐖」亦是脂（微）部字，故據陳氏《纂微篇》改。「鐖」為鉤之倒刺，適用於截舌。（P255）

按：《無上祕要》卷 7 引作「截舌之斧」，《洞玄靈寶太上六齋十直聖紀經》、杜光庭《聖母元君》、《雲笈七籤》卷 90 同；強思齊《纂疏》卷 3 引作「斬舌之器」，陳景元《纂微篇》卷 2 引作「鐖」，彭耜《太上道德真經集註·五色章》作「鉞」。樊君說「鐖訓鉤之倒刺，適用於截舌」，非是，倒刺不得言斬、截也。古音幾、斤一聲之轉，「鐖」是「釿」改易聲符的異體字，「釿」又是「斤」增旁字。《史記·淮南衡山列傳》「非直適戍之衆，鐖鑿棘矜也」，

「鐵」亦「釿」也，與「斧」相類。「鈇」是「鐵」形誤，「斧」是「斤」同義替換（但失韻）。

《道經》第十三章

（1）休心道德，記志神明

按：此據強思齊《纂疏》卷4輯佚。「記」當作「託」，形近而誤。

《道經》第十四章

（1）不為夷狄變則，不為中國改容

按：此據強思齊《纂疏》卷4輯佚。「則」是「節」借字，已詳《用兵章》校補。

《道經》第十六章

（1）心無所載，志無所障

按：此據陳景元《纂微篇》卷3輯佚。原文「障」作「彰」，王德有輯本誤作「障」字（P137），樊君照鈔（P262）。下文「趣舍屈伸」，原文「舍」作「捨」，亦是承王氏之誤。

（2）天地反覆，故能久長

樊波成曰：故能久長，陳景元《纂微篇》本作「故能長久」，今據李霖《道德真經取善集》改。按「長」與「明」、「翔」、「章」等皆為陽部字。（P263～264）

按：陳景元《纂微篇》卷3本就作「久長」，王德有輯本誤倒作「長久」（P137），樊君根本就沒檢陳景元原書，據王氏輯本而說耳。

（3）游心於虛靜，結志於微妙，委慮於無欲，歸指於無為，故能達生延命，與道為久

按：此據梁·陶弘景《養生延命錄》卷上引《指歸》輯佚。原文「歸指」作「歸計」，《雲笈七籤》卷32引作「歸指」。王德有據《雲笈七籤》輯佚，故作「歸指」（P138）；樊君據《延命錄》輯佚，卻照鈔王書，亦云疏矣。「指」

是「計」聲轉，計亦慮也。鄭良樹解「歸指」作「歸旨」〔註74〕，非是。

《道經》第十九章

（1）黜聰棄明，倚依太素，反本歸真，則理得而海內鈞也

樊波成曰：《漢書》卷62《司馬遷傳》「黜聰明」如淳注：「不尚賢，絕聖棄知也。」晉灼注引。（P266）

按：樊君不知《漢書》注體例，但說「《漢書・司馬遷傳》『黜聰明』晉灼注引」即可，與如淳注無涉。

《道經》第二十章

（1）俗學則尊辯貴知，群居黨議

按：此據強思齊《纂疏》卷5輯佚。原文「貴」作「責」。王德有輯本誤作「貴」（P139），樊君照鈔（P267）。

《道經》第二十二章

（1）是以普天下可任，諸侯之後可臣也

按：此據強思齊《纂疏》卷6輯佚。原文「普天」下有「之」字，王德有輯本誤奪（P140），樊君照鈔（P269）。

《道經》第二十七章

（1）拆關破揵，使姦者自止

按：此據《漢書・司馬遷傳》「至於大道之要，去健羨」晉灼注引輯佚。《漢書》北宋景祐本、南宋嘉定本、南宋建安本、南宋慶元本、元大德本、明嘉靖汪文盛刻本、明正統本、百衲本「拆」作「折」（「揵」或作「楗」）。作「折」是，《漢書》四庫本、殿本、中華書局點校本誤作「拆」。樊君不據早期版本，卻據後世誤本（P275），不思其文義不通邪？《上士聞道章》亦有「折關破鍵」語，尤其確證也。《漢書・楊惲傳》「聞前有犎車抵殿門，門

〔註74〕鄭良樹《論嚴遵及其〈道德指歸〉》，樊波成《老子指歸校箋》附錄，上海古籍出版社2013年版，第374頁。

關折」，亦足左證。

《道經》第二十八章

（1）道德是祐，神明是助，道足德足，則萬物大淳樸矣

按：此據強思齊《纂疏》卷 7 輯佚。原文「道足」作「道充」，「樸」作「朴」。王德有輯本誤錄（P143），樊君照鈔（P276）。

《道經》第三十三章

（1）治家守國，使民佚樂，虔順恭謹，慈孝畏法，莫高乎知足

樊波成曰：處，李霖《道德真經取善集》作「虔」。案：作「虔」者，是也。虔，敬也。（P281）

按：此據陳景元《纂微篇》卷 5 輯佚。「虔」是「處」形誤，「處順」是道家要旨。《莊子·養生主》、《大宗師》並有「安時而處順」語。《列女傳》卷4：「吾聞君子處順，奉上下之儀，脩先古之禮。」

《道經》第三十六章

（1）此物之性而自然之理也

按：此據陳景元《纂微篇》卷 5 輯佚。原文無「而」字。王德有輯本誤衍（P146），樊君照鈔（P284）。

（2）虎豹欲據，反匿其爪；豺狼將食，不見其齒

按：此據陳景元《纂微篇》卷 5 輯佚。原文「將」作「欲」。王德有輯本誤錄（P146），樊君照鈔（P284）。據，讀为豦，同音通借。《說文》：「豦，鬥相抙不解也。從豕、虍，豕虍之鬥不解也。一曰，虎兩足舉。」

（3）然中有否，然中有然，一否一然，或亡或存

按：此據陳景元《纂微篇》卷 5 輯佚。原文「然中有然」作「否中有然」。

2020 年 4 月 29 日～5 月 21 日初稿，5 月 22～24 日二稿。本文發表於《書目季刊》第 54 卷第 3、4 期，臺灣學生書局 2020 年 12 月、2021 年 3 月出版，第 37～67、67～98 頁。